CONTABILIDADE GERENCIAL

ANDERSON FUMAUX

CONTABILIDADE GERENCIAL

Instrumento de Estratégia, Responsabilidade Corporativa e Tomada de Decisão

2ª EDIÇÃO

Freitas Bastos Editora

Copyright © 2024 by Anderson Fumaux

Todos os direitos reservados e protegidos pela Lei 9.610, de 19.2.1998. É proibida a reprodução total ou parcial, por quaisquer meios, bem como a produção de apostilas, sem autorização prévia, por escrito, da Editora.

Direitos exclusivos da edição e distribuição em língua portuguesa:

Maria Augusta Delgado Livraria, Distribuidora e Editora

Direção Editorial: *Isaac D. Abulafia*
Gerência Editorial: *Marisol Soto*
Diagramação e Capa: *Deborah Célia Xavier*
Copidesque e Revisão: *Doralice Daiana da Silva*

Dados Internacionais de Catalogação na Publicação (CIP) de acordo com ISBD

F976c	Fumaux, Anderson	
	Contabilidade gerencial: instrumento de estratégia, responsabilidade corporativa e tomada de decisão / Anderson Fumaux. - 2. ed. - Rio de Janeiro: Freitas Bastos, 2024.	
	360 p. ; 15,5cm x 23cm	
	Inclui bibliografia. ISBN: 978-65-5675-419-2	
	1. Contabilidade. I. Título.	
2024-2141		CDD 657 CDU 657

Elaborado por Odilio Hilario Moreira Junior - CRB-8/9949

Índice para catálogo sistemático:
1. Contabilidade 657
2. Contabilidade 657

Freitas Bastos Editora
atendimento@freitasbastos.com
www.freitasbastos.com

Anderson Fumaux é mestre em Ciências Contábeis, especialista em IFRS e Valuation, Pós-Graduado em Controladoria e Finanças e Graduado em Ciências Contábeis. Atualmente é perito contábil no Ministério Público do Rio de Janeiro, diretor da AF Treinamento e Capacitação Profissional. Também é conselheiro de Normas Técnicas no Grupo Epicus, diretor do SINDICONT-RIO e SESCON-RJ, e diretor vogal de perícia e finanças no IBEF-RIO. Além disso, é autor dos livros *IFRS na Prática*, *Manual da Perícia Financeira*, *Contabilidade para as carreiras policiais*, *Excel para contadores, peritos e profissionais de finanças*, *Perícia Judicial em Apuração de Haveres*. Consultor nas áreas de contabilidade, perícia e finanças, professor de cursos profissionais, MBAs e preparatório para concursos públicos.

Sumário

Introdução 13

Capítulo 1: Gestão de Custos e Formação de Preços 17

   1.1. Contextualização 17

   1.2. O Ambiente de Negócios 19

   1.3. Fatores que Influenciam na Formação do Preço 20

   1.4. A Importância da Gestão de Custos 25

   1.5. Custos: Terminologia Aplicada e Classificações de Custos ... 25

      1.5.1. Gasto 26

      1.5.2. Investimento 26

      1.5.3. Perda 26

      1.5.4. Desperdício 26

      1.5.5. Despesa 27

      1.5.6. Custo 27

      1.5.7. Desembolso 27

      1.5.8. Classificação de Custos 27

   1.6. Custos de Aquisição e de Transformação 29

   1.7. Influência dos Tributos na Formação de Preços ... 41

   1.8. Metodologias de Formação de Preço: a Partir da Concorrência, dos Custos e pelo Valor Percebido pelo Consumidor ... 44

      1.8.1. Preço a Partir da Concorrência 44

      1.8.2. Preço a Partir dos Custos 46

      1.8.3. Preço a partir do Valor Percebido pelo Consumidor ... 48

1.9. Preço de Venda a Prazo ... 50

1.10. Custo-Meta ... 52

1.11. Formação de Preços: Empresas Comerciais, Industriais e Prestadoras de Serviços ... 53

1.12. Elaboração do Cálculo de Honorários Contábeis ... 60

1.13. Custo-Padrão ... 67

Capítulo 2: Abordagem Decisorial ... 85

2.1. Análise Comportamental dos Custos ... 85

2.1.1. Custos de Produção X Custos Administrativos ... 86

2.1.2. Custo de Oportunidade ... 86

2.1.3. Custos Perdidos ... 87

2.2. Análise Custo X Volume X Lucro ... 87

2.3. Margem de Contribuição ... 88

2.3.1. Margem de Contribuição Total ... 91

2.3.2. Índice de Margem de Contribuição ... 92

2.4. Mix de Produtos ... 95

2.5. Fatores que Limitam a Produção ... 97

2.6. Ponto de Equilíbrio ... 100

2.6.1. Ponto de Equilíbrio Contábil ... 105

2.6.2. Ponto de Equilíbrio Financeiro ... 106

2.6.3. Ponto de Equilíbrio Econômico ... 108

2.6.4. Tópicos Especiais em Ponto de Equilíbrio ... 109

2.6.5. Ponto de Equilíbrio no Mix de Vendas ... 112

2.7. Margem de Segurança ... 114

2.8. Grau de Alavancagem Operacional ... 117

2.9. Decisão entre Produzir e Terceirizar ... 121

Capítulo 3: Planejamento e Controle ... 143

3.1. Contextualização ... 143

3.2. Planejamento Empresarial ... 144

3.3. Orçamento ... 144

3.4. Processo Orçamentário ... 145

3.5. Tipos de Orçamento ... 146

3.5.1 Orçamento Estático ... 146

3.5.2 Orçamento Ajustado ... 146

3.5.3 Orçamento Flexível ... 147

3.5.4 Orçamento Base Zero ... 147

3.6. Orçamento Operacional ... 148

3.7. Orçamento de Vendas ... 149

3.8. Orçamento de Produção ... 152

3.8.1. Orçamento de Materiais Diretos ... 154

3.8.2. Orçamento de Mão de Obra Direta ... 160

3.8.3. Orçamento dos Custos Indiretos ... 162

3.9. Orçamento das Despesas Operacionais ... 163

3.10. Orçamento de Capital ... 165

3.10.1. Projetando os Custos Totais de Produção ... 168

3.11. Orçamentos das Despesas Financeiras ... 170

3.12. Projeção das Demonstrações Financeiras ... 172

3.12.1. Demonstração do Resultado do Exercício ... 172

3.12.2. Fluxo de Caixa ... 176

3.12.3. Balanço Patrimonial ... 178

3.13. Controle Orçamentário ... 180

Capítulo 4: Análise de Indicadores ... 187

4.1. Aspectos Iniciais ... 187

4.1.1 Objetivos da Análise ... 188

4.1.2 Usuários das Demonstrações Contábeis ... 189

4.2. Procedimentos Necessários para a Análise ... 190

4.3. Índices de Liquidez ... 192

4.3.1 Liquidez Corrente (LC) ... 192

4.3.2 Liquidez Seca (LS) ... 194

4.3.3 Liquidez Imediata (LI) ... 195

4.3.4 Liquidez Geral (LG) ... 196

4.4. Índices de Endividamento ... 198

4.4.1. Grau de Endividamento (GE) ... 199

4.4.2. Endividamento Geral (EG) ... 200

4.4.3. Composição do Endividamento (CE) ... 201

4.4.4. Imobilização do Capital Próprio (ICP) ... 202

4.5. Limites de Endividamento ... 203

4.6. Índices de Lucratividade ... 207

4.6.1. Margem Bruta (MB) ... 208

4.6.2. Margem Operacional (MO) ... 208

4.6.3. Margem Líquida (ML) ... 208

4.7. Índices de Rentabilidade ... 210

4.7.1. Rentabilidade do Ativo (ROA) ... 210

4.7.2. Rentabilidade do PL (ROE) ... 211

4.7.3. Giro do Ativo (GA) ... 211

4.7.4. Taxa de Retorno (TR) ... 211

4.8. Índices de Rotatividade ... 213

4.8.1. Giro dos Estoques ... 213

4.8.2. Giro do Contas a Receber ... 215

4.8.3. Giro do Contas a Pagar 216

4.8.4. Ciclo Econômico, Operacional e Financeiro 218

4.9. Necessidade de Capital de Giro 221

4.9.1. Por meio da Reclassificação do Balanço Patrimonial 221

4.9.2. Por meio do Ciclo Financeiro 226

4.10. Alavancagem Financeira 227

4.11. EBITDA 229

4.12. EVA 230

4.13. Custo Médio Ponderado de Capital (WACC) 232

4.13.1. Custo de Capital de Terceiros 234

4.13.2. Custo de Capital Próprio 235

4.14. Métodos de Precificação de Ações 237

4.14.1. Método de Gordon 237

4.14.2. Método do Fluxo de Caixa Descontado 238

4.15. Índices para Acionistas 240

4.16. Termômetro de Kanitz 245

Capítulo 5: Avaliação de Desempenho e Sistema de Recompensa ... 265

5.1. Avaliação de Desempenho 265

5.1.1. Descentralização 266

5.1.2 Contabilidade por Responsabilidade 268

5.1.3. Medidas de Desempenho Operacional 272

5.2. Indicadores de Desempenho 277

5.2.1. Indicadores-Chave de Desempenho (KPI) 277

5.2.2 Sistemas de Informações de Indicadores de Desempenho 278

5.2.3. Indicadores de Excelência Empresarial 279

5.3. Balanced Scorecard 280

5.3.1. As Quatro Perspectivas do Balanced Scorecard 281

5.3.2. Perspectiva Financeira 283

5.3.3. Perspectiva dos Clientes _____ 283

5.3.4. Perspectiva dos Processos Internos _____ 284

5.3.5. Perspectiva do Aprendizado e Crescimento _____ 285

5.3.6. Mapas Estratégicos _____ 286

5.3.7. Exemplo Prático de Balanced Scorecard _____ 290

5.4. Sistema de Recompensa _____ **291**

5.4.1. Tipos de Recompensa _____ 292

5.4.2. Passo a passo para Implantar um Sistema de Recompensa _____ 294

5.4.3. Exemplos de Empresas que Implementaram Recompensas _____ 296

5.4.4. Caso Prático _____ 298

Capítulo 6: Responsabilidade Corporativa _____ 301

6.1. Responsabilidade Corporativa _____ 301

6.1.1. Introdução ao ESG _____ 304

6.1.2. Meio Ambiente _____ 306

6.1.3. Responsabilidade Social _____ 307

6.1.4. Governança Corporativa _____ 309

6.2. Contabilidade e Sustentabilidade _____ 311

6.2.1. Contabilidade Ambiental _____ 312

6.2.2. Classificação de Ativos e Passivos ESG _____ 313

6.2.3. Relato Integrado _____ 317

6.2.4. Exemplos de Relatórios de Sustentabilidade _____ 324

6.3. Finanças Sustentáveis _____ 334

6.3.1. Objetivos do Desenvolvimento Sustentável _____ 336

6.3.2. Aspectos Regulatórios _____ 340

6.3.3. Indicadores de Sustentabilidade _____ 347

6.3.4. Mercado e ESG _____ 351

Referências _____ 355

Introdução

O atual cenário econômico e político se caracteriza por uma intensidade de mudanças significativas, colocando as empresas diante de novos desafios. A pressão por resultados e as maiores responsabilidades sociais e ambientais obrigam as empresas a obterem novas formas de vantagens competitivas.

Nesse contexto, a contabilidade de uma organização precisa fornecer informações oportunas e precisas, para facilitar os esforços de controle de custos e redução de desperdícios, medir e melhorar a produtividade e para a descoberta de melhores processos de produção e de prestação de serviços. E uma das técnicas para auxiliar no avanço competitivo **é a utilização de informações geradas pela Contabilidade Gerencial.**

CONTABILIDADE GERENCIAL: PRINCIPAIS CONCEITOS E APLICAÇÕES

De acordo com Padoveze (2010), a contabilidade gerencial se caracteriza como o segmento da ciência contábil que congrega o conjunto de informações necessárias à administração **que complementam as informações já existentes na Contabilidade Financeira.**

Além disso, Adelegan (2001) identifica a contabilidade gerencial como o "processo de identificação, mensuração, acumulação, análise, preparação, interpretação e comunicação de informação para a **tomada de decisão** dos gestores, visando o **planejamento**, avaliação e **controle** do uso dos recursos organizacionais e responsabilização dos gestores por suas decisões".

Nesse sentido, os contadores gerenciais são parceiros estratégicos que compreendem os aspectos financeiros e operacionais do negócio, bem como divulgam e analisam não somente medidas financeiras, mas medidas não financeiras dos desempenhos de processos e sociocorporativos.

ESCOPO DA CONTABILIDADE GERENCIAL

O objetivo da Contabilidade Gerencial é atender a todos os aspectos da gestão das entidades em que se torna necessária a informação contábil. Portanto, sua abrangência é a empresa como um todo, desde as suas necessidades estratégicas e de planejamento até as suas necessidades de execução e controle.

Tem como foco o processo de tomada de decisão dos usuários internos	Parte das informações existentes na Contabilidade Financeira	É mais analítica e detalhada do que a Contabilidade Financeira

Fonte: Elaborada pelo autor.

DIFERENÇAS:
CONTABILIDADE FINANCEIRA X CONTABILIDADE GERENCIAL

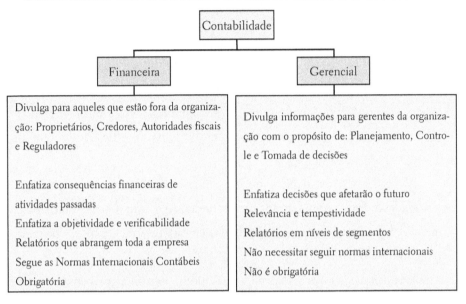

Fonte: Elaborada pelo autor.

HABILIDADES GERENCIAIS

O profissional da área gerencial deve possuir as seguintes habilidades:

Gerenciamento Estratégico	• Os planos, as variáveis controláveis e as decisões são influenciadas pela estratégia da empresa
Gestão de Riscos	• Compreensão e identificação dos riscos envolvidos no negócio e mecanismos de controle
Gestão de Processos	• Aprimoramento contínuo dos processos de negócios que atendem os clientes
Mensuração	• Análise e respostas competentes baseada em dados
Liderança	• Competência técnica, integridade e persuasão

Fonte: Elaborada pelo autor.

Ou seja, o profissional da área gerencial atua como um "profissional estratégico" que vai além do cumprimento das normas contábeis e legislações tributárias vigentes no país.

A terminologia utilizada atualmente (contador consultor) nada mais é do que um aprofundamento das técnicas de contabilidade gerencial já existentes, adicionada às inovações tecnológicas do mundo atual.

Nesse contexto, o profissional da área gerencial tem a possibilidade de oferecer serviços que geram maior valor agregado para a empresa em que trabalha e/ou para seus clientes.

Além disso, o conhecimento da contabilidade gerencial proporciona às entidades informações estratégicas essenciais que vão desde a análise dos indicadores financeiros para a tomada de decisão interna até a sua forma de interação com o ambiente externo.

Dessa forma, a presente obra direciona o seu foco para três grandes áreas de atuação proporcionadas pela contabilidade gerencial, as quais serão divididas em 6 capítulos:

- Estratégia (Planejamento, Gestão de Custos e Formação de Preços);
- Responsabilidade corporativa (ESG – Meio Ambiente, Sociedade e Governança Corporativa);
- Tomada de decisão (Abordagem Decisorial, Análise de Indicadores e Avaliação de Desempenho).

Capítulo 1

Gestão de Custos e Formação de Preços

1.1. Contextualização

A partir do momento em que as pessoas passaram a produzir mais que o necessário para sua própria subsistência, gerando excedente com destino ao mercado, o conceito de preço surgiu.

Nesse sentido, o preço atua como um dos principais fatores de escolha dos consumidores, alternando seu grau de importância conforme as características intrínsecas do produto, do mercado e do ambiente macroeconômico em que está situado.

Para as empresas, o preço é um elemento significativo na determinação de sua participação no mercado e na formação de sua rentabilidade. Já para os consumidores, é a soma dos valores monetários trocados pelo benefício de possuírem/usufruírem de um produto/mercadoria/serviço. Por conta disso, a precificação é considerada uma verdadeira arte no mundo dos negócios, principalmente quando se trata de um mercado competitivo, com uma gama variada de produtos e serviços, cada qual com características próprias.

Logo, o responsável por orientar na formação de preços assume um papel significativo no processo de geração de caixa e rentabilidade do empreendimento devido aos diferentes aspectos envolvidos no estabelecimento de uma política de preços. Para aprofundar o nosso assunto, ilustramos abaixo o nosso cenário atual e algumas informações divulgadas pelo IBGE e Sebrae:

Figura 1.1 – Cenário atual

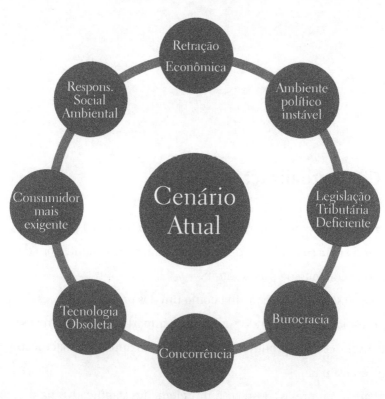

Fonte: Elaborada pelo autor.

INFORMAÇÕES DIVULGADAS PELO IBGE E SEBRAE

– Cerca de 60% das empresas "morrem" antes de completar 5 anos de existência.

– Dentre as causas investigadas, aquelas relativas à falta de planejamento e deficiência de gestão são os determinantes da morte prematura das empresas.

– Mais de 80% dos empresários dessas empresas desconhecem os custos de todos os seus produtos e metade deles reconhece que a formação do preço de venda de seus produtos não é adequada.

1.2. O Ambiente de Negócios

O ambiente de negócios de uma empresa é o padrão de todas as condições e influências que afetam a sua vida e seu desenvolvimento, sendo classificados em **ambiente interno** e **externo.**

O **ambiente interno** é aquele sobre o qual a empresa exerce **total controle**, isto é, o meio em que ela consegue controlar e agir voluntariamente, afinal, é nesse domínio que ela encontra suas **forças e fraquezas** — ou seus **pontos fortes e fracos.**

Como **forças** podemos determinar características e elementos do ambiente interno que representam uma vantagem diante da concorrência, como uma localização privilegiada, uma equipe de vendas altamente qualificada ou um produto aceito em diversos mercados, por exemplo.

Já as **fraquezas** são justamente os aspectos inseridos no ambiente interno que desfavorecem a empresa em relação à concorrência, como uma frota de veículos obsoletos ou uma mercadoria que encalhou nas prateleiras. Apesar do lado negativo, a organização tem total controle sobre elas e, portanto, pode tentar modificar esses fatores de alguma maneira.

Por outro lado, no **ambiente externo** estão inseridos os fatores sobre os quais a corporação **não possui controle**, como clima, crises econômicas, taxa de juros, políticas ambientais, mudanças de câmbio etc. Nesse contexto, sempre que um elemento externo gerar um cenário favorável para a empresa, esse fator pode ser considerado uma **oportunidade**, enquanto as circunstâncias sobre as quais ela não tem controle e que criam horizontes desfavoráveis podem ser definidas como **ameaças** para o negócio (aumento do preço do combustível ou do dólar, por exemplo).

Com essas definições é possível determinar como suas forças podem resguardar a organização das ameaças ou desenvolver novas oportunidades e, ainda, quais ações devem ser tomadas para amenizar as fraquezas ou impedir que elas prejudiquem as novas conjunturas.

1.3. Fatores que Influenciam na Formação do Preço

Existem diversos fatores que influenciam na formação do preço e algumas variáveis podem ser muito específicas para determinada empresa, mas no geral elencamos aquelas que praticamente atingem a maior parte dos negócios:

- Segmento de mercado;
- Demanda;
- Custos e despesas;
- Ciclo de vida;
- Estratégia comercial;
- Carga tributária;
- Margem de lucro.

Segmento de mercado

Meu produto ou serviço é direcionado a quem? Empresas precisam criar o seu perfil de consumidor e formar preços direcionados a esse perfil, pois dificilmente consegue atingir todos os públicos. Ou seja, se o foco do produto ou serviço for as classes C, D e E, é bem provável que a empresa não consiga atingir os públicos A e B.

Demanda

É fundamental que a empresa ao oferecer e precificar produtos e serviços realize uma análise das principais premissas econômicas, como, por exemplo:

O produto ou serviço é um bem normal ou inferior?
Bens normais: quantidade demandada aumenta com o aumento da renda (cervejas artesanais).
Bens inferiores: quantidade demandada reduz com o aumento da renda (passagem de ônibus, por exemplo).

O produto ou serviço é um bem substituto ou complementar?
Bens substitutos: aumento do seu preço gera aumento na quantidade demandada do outro (carne bovina e carne de frango, por exemplo).
Bens complementares: aumento do seu preço gera queda na quantidade demandada do outro (café e açúcar, por exemplo).

O produto ou serviço possui uma demanda elástica ou inelástica?
Demanda elástica: um pequeno aumento de preço provoca grande variação (redução) na demanda (produtos e serviços supérfluos).

> **Demanda inelástica:** uma mudança significativa do preço prova pouca ou quase nenhuma variação na demanda (produtos e serviços essenciais).

Custos e despesas

Vamos abordar esse tópico com mais detalhes à frente, mas precisamos entender que é fundamental a empresa conhecer seus **custos e despesas** e classificá-los em **variáveis e fixos**, pois os primeiros possuem relação de proporcionalidade com a atividade e os segundos se mantém estáveis até determinado volume de operação. Essas informações são fundamentais para que a empresa possa elaborar suas demonstrações contábeis de forma correta. No entanto, para **fins gerenciais**, tudo pode ser considerado "custo", o mais importante é justamente segregar esses gastos variáveis dos gastos fixos, visto que estes já reduzem o lucro da empresa logo no início de cada período.

Ciclo de vida

Ao inserir um produto ou serviço no mercado é fundamental a análise do seu ciclo de vida, para compreensão de todos os gastos realizados antes da produção até o pós-venda.

Figura 1.2 – Ciclo de vida

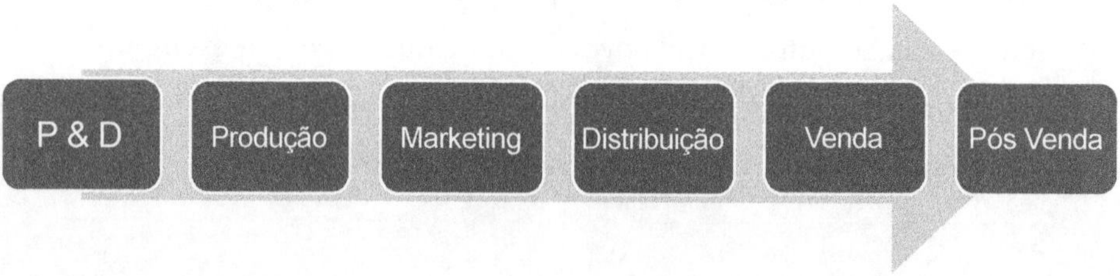

P & D	Produção	Marketing	Distribuição	Venda	Pós Venda

Fonte: Elaborada pelo autor.

Por exemplo, você foi contratado para ser o gestor de um hospital especializado em cirurgias bariátricas. O quadro abaixo demonstra os passos dados por um paciente desse procedimento, bem como o número de pacientes atendidos em cada etapa:

Figura 1.3 – Análise para tomada de decisão

Indicação do clínico geral	Consulta marcada	Visita do paciente externo	Adicionar à lista de espera por cirurgias	Cirurgia	Visita de acompanhamento	Dispensa
100 pacientes por dia	100 pacientes por dia	50 pacientes por dia	150 pacientes por dia	15 pacientes por dia	60 pacientes por dia	140 pacientes por dia

Fonte: Garrison, 2013.

Está acontecendo algum problema nesse hospital?

> Percebe-se que o gargalo nesse processo se encontra **na inclusão de 150 pacientes por dia na lista de espera por cirurgia.**

Estratégias comerciais

Diversas estratégias de marketing podem ser levadas em consideração na fixação dos preços de venda, como, por exemplo:

Desnatação: Estimula a entrada de um novo produto ou serviço em um determinado mercado, utilizando-se de **preços altos**. Ou seja, começando por cima, visando atender apenas a determinadas classes sociais.

O principal objetivo dessa estratégia é alcançar uma alta rentabilidade inicial para a empresa, além de fixar a imagem do produto como sendo de prestígio. E ao longo do tempo os preços podem ser diminuídos, em função do aumento ou do surgimento de novos concorrentes (exemplos: telefones celulares, óculos de sol, relógios, dentre outros).

Preço de Penetração: Estimula a entrada de um novo produto ou serviço em um determinado segmento utilizando-se de **preços baixos**, pois isso permitiria a empresa obter rapidamente uma boa participação nesse mercado. Essa estratégia desencorajaria a entrada de novos concorrentes no segmento e, além disso, os custos unitários de fabricação cairiam quando existisse aumento de produção – em função do aumento da demanda (exemplo: uma nova marca de cerveja puro malte).

Preço Cativo: É a estratégia de colocar um produto/serviço básico a um preço baixo, porém, para que funcione, necessita de itens acessórios e estes compensam a falta de lucro no aparelho básico (exemplo: aparelho de barbear e a lâmina da gilete).

Preço Isca: É o método de atrair clientes para compras de itens de baixo preço com a intenção de que ele compre os outros com preços mais elevados (exemplo: preços baixos na carne, preços altos no carvão, cerveja e refrigerante ou vice-versa).

Preço pacote: O preço formado na venda de um conjunto de produtos ou serviços será mais vantajoso do que o preço final de cada produto individualmente (exemplo: lanchonetes fast food).

Carga tributária

Este tópico veremos com detalhes mais à frente, mas cabe ressaltar que depende do tamanho da empresa, do segmento em que atua e do regime tributário que vai optar.

Margem de lucro

Dependendo do segmento e do produto ou serviço ofertado a empresa pode optar por uma margem maior e ter uma escala menor ou trabalhar com uma margem menor e ganhar em quantidade. O mais importante é que a margem seja suficiente para remunerar o investimento realizado e gerar lucros aos detentores de capital.

1.4. A Importância da Gestão de Custos

É a utilização dos dados de custos pela entidade com o intuito de identificar e desenvolver estratégias superiores que venham a se tornar vantagem competitiva sustentável.

Nesse contexto, a gestão adequada dos custos:

- Fornece informações necessárias sobre a rentabilidade e desempenho das atividades da empresa;
- Auxilia no planejamento, controle e desenvolvimento das diversões operações da empresa;
- Impacta diretamente na formação do preço de venda.

1.5. Custos: Terminologia Aplicada e Classificações de Custos

A área de custos possui uma terminologia própria e, embora alguns termos sejam parecidos, seus significados são bem diferentes:

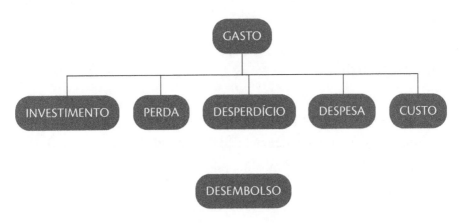

1.5.1. Gasto

É o sacrifício financeiro/econômico com que a entidade arca para a obtenção de um produto ou serviço qualquer, podendo ser:

- Investimento;
- Perda;
- Desperdício;
- Despesa;
- Custo.

1.5.2. Investimento

É o gasto ativado em função de sua vida útil ou de benefícios atribuíveis a períodos futuros. Exemplos: Aquisição de matéria-prima, compra de máquinas, aquisição de softwares etc.

1.5.3. Perda

Bem ou serviço consumido de forma anormal ou involuntária. Exemplos: Incêndios, enchentes, roubos etc.

1.5.4. Desperdício

Gasto incorrido no processo produtivo que não agrega valor e pode ser eliminado sem prejuízo da qualidade e quantidade dos bens produzidos (**ineficiência**). Exemplos: Retrabalho, estoque excessivo, utilização indevida de material etc.

1.5.5. Despesa

Bem ou serviço consumido direta ou indiretamente para a obtenção de receitas. Exemplos: Comissão de vendas, propaganda, publicidade e salários da administração etc.

1.5.6. Custo

É o gasto relativo a um bem ou serviço utilizado na produção de outros bens ou serviços. Exemplos: Material consumido na produção, MOD aplicada na atividade operacional, depreciação da máquina utilizada na produção, amortização de software utilizado na prestação de serviço etc.

> **OBSERVAÇÕES**
> A Perda "normal" do processo produtivo é custo.
> A Perda "anormal" será reconhecida diretamente no resultado.
> A depreciação dos bens pode ser custo ou despesa.

1.5.7. Desembolso

É o pagamento resultante da aquisição do bem ou serviço.

> **IMPORTANTE:**
> O desembolso pode ocorrer antes, durante ou após a efetivação do gasto.

1.5.8. Classificação de Custos

As duas principais classificações de custos possuem relação:

- Com o nível de atividade da empresa;
- Com o grau de associação ao objeto de custo (produto, serviço etc.).

Com o nível de atividade da empresa

Custos Fixos: não variam em função do volume produzido ou do serviço prestado em determinado período. Normalmente envolvem decisões do passado, como, por exemplo, aluguel do estabelecimento operacional, depreciação linear dos equipamentos etc.

Custos Variáveis: se alteram proporcionalmente ao volume produzido ou do serviço prestado. Normalmente envolvem decisões atuais, como, por exemplo, consumo da matéria-prima, mão de obra aplicada diretamente na atividade operacional etc.

Com o grau de associação ao objeto de custo

Custos Diretos: podem ser diretamente associados aos produtos por uma unidade de consumo (kg consumidos, horas d.)

Custos Indiretos: não possuem uma relação concreta entre o seu consumo e os produtos fabricados ou serviços prestados, sendo necessário algum critério de "rateio" (aluguel, supervisão etc.).

IMPORTANTE:

Para fins contábeis e tributários será **obrigatória a segregação entre custos e despesas** para mensuração dos estoques, apuração do custo de vendas e do resultado do exercício. Além disso, para apuração do custo deve-se somar todos os custos do período (fixo + variável ou direto + indireto) e dividir pela quantidade produzida ou total de serviços prestados. Entretanto, conforme já mencionado anteriormente, para fins gerenciais, basta segregar os gastos em variáveis e fixos, sejam eles custos ou despesas.

1.6. Custos de Aquisição e de Transformação

Deverá ser atribuído ao **custo de aquisição**, além do valor pago pelas mercadorias/matérias-primas, os impostos não recuperáveis, o valor do frete, do seguro e demais gastos a elas atribuíveis, excluindo-se o valor dos impostos e contribuições recuperáveis incidentes sobre a sua compra, bem como quaisquer descontos e abatimentos obtidos.

Ou seja:

Preço

(+) Impostos não recuperáveis

(+) Frete/Seguro

(+) Demais gastos atribuíveis

(−) Impostos recuperáveis

<u>(−) Descontos comerciais/abatimentos</u>

= Custo

EXEMPLOS DE TRIBUTOS RECUPERÁVEIS

ICMS: Empresas industriais e comerciais que adquirem matérias-primas e mercadorias com propósito de industrialização e comercialização (Tributo por dentro).

IPI: Empresas industriais que adquirem matérias-primas com propósito de industrialização e comercialização (Tributo por fora).

PIS e Cofins: Empresas optantes pelo regime de tributação Lucro Real (Tributo por dentro).

> **IMPORTANTE:**
> Os descontos comerciais (incondicionais) reduzem a BC dos tributos.
> O ICMS também incide sobre o frete.

Os **custos de transformação** são aqueles necessários na transformação da matéria-prima em produto acabado, ou seja, basicamente são:

- Mão de obra direta;
- Custos indiretos.

Mão de obra direta

O custo da mão de obra direta do funcionário em uma empresa industrial ou prestadora de serviços representa o custo com os salários e encargos, bem como os benefícios concedidos e demais gastos associados àquele funcionário para execução do seu trabalho.

Vale ressaltar que o empregador arca com diversos custos, mesmo que o empregado não esteja trabalhando (como repouso remunerado, férias, feriados etc.).Dessa forma, para o cálculo da taxa de mão de obra direta são consideradas as horas à disposição da empresa, bem como os custos do empregador com os dias trabalhados e não trabalhados.

Exemplo:

Salário mensal do funcionário: R$ 2.400,00;

Encargos sobre o salário: 36% (Contribuição patronal, FGTS e outros);

Benefícios mensais concedidos pela empresa: R$ 1.000,00;

Dias trabalhados na semana: 5 dias (segunda à sexta);

Carga Horária: 8h por dia (9h às 18h com 1 hora do almoço).

Dados adicionais:

DESCRIÇÃO	ANO
Dias ano	365
(–) Feriados	(12)
(–) Repouso Remunerado	(96)
(–) Férias	(30)
DIAS À DISPOSIÇÃO	227
HORAS À DISPOSIÇÃO	1816

> Dias à disposição: Dias no ano – Feriados – Repouso Remunerado – Férias.
>
> Horas à disposição: Dias à disposição × 8 horas.

Base de cálculo:

Salário anual (11 meses)	R$ 26.400,00
13°	R$ 2.400,00
Férias + 1/3	R$ 3.200,00
Subtotal salário anual	R$ 32.000,00
Encargos sobre salário	R$ 11.520,00
Subtotal salário + encargos anuais	R$ 43.520,00
Benefícios ano	R$ 12.000,00
Custos totais	R$ 55.520,00
Horas à disposição	1.816
Taxa de MOD	R$ 30,57

Para um cálculo ainda mais conservador deverá ser estimada a parcela da carga horária diária efetivamente produtiva, ou seja, descontadas as paralisações para café, bate-papo e banheiro.

Exemplo:

Do total de horas à disposição de cada funcionário foram estimadas como horas produtivas 70%. Ou seja, 70% de 1.816 horas = 1.271,20 horas.

Salário anual	**R$ 26.400,00**
13º	R$ 2.400,00
Férias + 1/3	R$ 3.200,00
Subtotal salário anual	**R$ 32.000,00**
Encargos sobre salário	R$ 11.520,00
Subtotal salário + encargos anuais	**R$ 43.520,00**
Benefícios ano	R$ 12.000,00
Custos totais	R$ 55.520,00
Horas à disposição	1.271,20
Taxa de MOD	**R$ 43,68**

Custos indiretos

Tendo em vista que os custos indiretos **são de difícil identificação e mensuração**, torna-se necessário utilizar uma forma de apropriá-los aos produtos ou serviços.

Dessa forma, as metodologias mais utilizadas são:

- Rateio;
- Baseado em atividades (ABC);
- Departamentalização.

RATEIO

O rateio consiste na apropriação dos custos indiretos **de forma arbitrária mediante algum indicador que a empresa entenda ser eficiente** (matéria-prima consumida, mão de obra direta, total de horas trabalhadas, volume de produção, custo direto total, dentre outros).

A legislação não define um critério de rateio específico, apenas obriga as empresas a apropriarem todos os custos de produção aos seus produtos ou serviços (custeio por absorção).

Exemplo:

Determinada indústria possui os seguintes custos para a produção de três produtos:

Descrição	A	B	C
Total dos custos diretos	70.000,00	90.000,00	40.000,00
Quantidade produzida	400	600	200

Custos indiretos	R$
Mão de obra indireta	80.000,00
Depreciação	250.000,00
Manutenção	200.000,00
Outros (aluguel, energia, telefone)	70.000,00
Total dos custos indiretos	600.000,00

Em um primeiro momento, a empresa decidiu alocar seus custos indiretos **por meio de rateio com base no volume de produção**, logo:

Produto	Produção	%	Custos Indiretos
A	400	33%	200.000,00
B	600	50%	300.000,00
C	200	17%	100.000,00
	1.200	100%	600.000,00

Dessa forma, foi possível apurar o custo unitário de cada produto:

Produto	Custos Diretos	Custos Indiretos	Total	Produção	Custo Unitário
A	70.000,00	200.000,00	270.000,00	400	675,00
B	90.000,00	300.000,00	390.000,00	600	650,00
C	40.000,00	100.000,00	140.000,00	200	700,00
	200.000,00	600.000,00	800.000,00	1.200	

IMPORTANTE:

Para efeito de comparação, caso a empresa decidisse ratear seus custos indiretos com base no total de custos diretos, novos percentuais seriam encontrados e os resultados seriam diferentes:

Produto	Custos Diretos	%	Custos Indiretos
A	70.000,00	35%	210.000,00
B	90.000,00	45%	270.000,00
C	40.000,00	20%	120.000,00
	200.000,00	100%	600.000,00

CUSTEIO POR ATIVIDADES

O custeio por atividades (ABC) é um método de custeio no qual os custos indiretos são **inicialmente atribuídos às atividades e depois aos objetos de custos, com base no consumo de atividades pelos mesmos.**

Nesse sistema, são acumulados os custos indiretos em cada atividade de uma organização e em seguida associa os das atividades aos produtos, serviços ou outros objetos de custeio utilizando-se de direcionadores de custeio apropriados.

Figura 1.4 – Ilustração sistema de custeio por atividades

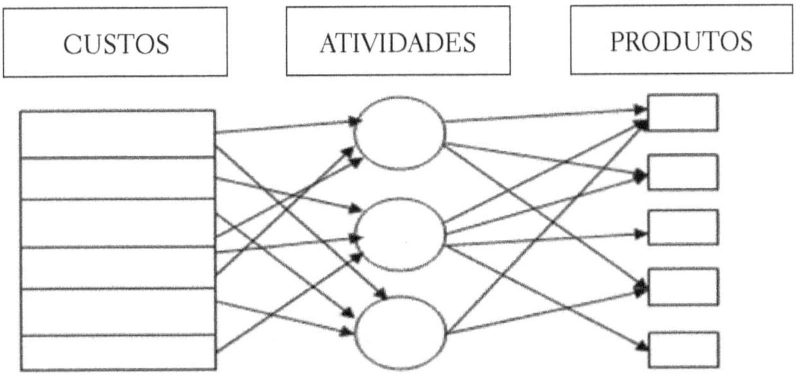

Fonte: Elaborada pelo autor.

Exemplo:

Determinada empresa adota o sistema de custeio por atividades para os custos indiretos. Por meio das etapas descritas anteriormente, chegou-se aos seguintes números:

Atividades relevantes e seus respectivos custos	R$
Desenvolvimento de lista de materiais	60.000
Montagem de lista de materiais	240.000
Atendimento de pedidos especiais de clientes	60.000
Melhoria de processos	48.000
Projeto e desenho ferramental	72.000
Controle da produção	120.000
Total dos custos indiretos	600.000

Foram identificados os seguintes direcionadores de atividades para cada atividade relevante:

Atividades relevantes	Direcionadores de atividades
Desenvolvimento de lista de materiais	Número de listas desenvolvidas
Montagem de lista de materiais	Número de listas montadas
Atendimento de pedidos especiais clientes	Número de pedidos especiais atendidos
Melhoria de processos	Horas de engenheiros
Projeto e desenho de ferramentas	Número de projetos desenvolvidos
Controlar a produção	Horas do gerente e supervisores

Foram apuradas as seguintes quantidades de direcionadores durante o período:

Direcionadores de atividades	Quantidade de direcionadores de custos por produto			
	A	B	C	Total
Número de listas desenvolvidas	5	20	10	**35**
Número de listas montadas	10	30	10	**50**
Número de pedidos especiais	12	3	27	**42**
Horas de engenheiros	900	200	400	**1500**
Número de projetos desenvolvidos	25	35	20	**80**
Horas do gerente e supervisores	400	100	300	**800**

Como calcular o custo de cada produto por atividade?

Custo da atividade de desenvolvimento de lista de materiais: R$ 60.000,00.
Número de listas desenvolvidas: 35.
Custo por cada lista desenvolvida: R$ 60.000,00 / 35 (1.714,29).
Número de listas desenvolvidas do produto A: 5 listas.
Apropriação dos custos indiretos da atividade: $1.714,29 \times 5 = 8.571$.

E por aí vai...

Direcionadores de atividades	Quantidade de direcionadores de custos por produto			
	A	B	C	Total
Número de listas desenvolvidas	8.571	34.286	17.143	60.000
Número de listas montadas	48.000	144.000	48.000	240.000
Número de pedidos especiais	17.143	4.286	38.571	60.000
Horas dos engenheiros	28.800	6.400	12.800	48.000
Número de projetos desenvolvidos	22.500	31.500	18.000	72.000
Horas do gerente e supervisores	60.000	15.000	45.000	120.000
Total dos custos indiretos	185.014	235.472	179.514	600.000
Total dos custos diretos	70.000	90.000	40.000	200.000
Custos totais	255.014	325.472	219.514	800.000
Quantidade produzida	400	600	200	1.200
Custo unitário	638	542	1098	

DEPARTAMENTALIZAÇÃO

Departamentalização consiste em uma forma de apropriação de custos e que:

1. Divide-se a empresa em unidades administrativas (departamentos);
2. Atribuem-se todos os custos incorridos aos departamentos (diretamente ou por meio de algum rateio);
3. Dos departamentos, os custos são atribuídos aos produtos (por meio de rateio).

Exemplo:

Determinada empresa industrial produz três produtos, os quais possuem os seguintes custos diretos:

Produto D: R$ 500.000,00
Produto E: R$ 300.000,00
Produto F: R$ 450.000,00

Os custos indiretos totalizam R$ 1.150.000,00.

Os três produtos passam pelos mesmos setores de produção: corte, montagem e acabamento.

Produto	Corte (h)	Montagem (h)	Acabamento (h)	Total
D	100	250	250	600
E	200			200
F		250	150	400
Total	300	500	400	1.200

Os custos indiretos foram alocados aos departamentos com base nas horas trabalhadas por cada setor em relação ao total de horas trabalhadas pela empresa.

Departamento	Custos Indiretos
Corte (h)	R$ 287.500,00
Montagem (h)	R$ 479.166,67
Acabamento (h)	R$ 383.333,33
Total	R$ 1.150.000,00

Por último, a alocação dos custos aos produtos se deu com base nas horas de cada produto por departamento.

Produto	Corte (h)	Montagem (h)	Acabamento (h)	Total
D	100	250	250	600
E	200			200
F		250	150	400
Total	300	500	400	1.200

Produto	Corte (h)	Montagem (h)	Acabamento (h)	Total
D	R$ 95.833,33	R$ 239.583,33	R$ 239.583,33	R$ 575.000,00
E	R$ 191.666,67	R$ 0,00	R$ 0,00	R$ 191.666,67
F		R$ 239.583,33	R$ 143.750,00	R$ 383.333,33

Logo, temos o custo final de cada produto:

Produto	Custos Diretos	Custos Indiretos	Total
D	R$ 500.000,00	R$ 575.000,00	R$ 1.075.000,00
E	R$ 300.000,00	R$ 191.666,67	R$ 491.666,67
F	R$ 450.000,00	R$ 383.333,33	R$ 833.333,33
Total	R$ 1.250.000,00	R$ 1.150.000,00	R$ 2.400.000,00

1.7. Influência dos Tributos na Formação de Preços

O sistema tributário brasileiro é extremamente complexo com inúmeros tributos incidentes sobre as atividades operacionais das pessoas jurídicas que influenciam fortemente os seus resultados a cada período.

Importante ressaltar que recentemente foi aprovada uma profunda reforma tributária, cujo período de transição terá início em 2026 e está prevista para valer integralmente a partir de 2033. Nesse sentido, as informações que estão nessa obra fazem referência à legislação tributária vigente atualmente.

No atual modelo, além da divisão dos tributos entre competências Federal, Estadual e Municipal, as alíquotas de recolhimento variam de acordo com o estado, atividade, tamanho e regime tributário da empresa (Simples Nacional, Lucro Presumido ou Lucro Real).

Simples Nacional: Regime simplificado de tributação para Microempresas (ME) e Empresas de Pequeno Porte (EPP) no qual reúne todos os tributos em uma única guia denominada Documento de Arrecadação do Simples Nacional (DAS), sendo a alíquota de acordo com a atividade econômica e o faturamento da empresa (limitada em R$ 4.800.000,00).

Lucro Real: Nessa modalidade, a tributação do IRPJ e do CSLL é feita com base no lucro real da empresa (receitas menos despesas e com ajustes previstos em lei).

Assim, o valor de apuração pode variar de acordo com os resultados da empresa, podendo até ficar sem ter apuração a pagar ao Governo, se ela apurar um prejuízo no exercício.

No caso do IRPJ, a alíquota sobre o lucro real é de 15% para empresas que apresentem até R$ 240.000,00 de lucro anual e um adicional de 10% sobre o lucro que ultrapassar este valor. Já a alíquota da CSLL é de 9% sobre o lucro real.

Lucro Presumido: Nessa modalidade, o Imposto de Renda (IRPJ) e a Contribuição Social sobre o Lucro Líquido (CSLL) têm por base uma margem de lucro "presumida" por lei a partir da receita apurada pela empresa bem como da sua atividade. Não é utilizado o lucro contábil para o cálculo.

Ressalte-se que as alíquotas de IRPJ e CSLL são as mesmas do lucro real. Por exemplo, as alíquotas de presunção de lucro para uma empresa comercial são de 8% para IRPJ e 12% para CSLL.

Logo, uma empresa comercial que possua uma receita bruta de R$ 100.000,00 deverá fazer os seguintes cálculos:

Descrição	IRPJ	CSLL
Receita Bruta	R$ 100.000,00	R$ 100.000,00
Percentual de lucro fixado	8%	12%
Lucro presumido	R$ 8.000,00	R$ 12.000,00
Alíquota do tributo	15%	9%
Tributo a pagar	R$ 1.200,00	R$ 1.080,00

> **IMPORTANTE**
>
> Para a formação do preço de venda, repare que a alíquota efetivamente de IRPJ e CSLL sobre a receita será de:
>
> IRPJ   R$ 1.200,00 / R$ 100.000,00 = 1,20%.
>
> CSLL   R$ 1.080,00 / R$ 100.000,00 = 1,08%.

Além do Imposto sobre Serviços (ISS) para os prestadores de serviço, os principais tributos que incidem sobre o preço são: o ICMS, o IPI, as contribuições ao PIS e a COFINS, o imposto de renda das pessoas jurídicas (IRPJ) e a contribuição social sobre o lucro líquido (CSLL).

> **IMPORTANTE:**
>
> ISS, IPI, ICMS, PIS e COFINS são tributos sobre a receita.
>
> IRPJ e CSLL são tributos sobre o lucro.

Já sabemos que o IPI é um imposto por fora e o ICMS um imposto por dentro. Logo, imaginando que uma empresa optante pelo lucro real venda um produto por R$ 100.000,00 com ICMS destacado na NF de 18% e IPI por fora de 10%, temos:

Valor Bruto	R$ 100.000,00
(+) IPI (supondo alíquota de 10%)	R$ 10.000,00
(=) Total da NF	**R$ 110.000,00**

Sendo as alíquotas de PIS e Cofins de 1,65% e 7,6%, respectivamente, logo teremos:

Faturamento bruto	R$ 110.000,00
(–) IPI (Adicional de 10% sobre R$ 100.000,00)	(R$ 10.000,00)
= **Receita Bruta**	**R$ 100.000,00**
(–) ICMS (18% × R$ 100.000,00)	(R$ 18.000,00)
(–) PIS (1,65% × (R$ 100.000,0 – R$ 18.000,00))	(R$ 1.353,00)
(–) COFINS (7,6% × (R$ 100.000,0 – R$ 18.000,00))	(R$ 6.232,00)
= **Receita Líquida**	**R$ 74.415,00**

1.8. Metodologias de Formação de Preço: a Partir da Concorrência, dos Custos e pelo Valor Percebido pelo Consumidor

As empresas se norteiam, basicamente, por três métodos distintos para a formação do preço de venda:

- Preço a partir da concorrência;
- Preço a partir dos custos;
- Preço a partir do valor percebido pelo consumidor.

1.8.1. Preço a Partir da Concorrência

É o método mais simples, pois basta acompanhar os preços praticados pelos concorrentes diretos e segui-los, mantendo ou não o mesmo valor, de acordo com os objetivos e resultados.

Os preços definidos por esse método **devem ser capazes de igualar os seus aos dos concorrentes ou ficar abaixo deles**. Caso seja cobrado um preço mais alto devem mostrar por que seus produtos oferecem maior valor.

É especialmente importante considerar os preços dos concorrentes nas seguintes condições:

- Há vários concorrentes com produtos de qualidade;
- Pelo menos alguns dos concorrentes são financeiramente fortes;
- As características do produto são facilmente copiadas e é difícil diferenciá-lo;
- Os concorrentes têm acesso aos canais de distribuição;
- Os concorrentes têm altos níveis de conhecimentos e habilidades de Marketing;
- Os concorrentes têm estruturas de custos semelhantes.

A formação do preço de venda baseada na concorrência pode ser desdobrada em:

- Método do preço corrente (preços semelhantes em todos os concorrentes);
- Método de imitação de preços (preço semelhante de um concorrente específico);
- Método de preços agressivos (adoção de redução drástica de preços);
- Método de preços promocionais (preços baixos para atrair clientes e compensação com a venda de outros produtos).

1.8.2. Preço a Partir dos Custos

Outra grande vertente da formação de preços é a utilização dos **custos variáveis e fixos**. Formar preços pelo custo é basicamente **agregar margem a um número já realizado**, sem questionar se aquele bem é necessário e que preço o consumidor estaria disposto a pagar por ele.

Em geral, a precificação baseada em custos é relativamente fácil de usar, o que a torna popular entre as empresas que lidam com muitos produtos diferentes. Ao preparar um orçamento, as que utilizam essa abordagem conduzem uma análise detalhada de todos os custos que esperam encontrar.

A precificação com base nos custos traz segurança aos gestores, pois se sabe que os **custos incorridos estão inseridos no preço**. Assim, formar preço pelo custo implica repassar ao cliente seus **custos de produção, distribuição e comercialização**, além das margens propostas para o produto.

A limitação mais importante da formação do preço de venda a partir dos custos talvez seja a de **não considerar o efeito do preço sobre a demanda dos clientes**. Nesse modelo de precificação, os custos exercem papel fundamental na tomada de decisão para formação do preço de venda devendo ser observados três itens para a formação do preço de venda, a saber: **custo unitário, encargos tributários e margem de ganho desejado** (o mark-up consiste em uma margem, geralmente expressa em forma de um índice ou percentual que é adicionada ao custo dos produtos).

Dessa forma, quando os preços de venda utilizam o custo como base de sua formação, o objetivo passa a ser a definição de um **Mark-up divisor** ou **Mark-up multiplicador**. Independentemente de qual tipo seja utilizado, o valor do preço de venda a ser praticado será igual nas duas modalidades.

Cálculo do Mark-up para formação do preço de venda

Ao definir o Mark-up, é necessário incluir os impostos, o lucro e outros percentuais que incidem sobre o preço de venda. Faz parte do preço de venda aspectos como o custo dos produtos, das mercadorias ou dos serviços prestados, as despesas de comercialização, a incidência administrativa e a margem de lucro desejada.

Mark-up multiplicador

$$\text{Preço de Venda} = \text{Custos} \quad x \quad \frac{\% \text{ PV}}{\% \text{ PV} - (\% \text{ Despesas} + \% \text{ Lucro})}$$

Mark-up divisor

$$\text{Preço de Venda} = \text{Custos} \quad / \quad \frac{\% \text{ PV} - (\% \text{ Despesas} + \% \text{ Lucro})}{\% \text{ PV}}$$

IMPORTANTE

O mais comum é a utilização do Mark-up divisor.

Exemplo:

Dados da empresa XYZ	
Preço de venda	100%
Tributos	6%
Despesas financeiras	3,65%
Despesas fixas sobre a receita	21%
Margem de lucro	15%
Total	45,65%

O custo unitário do produto é de R$ 100,00. Se o preço já está comprometido por 45,65%, logo, o custo representará 54,35% do preço.

Mark-up multiplicador

$$\text{Preço de Venda} = 100,00 \times \frac{100\%}{100\% - 45,65\%} = 100 \times 1,8399 = \mathbf{183,99}$$

Mark-up divisor

$$\text{Preço de Venda} = 100,00 \ / \ \frac{100\% - 45,65\%}{100\%} = 100 \ / \ 0,5435 = \mathbf{183,99}$$

Demonstrativo:

Preço de Venda	183,99	100%
(–) Tributos	(11,04)	(6%)
(–) Despesas financeiras	(6,72)	(3,65%)
(–) Custos	(100,00)	(54,35%)
(–) Outras despesas	(38,64)	(21%)
Lucro	27,60	(15%)

1.8.3. Preço a partir do Valor Percebido pelo Consumidor

Por meio desse método, o valor percebido pelo consumidor é tomado como **parâmetro balizador do preço a ser cobrado** pelo produto/serviço. Essa definição tem como característica principal o fato de ser ajustado/adequado ao valor percebido pelo seu público-alvo.

As empresas que definem preços dessa forma já entenderam que o **preço é só mais um, e não o único atributo a ser percebido e avaliado pelo cliente**. Dessa forma, entender o consumidor, suas necessidades e expectativas e, principalmente, o preço que estão dispostos a pagar por um produto que sane essas carências é, sem dúvida, um caminho acertado para a precificação eficiente.

O **preço percebido** é fundamental para os administradores de preço, pois ele leva em conta outros fatores que tornarão o preço objetivo inferior ao preço real na mente dos consumidores. Para isso, é necessária a utilização de certas táticas para modificar essa percepção. Nessa passagem do preço objetivo para o percebido, devem ser observados três fatores: **alteração dos preços, efeitos psicológicos e preço não monetário.**

Alteração dos preços:

- Oferecer uma maior quantidade de produto pelo mesmo preço;
- Oferecer produtos com qualidade superior pelo mesmo preço;
- Oferecer descontos pela compra de maiores quantidades, bônus por fidelidade.

Efeitos psicológicos:

- Efeito de valor único;
- Efeito de dificuldade de comparação;
- Efeito de preço-qualidade.

Preço não monetário:

- Bom atendimento;
- Rapidez para encontrar o produto;
- Ciclo de vida mais longo.

Logo, podemos ter os seguintes cenários:

Preço percebido < valor percebido → Valor percebido positivo (boa compra).

Preço percebido > valor percebido → Valor percebido negativo (má compra).

Preço percebido = valor percebido → Valor percebido neutro (compra normal).

1.9. Preço de Venda a Prazo

A diferença entre o **cálculo do preço à vista e a prazo** é a constatação do resultado decorrente da ação operacional e daquele ocorrido em função da condição de financiadora de tempo. A partir dos elementos já apurados, pode-se calcular também o preço de venda a prazo para as condições de financiamento desejadas. Neste preço, deve-se levar em consideração **a despesa financeira do financiamento que o cliente obtém da empresa.**

Exemplo:

Preço de venda à vista	R$ 170,00
(−) Comissões (5%)	(R$ 8,50)
(−) Demais despesas diretas (22, 77%)	(R$ 38,71)
(−) Custo de aquisição da mercadoria:	(R$ 98,00)
= **Margem de lucro**	**R$ 24,79**
Índice da margem de lucro (24,79/170 = 0,1458)	**14,58%**

Considerando venda a prazo com recebimento em 60 dias e juros de 2% a.m.:

$(1+i)^n = (1,02)^2 - 1 = 0,0404$, logo, encargo financeiro de **4,04%**

Para continuar tendo a **mesma margem de lucro em %**, o percentual de encargos financeiros deve ser incluído no cálculo do mark-up:

$$\text{Preço de Venda} = \frac{98,00 / 100\% - (4,04\% + 5\% + 22,77\% + 14,58\%) =}{100\%}$$

Preço de Venda = 98,00 / 0,5361 = **182,80**

Nova demonstração:

Preço de venda a prazo	R$ 182,80
(−) Comissões (5%)	(R$ 9,14)
(−) Demais despesas diretas (22, 77%)	(R$ 41,62)
(−) Despesa financeira (4,04%)	(R$ 7,39)
(−) Custo de aquisição da mercadoria:	(R$ 98,00)
= Margem de lucro	**R$ 26,65**
Índice da margem de lucro (26,65/182,80 = 0,1458)	**14,58%**

Para continuar tendo a **mesma margem de lucro em R$**, deve-se calcular a incidência real sobre o preço a prazo e incluir o valor do lucro no custo:

À vista: 100%

A prazo: 104,04%

Logo, o encargo financeiro real será de **3,883%** (4,04% / 104,04%).

$$\text{Preço de Venda} = \frac{98,00 + 24,79 \,/\, 100\% - (3,883\% + 5\% + 22,77\%)}{100\%} =$$

Preço de Venda = 122,79 / 0,68347 = **179,66**

Nova demonstração:

Preço de venda à vista	R$ 179,66
(−) Comissões (5%)	(R$ 8,98)
(−) Demais despesas diretas (22, 77%)	(R$ 40,91)
(−) Despesa financeira (3,883%)	(R$ 6,98)
(−) Custo de aquisição da mercadoria	(R$ 98,00)
= Margem de lucro	**R$ 24,79**
Índice da margem de lucro (24,79/179,66 = 0,1380)	**13,80%**

1.10. Custo-Meta

É o montante de custos que **deve ser eliminado ou aumentado,** para que o custo estimado de um produto ou serviço se ajuste ao permitido, adequando-se ao preço de venda que o mercado oferece e atingindo a margem de lucro objetivada.

Figura 1.5 – Custo-meta

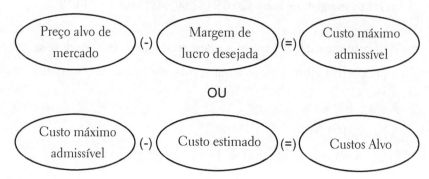

Fonte: Elaborada pelo autor.

Exemplo:

Determinado produto é vendido no mercado a R$ 100,00 e a rentabilidade esperada pela empresa em cada unidade vendida seja de 10%. Atualmente a empresa possui um custo unitário de R$ 93,00. Logo, o seu custo meta será de R$ 3,00.

Item	%	Valor (R$
Preço de venda		R$ 100,00
Lucro meta	10%	R$ 10,00
Custo máximo admissível		R$ 90,00
Custo estimado		R$ 93,00
Custo alvo		–R$ 3,00

1.11. Formação de Preços: Empresas Comerciais, Industriais e Prestadoras de Serviços

Neste tópico demonstraremos exemplos de precificações em empresas dos três segmentos.

Empresa comercial

As empresas comerciais adquirem mercadorias para revenda, logo, teremos o seguinte cenário hipotético:

Preço da mercadoria:	R$ 100,00	(com ICMS incluso de 20%)
IPI adicional (10%)	R$ 10,00	
Desembolso:	R$ 110,00	
(−) Recuperar ICMS (20%)	(R$ 20,00)	
= Custo	R$ 90,00	

Dados adicionais:

Tributos sobre vendas	20%
Despesas financeiras	4%
Comissões	6%
Margem de lucro	15%
Despesas fixas	10%
IRPJ/CSLL	2,28%

As despesas fixas totalizaram R$ 300.000,00 no anterior. As receitas brutas foram de R$ 3.000.000,00 mesmo período, logo, o % de despesas fixas em relação às receitas é de 10%.

Logo, teremos:

Tributos sobre vendas	20%	Preço	210,67
Despesas financeiras	4%	Tributos sobre vendas	−42,13
Comissões	6%	Despesas financeiras	−8,43
Margem de lucro	15%	Comissões	−12,64
Despesas fixas	10%	Despesas fixas	−21,07
IRPJ/CSLL	2,28%	Custo (R$)	−90,00
Total	57,28%	IRPJ/CSLL	−4,80
		Margem de lucro	31,60
Custo (R$)	90,00	ML (%)	15%
Custo (%)	42,72%		
Preço	210,67		

Empresa Industrial

As empresas industriais adquirem insumos (matérias-primas) para industrialização. Para tanto necessitam da MOD Direta e dos Custos Indiretos, logo, teremos o seguinte cenário hipotético:

A empresa compra a mesma matéria-prima para a fabricação de três produtos diferentes (A, B e C). Seguem informações por kg:

Preço do Kg da matéria-prima:	R$ 20,00	(com ICMS incluso de 20%)
IPI adicional (10%):	R$ 2,00	
Desembolso:	R$ 22,00	
(−) Recuperar IPI (10%)	(R$ 2,00)	
(−) Recuperar ICMS (20%)	(R$ 4,00)	
= Custo	**R$ 16,00**	

Considerando que para fabricação de cada produto A a empresa consome 2 kg de MP, logo, o custo de MP por cada unidade será de R$ 32,00.

Em relação à mão de obra direta aplicada na produção do produto A, temos as seguintes informações:

Salário mensal do funcionário: R$ 1.500,00.

Encargos sobre o salário: 36% (Contribuição patronal, FGTS e outros).

Benefícios mensais concedidos pela empresa: R$ 300,00.

Dias trabalhados na semana: 5 dias (segunda à sexta).

Carga Horária: 8h por dia (9h às 18h com 1 hora do almoço).

Dados adicionais:

DESCRIÇÃO	ANO
Dias ano	365
(–) Feriados	(12)
(–) Repouso Remunerado	(96)
(–) Férias	(30)
DIAS À DISPOSIÇÃO	227
HORAS À DISPOSIÇÃO	1816

Base de cálculo:

Salário anual (11 meses)	16.500,00
13º	1.500,00
Férias + 1/3	2.000,00
Subtotal salário anual	20.000,00
Encargos sobre salário	7.200,00
Subtotal salário + encargos anuais	27.200,00
Benefícios ano	3.600,00
Custos totais	30.800,00
Horas à disposição	1816
Taxa de MOD	16,96

Considerando que para cada produto A fabricado, são necessárias 3h de MOD, logo, o custo de MOD por cada unidade será de R$ 50,88.

Para a fabricação dos três produtos a empresa possui custos fixos indiretos que totalizam R$ 150.000,00. A empresa utilizou como base de rateio o total de quantidades produzidas por cada um deles mensalmente:

Produto	Produção	Custos Indiretos (%)	Custos Indiretos (R$)	Custo Indireto Unit (R$)
A	2.500	21%	31.250,00	12,50
B	4.500	38%	56.250,00	12,50
C	5.000	42%	62.500,00	12,50
Total	12.000	100%	150.000,00	

Logo, para cada unidade fabricada de A, a empresa possui um custo unitário indireto fixo de R$ 12,50. Com base nessas informações, segue o custo unitário de cada produto A:

Matéria-prima consumida:	R$ 32,00
MOD Direta aplicada:	R$ 50,88
Custo Indireto:	R$ 12,50
Custo Unitário:	R$ 95,38

Dados adicionais:

Tributos sobre vendas	20%
Despesas financeiras	4%
Comissões	6%
Margem de lucro	15%
Despesas fixas	10%
IRPJ/CSLL	2,28%
IPI sobre vendas (por fora)	10%

Tributos sobre vendas	20%	Preço c/ IPI	245,59
Despesas financeiras	4%	IPI	−22,33
Comissões	6%	Preço s/ IPI	223,27
Margem de lucro	15%	Tributos sobre vendas	−44,65
Despesas fixas	10%	Despesas financeiras	−8,93
IRPJ/CSLL	2,28%	Comissões	−13,40
Total	57,28%	Despesas fixas	−22,33
		Custo (R$)	−95,38
Custo (R$)	95,38	IRPJ/CSLL	−5,09
Custo (%)	42,72%	Margem de lucro	33,49
Preço s/ IPI	223,27	ML (%)	15%
IPI	22,33		
Preço c/ IPI	245,59		

Empresa prestadora de serviço

As empresas prestadoras de serviços podem ou não utilizar materiais na execução de seus serviços. No entanto, necessitam da MOD Direta e dos Custos Indiretos, logo, teremos o seguinte cenário hipotético:

A empresa presta quatro tipos de serviços diferentes. Em relação à mão de obra direta aplicada na prestação do serviço B, temos as seguintes informações:

Salário mensal do funcionário: R$ 4.000,00.

Encargos sobre o salário: 36% (Contribuição patronal, FGTS e outros).

Benefícios mensais concedidos pela empresa: R$ 500,00.

Dias trabalhados na semana: 5 dias (segunda à sexta).

Carga Horária: 8h por dia (9h às 18h com 1 hora do almoço).

Dados adicionais:

DESCRIÇÃO	ANO
Dias ano	365
(–) Feriados	(12)
(–) Repouso Remunerado	(96)
(–) Férias	(30)
DIAS À DISPOSIÇÃO	227
HORAS À DISPOSIÇÃO	1816

Base de cálculo:

Salário anual (11 meses)	**44.000,00**
13°	4.000,00
Férias + 1/3	5.333,33
Subtotal salário anual	**53.333,33**
Encargos sobre salário	19.200,00
Subtotal salário + encargos anuais	**72.533,33**
Benefícios ano	6.000,00
Custos totais	**78.533,33**
Horas à disposição	1816
Taxa de MOD	**43,25**

Considerando que para cada prestação de serviço B são necessárias 12h de MOD, logo, o custo de MOD por cada serviço prestado será de R$ 518,94. Para a prestação dos quatros serviços a empresa possui custos fixos indiretos que totalizam R$ 40.000,00. A empresa utilizou como base de rateio o total de serviços prestados por cada um deles mensalmente:

Serviço	Quantidade	Custos Indiretos (%)	Custos Indiretos (R$)	Custo Indireto Unit (R$)
A	34	41%	16.385,54	481,93
B	13	16%	6.265,06	481,93
C	19	23%	9.156,63	481,93
D	17	20%	8.192,77	481,93
Total	83	100%	40.000,00	

Assim, para cada prestação do serviço B a empresa possui um custo unitário indireto fixo de R$ 481,93. Com base nessas informações, segue o custo unitário de cada serviço prestado B:

MOD Direta aplicada:	R$ 518,94
Custo Indireto:	R$ 481,93
Custo unitário:	R$ 1.000,87

Dados adicionais:

Imposto sobre serviço	5%
Despesas financeiras	4%
Comissões	6%
Margem de lucro	15%
Despesas fixas	10%
IRPJ/CSLL	2,28%

Imposto sobre serviço	5%	Preço	1.734,01
Despesas financeiras	4%	Tributos sobre vendas	−86,70
Comissões	6%	Despesas financeiras	−69,36
Margem de lucro	15%	Comissões	−104,04
Despesas fixas	10%	Despesas fixas	−173,40
IRPJ/CSLL	2,28%	Custo (R$)	−1.000,87
Total	42,28%	IRPJ/CSLL	−39,54
		Margem de lucro	260,10
Custo (R$)	1.000,87	ML (%)	15%
Custo (%)	57,72%		
Preço	1.734,01		

1.12. Elaboração do Cálculo de Honorários Contábeis

Embora exista uma tabela de honorários que pode ser seguida pelos contabilistas, recomenda-se que o profissional calcule honorários específicos para cada cliente tendo em vista a particularidade e complexidade de cada serviço.

Nesse sentido, devem ser levados em consideração os seguintes itens:

- Quantidade de horas trabalhadas ou quantidade de atividades a serem executadas para realizar o serviço;
- Gastos com insumos utilizados para a execução do serviço;
- Remuneração (Pró-labore) considerando a média dos valores cobrados no mercado adicionando, sendo 1/12 de férias + 1/3 férias + 1/12 de 13°, além do FGTS (8%);
- Gastos fixos do escritório (salários e encargos, aluguel, energia, água etc.);
- Margem de lucro sobre a receita de serviços;
- Reserva de capital para situações emergenciais.

> **IMPORTANTE**
>
> É de praxe a inclusão de uma cláusula atribuindo ao contratante a responsabilidade pelo pagamento de um adicional anual, **geralmente correspondente ao valor de uma parcela mensal**, em face de trabalhos extras próprios do período final do exercício, tais como o encerramento das demonstrações contábeis anuais, declaração de rendimentos da pessoa jurídica, de informes de rendimento, da RAIS, elaboração da folha de pagamento do 13º (décimo terceiro) salário, da DIRF etc.

Exemplo:

Determinado escritório contábil possui os seguintes gastos fixos mensais:

GASTOS FIXOS (EM R$)

Propaganda e publicidade	500,00
Treinamento Pessoal	1.200,00
Aluguel	600,00
Energia Elétrica	450,00
Manutenções diversas	400,00
Manutenções softwares	250,00
Material escritório	750,00
Telefones	500,00
Pró-labore	5.100,00
Despesas Gerais (CRC, Cont. Sindical, Depreciação etc.)	1.000,00
Tarifas Bancárias	400,00
TOTAL	11.150,00

Além disso, possui uma faixa salarial média para cada setor do escritório:

ESPECIALIZADO			GERAL
FISCAL	CONTÁBIL	PESSOAL	ADMINISTRATIVO
2.100,00	2.300,00	2.400,00	1.100,00

Tabela de Encargos sobre os salários e os respectivos percentuais:

DESCRIÇÃO	
INSS	28,80%
FGTS	8,00%
13° Salário	8,33%
Férias	11,11%
INSS+FGTS s/ 13° e Férias	7,16%
Multa Rescisória 50% FGTS	4,44%
Vale Transporte e Refeição	8,50%
TOTAL	76,34%

Tabela de Encargos sobre a Receita Bruta:

DESCRIÇÃO	
ISS	5,00%
PIS	0,65%
Cofins	3,00%
CSLL	1,08%
IRPJ	4,80%
TOTAL	14,53%

A margem de lucro estipulada é de 30%.

Atualmente, possui 36 clientes que geraram a seguinte demanda no mês:

EMPRESA	NFs Entrada	NFs Saída	NFs Serv.	Tot. NFs	N° Lançam	Empregados
JS	22	271		293	350	26
ABC			10	10	20	1
XYZ	34	203	3	240	300	4
VVV			28	28	200	51
TAB	3	50	26	79	80	5
YO0O	46	36		82	150	3
UIO	7	23		30	50	2
IEO	180	171		351	430	9
OEI	162	124		286	520	7
OEUI	26	35	28	89	100	8
ONM	14	32	48	94	100	7
IOMB	5	3	4	12	40	5
IOO	4	27		31	70	2
MNN	31	121	64	216	250	8
MM	13	11	12	36	80	3
MEB	25	36		61	80	4
EAD	29	10		39	70	5
EIA		20	1	21	20	6
ILMNB		5	5	10	40	3
IMM	14	62	32	108	200	8
IMMB	85	80		165	200	21
NBU		5		5		2
FIL	36	209	61	306	350	8
INN	10			10		3
NBI	4	26	8	38	70	10
UIB				0	320	8
UOO	11	64		75	120	8
NMB	4		9	13	120	12

ABD	4		13	17	80	13
OIP	21	68		89	100	5
OOOU	36	111	13	160	300	8
IUI	54	78		132	300	3
XLC	14	8	31	53	70	4
UOX	21	18		39	50	4
ZZI	5	24		29	80	1
ZIO	9	10	11	30	50	3
TOTAL	929	1941	407	3277	5360	280

1º passo:

Calcular o custo mensal dos encargos dos funcionários em cada setor:

DESCRIÇÃO	%	FISCAL	CONTÁBIL	PESSOAL	ADM
INSS	28,80%	604,80	662,40	691,20	316,80
FGTS	8,00%	168,00	184,00	192,00	88,00
13º Salário	8,33%	175,00	191,67	200,00	91,67
Férias	11,11%	233,33	255,55	266,66	122,22
INSS+FGTS s/ 13º e Férias	7,16%	67,20	73,60	76,80	35,20
Multa Rescisória 50% FGTS	4,44%	93,33	102,22	106,67	48,89
Vale Transporte e Refeição	8,50%	178,50	195,50	204,00	93,50
TOTAL	76,34%	1.520,16	1.664,94	1.737,32	796,27

2º passo:

Somar o custo total de cada setor:

DESCRIÇÃO	FISCAL	CONTÁBIL	PESSOAL	ADM
SALÁRIOS	2.100,00	2.300,00	2.400,00	1.100,00
ENCARGOS	1.520,16	1.664,94	1.737,32	796,27
TOTAL	3.620,16	3.964,94	4.137,32	1.896,27

3º passo:

Apurar o custo total dos setores especializados em valor e percentual:

DESCRIÇÃO	CUSTO	%
FISCAL	3.620,16	30,88%
CONTÁBIL	3.964,94	33,82%
PESSOAL	4.137,32	35,29%
TOTAL	11.722,42	100,00%

4º passo:

Realizar rateio do setor administrativo, dos custos fixos apurar o custo total por setor especializado:

DESCRIÇÃO	%	ADM	FIXO	CUSTO	TOTAL
FISCAL	30,88%	585,61	3.443,38	3.620,16	7.649,16
CONTÁBIL	33,82%	641,39	3.771,33	3.964,94	8.377,65
PESSOAL	35,29%	669,27	3.935,29	4.137,32	8.741,88
TOTAL	100,00%	1.896,27	11.150,00	11.722,42	24.768,69

5º passo:

Calcular o custo individual por atividade:

SETOR	FISCAL	CONTÁBIL	PESSOAL
CUSTO	7.649,16	8.377,65	8.741,88
ATIVIDADES	3.277	5.360	280
CUSTO POR ATIVIDADE	2,33	1,56	31,22

6º passo:

Calcular o custo de um cliente específico:

EMPRESA	NFs Entrada	NFs Saída	NFs Serv.	Tot. NFs	Nº Lançam.	Empregados
XYZ	34	203	3	240	300	4

SETOR	ATIVIDADES	CUSTO UNIT.	CUSTO TOTAL
Custo Fiscal	240	2,33	560,21
Custo Contábil	300	1,56	468,90
Custo Pessoal	4	31,22	124,88
TOTAL			1.153,99

7º passo:

Cálculo dos Honorários desse cliente:

TRIBUTOS	14,53%
MARGEM DE LUCRO	30,00%
TOTAL	44,53%
CUSTO	1.153,99
MARK-UP DIVISOR	0,5547
HONORÁRIOS	2.080,39

8º passo:

Apuração do resultado:

RECEITA BRUTA	2.080,39	100,00%
TRIBUTOS	−302,28	−14,53%
RECEITA LÍQUIDA	1.778,11	85,47%
CUSTO TOTAL	−1.153,99	−55,47%
LUCRO	624,12	30,00%

1.13. Custo-Padrão

Uma das principais ferramentas de controle de custos utilizada pelas empresas é o **Custo-Padrão**. Este é uma previsão ou predeterminação do que os custos reais devem ser dentro de condições projetadas, servindo com uma base para o controle de custos e como uma medida da eficiência de produção (padrão de comparação), quando colocada diante dos custos reais. Dessa forma, fornece uma oportunidade para que os resultados correntes sejam analisados e as responsabilidades pelos desvios possam ser apontadas.

As principais causas para as diferenças entre o custo real e o custo padrão são: **variação de quantidade, variação de custo e variação mista.**

Exemplo:

Para fabricar determinado produto, uma empresa de cosméticos projetou as seguintes informações de custos para a matéria-prima X:

Padrão

Custo por Kg:	R$ 4,00
Quantidade utilizada para fabricar 1 unidade:	16 kg
Custo-Padrão por unidade:	R$ 64,00
Custo-Padrão para 1.000 unidades	R$ 64.000,00

Verificou-se após a produção de 1.000 unidades, as informações reais de custos:

Real

Custo por Kg:	R$ 4,20
Quantidade utilizada para fabricar 1.000 unidades:	19.000 kg (R$ 19,00 p/ kg)
Custo real por unidade:	R$ 79,80
Custo real para 1.000 unidades	R$ 79.800,00
Diferença por unidade: R$ 15,80	**Diferença total: R$ 15.800,00**

Análise das variações:

I – Variação em quantidade:

(Quantidade real – Quantidade padrão) × R$ Padrão

(19.000 – 16.000) × R$ 4,00 = **R$ 12.000,00**

II – Variação em valor:

(Valor real – Valor padrão) × Quantidade padrão

(R$ 4,20 – R$ 4,00) × 16.000 = **R$ 3.200,00**

III – Variação mista:

(Quantidade real – Quantidade padrão) × (Valor real – Valor padrão)

(19.000 – 16.000) – (R\$ 4,20 – R\$ 4,00) = **R\$ 600,00**

Variação total = 12.000 + 3.200 + 600 = **R\$ 15.800,00**

EXERCÍCIOS RESOLVIDOS

1 – Em 1º de janeiro de 2019, foi criada a empresa Pãozinho Delícia Ltda., voltada ao fornecimento de pães para festas e bufês. Sua capacidade produtiva permitia a fabricação e entrega de até 900 bandejas com 40 unidades por mês, sem a necessidade de novos equipamentos ou funcionários. Cada bandeja era comercializada, em média, por R\$ 38,00.

Os principais valores desembolsados inicialmente para a criação da empresa consistiram em:

ITEM	VALOR (R\$)
Aquisição de forno elétrico industrial[1]	10.000,00
Aquisição de masseira[1]	4.000,00
Aquisição de liquidificador industrial[1]	1.800,00
Aquisição de bandejas, assadeiras e utensílio diversos[2]	2.000,00
Observação: (1) vida útil igual a 10 anos; (2) vida útil igual a 5 anos	

No ano de 2019, foram comercializadas em média 400 bandejas por mês. Para atender a esses pedidos, a empresa teve outros gastos, apresentados na tabela seguinte. Estima-se que o veículo adquirido no início do ano será usado para entregas por 5 anos.

ITEM	VALOR (R$)
Salários e encargos dos funcionários da produção	80.000,00
Veículos para entregas	16.000,00
Matéria-prima (apenas 70% foram consumidas)	80.000,00
Conta de telefone (Despesa fixa)	1.200,00
Embalagem (90% foram consumidas)	9.000,00
Energia elétrica utilizada na produção (Demanda fixa contratada)	3.600,00

Com base nas informações acima, responda:

a) Qual o custo unitário de cada bandeja da empresa no ano de 2019?

b) No início de março de 2019, um potencial cliente propôs um contrato, no qual compraria 300 bandejas adicionais por mês até o final do ano, a um preço de R$ 21,00 por bandeja. A empresa deveria firmar o contrato? Discuta todos os aspectos pertinentes.

RESOLUÇÃO:

a)

Custo	Valor (R$)
Depreciação do forno	R$ 1.000,00
Depreciação da masseira	R$ 400,00
Depreciação do liquidificador industrial	R$ 180,00
Depreciação dos utensílios	R$ 400,00
Salários e encargos da produção	R$ 80.000,00
Matéria-prima consumida	R$ 56.000,00
Embalagem	R$ 8.100,00
Energia elétrica	R$ 3.600,00
Total	R$ 149.680,00
Bandejas produzidas no ano	4.800
Custo unitário por bandeja	R$ 31,18

b) Considerando que pelas vendas atuais, o preço de venda cobre os custos variáveis e custos fixos, para tomar a decisão de vendas adicionais, a empresa deverá avaliar se o novo preço de venda cobre pelo menos o custo variável, em que:

Custo variável unitário: (R$ 56.000,00 + R$ 8.100,00) / 4.800 = R$ 13,35.

Logo temos:

DRE Adicional	Valor (R$)
Receita (R$ 21,00 × 10 × 300)	R$ 63.000,00
Custo variável total (R$ 13,35 × 10 × 300)	–R$ 40.062,50
Resultado Adicional	R$ 22.937,50

Ou seja, a empresa poderia aceitar a proposta, pois é viável financeiramente, no entanto, deve ficar atenta à possibilidade dos demais clientes não aceitarem comprar os próximos pedidos pelo preço anterior.

2 – Em 30/6/2021, uma Indústria que atua no ramo de confecção adquiriu 5.000 metros de tecido por R$ 50.000,00. Incorreu também em frete para transporte desse tecido, no valor de R$ 10.000,00. Durante o mês de julho de 2021, fabricou 2.000 unidades de um único produto, com 4.000 metros de tecido. Além do tecido, também foram aplicados à produção os seguintes custos:

Mão de obra direta das costureiras: R$ 18,00 por unidade produzida.
Depreciação das máquinas: R$ 1.000,00 no mês, calculada pelo Método Linear.
Mão de obra do supervisor de produção: R$ 16.000,00 no mês.
Aluguel mensal da área de produção: R$ 3.000,00.

Considerando apenas as informações apresentadas e desconsiderando os aspectos tributários, calcule o total de custos variáveis aplicados a produção das 2.000 unidades, no mês de julho de 2021.

RESOLUÇÃO:

Custo de aquisição

Aquisição de tecido	R$ 50.000,00
Frete	R$ 10.000,00
Total	R$ 60.000,00

Quantidade de tecido	
Metros de tecido	5.000
Custo unitário do metro (R$ 60.000,00 / 5.000)	12,00

Produção (unidades)	2.000
Consumo de tecido (metros)	4.000
Mão de obra direta (unidade)	R$ 18,00

Custos variável	
Matéria-prima consumida (R$ 12,00 × 4.000)	R$ 48.000,00
Mão de obra direta (R$ 18,00 × 2.000)	R$ 36.000,00
Total	R$ 84.000,00

3 – Inaugurado no início de janeiro de 2019, o Hospital Bom Samaritano tornou-se um marco na realização de cirurgias torácicas. Estima-se que, após construído, permanecerá em operação por 20 anos. Os móveis, equipamentos e utensílios adquiridos têm uma vida útil média estimada em 10 anos. No primeiro ano, 120 cirurgias foram realizadas, com elevado percentual de sucesso. Esse sucesso, aliado à boa qualidade do atendimento e ao alto nível de satisfação de pacientes e familiares, motivou a Secretaria de Saúde a estudar os dados financeiros da instituição.

Os gastos incorridos no ano de 2019 estão apresentados na tabela seguinte:

Item	Valor (R$)
Salários e encargos de médicos	R$ 80.000,00
Gastos com a construção do hospital	R$ 800.000,00
Salários e encargos de enfermeiros	R$ 40.000,00
Aquisição de material cirúrgico (apenas 40% foram consumidos)	R$ 120.000,00
Compra de equipamentos hospitalares	R$ 300.000,00
Salários e encargos do pessoal administrativo	R$ 20.000,00
Gastos com a aquisição de móveis e computadores para o setor administrativo	R$ 10.000,00

Com base nas informações acima, calcule o custo de cada cirurgia realizada.

RESOLUÇÃO:

Custos totais

Salários e encargos de médicos	R$ 80.000,00
Depreciação do prédio (5% de R$ 800.000,00)	R$ 40.000,00
Salários e encargos de enfermeiros	R$ 40.000,00
Material cirúrgico consumido (40% de R$ 120.000,00)	R$ 48.000,00
Depreciação equipamentos hospitalares (10% de R$ 300.000,00)	R$ 30.000,00
Total	R$ 238.000,00
Total de cirurgias	120
Custo unitário por cirurgia (R$ 238.000,00 / 120)	R$ 1.983,33

4 – Uma revendedora de cosméticos, contribuinte do ICMS, está negociando a aquisição de doze caixas de perfumes com um fornecedor. Cada uma tem o valor de R$ 950,00, entretanto, se a revendedora comprar as doze conseguirá um desconto em NF (comercial) de 20%. O frete será realizado por transportadora particular que cobra R$ 5,00 por cada perfume.

Dados adicionais:

ICMS de 12% (tanto da aquisição quanto do frete)
IPI de 40%

Considerando que são dez perfumes por caixa e que a empresa comprará as doze caixas, calcule o custo unitário de cada perfume.

RESOLUÇÃO:

Preço com desconto	R$ 9.120,00
(+) IPI (40% de R$ 9.120,00)	R$ 3.648,00
(+) Frete	R$ 600,00
Desembolso	R$ 13.368,00
ICMS sobre o produto (12% de R$ 9.120,00)	R$ 1.094,40
ICMS sobre o frete (12% de R$ 600,00)	R$ 72,00
Custo total (R$ 13.368,00 – R$ 1.094,40 – R$ 72,00)	R$ 12.201,60
Perfumes	120
Custo unitário (R$ 12.201,60 / 120)	R$ 101,68

5 – Uma empresa de consultoria recebeu proposta para avaliação dos processos internos de um estabelecimento industrial e posterior implantação de sistema de custos. O gestor da empresa de consultoria propõe honorários de acordo com o custo da mão de obra do funcionário que será enviado para executar o serviço, aplicando um percentual de 120% sobre esse custo.

Seguem os dados do funcionário que executará o projeto:

Salário mensal do funcionário: R$ 5.000,00.

Encargos sobre o salário: 36%.

Benefícios mensais concedidos pela empresa: R$ 1.800,00.

Dias trabalhados na semana: 5 dias (segunda à sexta).

Carga Horária: 8h por dia (9h às 18h com 1 hora do almoço).

Dados adicionais:

DESCRIÇÃO	ANO
Dias ano	365
(–) Feriados	(12)
(–) Repouso Remunerado	(96)
(–) Férias	(30)

Considerando que foram estimadas 120 horas para a execução do trabalho, qual o preço que a empresa de consultoria deverá cobrar?

RESOLUÇÃO:

DESCRIÇÃO	ANO
Dias ano	365
(–) Feriados	–12
(–) Repouso Remunerado	–96
(–) Férias	–30
Total dias à disposição	227
Total horas à disposição	1816

Salário mensal	R$ 5.000,00
Encargos	36,00%
Benefícios mensais	R$ 1.800,00
Dias trabalhados na semana	5
Carga horária (por dia em h)	8
Preço	120%

Salário anual (R$ 5.000,00 × 11)	55.000,00
13º	R$ 5.000,00
Férias (R$ 5.000,00 + 1/3)	R$ 6.666,67
Subtotal salário anual	R$ 66.666,67
Encargos sobre salário	R$ 24.000,00
Subtotal salário + encargos anuais	R$ 90.666,67
Benefícios ano (R$ 1.800,00 × 12)	R$ 21.600,00
Custos totais	R$ 112.266,67
Horas à disposição	1.816,00
Taxa de MOD	R$ 61,82

Preço-hora (R$ 61,82 + 120%)	R$ 136,01
Horas de consultoria	120
Valor da consultoria	R$ 16.320,70

6 – Uma empresa de Paleta Mexicana planeja aumentar suas vendas em 2021 na expectativa de comercializar mensalmente 24.000 unidades.

A estrutura de custos fixos se manterá inalterável:

Salários:	R$ 15.000,00.
Aluguel:	R$ 10.000,00.
Energia, água e telefonia:	R$ 5.000,00.
Outras despesas operacionais:	R$ 18.000,00.

O composto de Mark-up da empresa está formado da forma a seguir:

12% Tributos

2% Comissões

4% Despesas Financeiras

17% Despesas fixas

25% Lucro desejado

O custo médio de insumos de cada paleta é de R$ 2,50. Dessa forma, calcule o preço de venda das paletas a praticar em 2021 a partir dos dados informados.

RESOLUÇÃO:

Dados da empresa

Preço de venda	100%
Tributos	12%
Comissões	2%
Despesas financeiras	4%
Despesas fixas	17%
Margem de lucro	25%
Total	60%

Custos fixos totais	R$ 48.000,00
Produção	24.000
Custo fixo unitário	R$ 2,00
Custo variável unitário	R$ 2,50
Custo unitário	R$ 4,50
Custo (%)	40%
Preço	R$ 11,25

Preço	R$ 11,25
Tributos	– R$ 1,35
Comissões	– R$ 0,23
Despesas financeiras	– R$ 0,45
Despesas fixas	– R$ 1,91
Custo	– R$ 4,50
Lucro	R$ 2,81
ML (%)	25,00%

Capítulo 1: Gestão de Custos e Formação de Preços

7 – Seguem as informações do preço de determinado produto:

Preço de venda à vista	R$ 480,00.
(–) Tributos (22%)	(R$ 105,60).
(–) Comissões (5%)	(R$ 24,00).
(–) Taxa de cartão de crédito (3%)	(R$ 14,40).
(–) Custo do produto	(R$ 215,00).
= Margem de contribuição	R$ 121,00.
Índice da margem de contribuição	0,2521 do PV.

A partir desses dados, calcule o preço de venda a prazo considerando os encargos financeiros com mesma margem de lucro em % e com o mesmo lucro em R$, considerando o prazo de recebimento em 120 dias e juros de 1,5% a.m.

RESOLUÇÃO:

Venda à vista

Dados da empresa

Preço de venda	100,00%	Preço	R$ 480,00
Tributos	22,00%	Tributos	–R$ 105,60
Comissões	5,00%	Comissões	–R$ 24,00
Taxa de cartão de crédito	3,00%	Taxa de cartão de crédito	–R$ 14,40
Margem de lucro	25,21%	Custo	–R$ 215,00
Total	55,21%	Lucro	R$ 121,00
		ML (%)	25,21%
Custo	R$ 215,00		
Custo (%)	44,79%		
Preço	R$ 480,00		

Prazo: 120 dias (4 meses).

Despesa financeira: $(1+0,015)4) -1 = 6,14\%$.

a) Venda a prazo considerando os encargos financeiros com a mesma margem (%):

Venda a prazo I – Mesma Margem %		Despesa financeira	6,14%
Preço de venda	100,00%		
Tributos	22,00%	Preço	R$ 556,25
Comissões	5,00%	Tributos	−R$ 122,38
Taxa de cartão de crédito	3,00%	Comissões	−R$ 27,81
Despesa financeira	6,14%	Taxa de cartão de crédito	−R$ 16,69
Margem de lucro	25,21%	Despesa financeira	−R$ 34,15
Total	61,35%	Custo	−R$ 215,00
		Lucro	R$ 140,22
Custo	R$ 215,00	ML (%)	25,21%
Custo (%)	38,65%		
Preço	R$ 556,25		

b) Venda a prazo considerando os encargos financeiros com mesmo lucro (R$):

Venda a prazo II – Mesmo Lucro R$		Venda a prazo (6,14% + 100%)	106,14%
Preço de venda	100,00%	Despesa financeira efetiva (6,14% / 106,14%)	5,78%
Tributos	22,00%		
Comissões	5,00%	Preço	R$ 523,24
Taxa de cartão de crédito	3,00%	Tributos	−R$ 115,11
Despesa financeira efetiva	5,78%	Comissões	−R$ 26,16
Total	35,78%	Taxa de cartão de crédito	−R$ 15,70
		Despesa financeira efetiva	−R$ 30,27
Custo + Lucro	R$ 336,00	Custo	−R$ 215,00
Custo (%)	64,22%	Lucro	R$ 121,00
Preço	R$ 523,24	ML (%)	23,13%

8 – A seguir, estão apresentados os dados de custo unitário dos produtos A e B:

| Qtd. padrões | 1.000 | 500 |

	Dados unitários		Total		
	Produto A	Produto B	Produto A	Produto B	Total
PREÇO DE VENDA	R$ 450,00	R$ 1.150,00	R$ 450.000,00	R$ 575.000,00	R$ 1.025.000,00
CUSTOS					
Materiais	R$ 200,00	R$ 450,00	R$ 200.000,00	R$ 225.000,00	R$ 425.000,00
MOD	R$ 90,00	R$ 200,00	R$ 90.000,00	R$ 100.000,00	R$ 190.000,00
Comissões	R$ 27,00	R$ 46,00	R$ 27.000,00	R$ 23.000,00	R$ 50.000,00
CIF/ Depreciação	R$ 99,00	R$ 220,00	R$ 99.000,00	R$ 110.000,00	R$ 209.000,00
Administra- tivos	R$ 45,00	R$ 115,00	R$ 45.000,00	R$ 57.500,00	R$ 102.500,00
Custos Totais	R$ 461,00	R$ 1.031,00	R$ 461.000,00	R$ 515.500,00	R$ 976.500,00
Lucro	– R$ 11,00	R$ 119,00	– R$ 11.000,00	R$ 59.500,00	R$ 48.500,00
Margem %	– 2,44%	10,35%	– 2,44%	10,35%	4,73%

Com base nas informações acima, **calcule o custo meta de cada produto, caso a margem de lucro desejada fosse de 6,5%.** Além disso, calcule de quanto deverá ser o ajuste em valor unitário e em percentual, para cada produto, computando as quantidades-padrões.

RESOLUÇÃO:

Produto	A	B
Preço de venda	R$ 450,00	R$ 1.150,00
Margem de Lucro (6,5%)	R$ 29,25	R$ 74,75
Custo máximo admissível (Preço de venda – Margem de lucro)	R$ 420,75	R$ 1.075,25
Custo atual	R$ 461,00	R$ 1.031,00
Custo-meta (R$) (Custo máximo admissível – Custo atual)	– R$ 40,25	R$ 44,25
Custo-meta (%) (Custo máximo admissível / Custo atual)	– 8,73%	4,29%

Conclusão:

Para se adequar à nova meta prevista, a empresa precisaria reduzir seus custos atuais em 8,73% para o produto A e poderia até mesmo aumentar em 4,29% para o produto B.

9 – Uma empresa vai implementar um projeto para desenvolvimento e lançamento de um produto.

Os seguintes dados já foram levantados em um pré-orçamento:

Materiais Diretos	R$ 112,00/unidade.
MOD	R$ 50,00/unidade.
Horas de Engenharia de Desenvolvimento de Produto	10.000 horas.
Horas de Engenharia de Desenv. p/ Manter o Produto	1.000 horas/ano.
Custo Horário de Engenharia de Desenvolvimento	R$ 35,00/hora.
Horas de Engenharia de Processo Inicial	8.000 horas.
Horas de Engenharia de Processo p/ Manter o Produto	2.000 horas/ano.
Custo Horário de Engenharia de Processo	R$ 30,00/hora.
Custo de Pesquisa de Mercado	R$ 300.000.
Custo Institucional de Publicidade	R$ 120.000/ano.
Despesas de venda	20% do Preço de Venda.
Investimento Inicial no Projeto	R$ 1.000.000.
Quantidades Esperadas de Vendas – em 5 anos	10.000 unid. (2.000/ano).
Rentabilidade Esperada do Investimento:	10% a.a.

Pede-se:

a) Elaborar um quadro das entradas e saídas por ano.

b) Calcular qual deve ser o preço de venda para cobrir o custo do ciclo de vida e remunerar o investimento, calculados após os gastos e investimentos feitos, e para cobrir os custos de distribuição, assistência técnica e administração.

CONTABILIDADE GERENCIAL

RESOLUÇÃO:

Vendas	Ano 0	Ano 1	Ano 2	Ano 3	Ano 4	Ano 5	Total
Vendas (em unidades)		2.000	2.000	2.000	2.000	2.000	10.000
Materiais Diretos (em R$)		224.000,00	224.000,00	224.000,00	224.000,00	224.000,00	1.120.000,00
MOD (em R$)		100.000,00	100.000,00	100.000,00	100.000,00	100.000,00	500.000,00
Engenharia de Desenvolvimento (em R$)	350.000,00	35.000,00	35.000,00	35.000,00	35.000,00	35.000,00	525.000,00
Engenharia de Processo (em R$)	240.000,00	60.000,00	60.000,00	60.000,00	60.000,00	60.000,00	540.000,00
Pesquisa de Mercado (em R$)	300.000,00						300.000,00
Publicidade (em R$)		120.000,00	120.000,00	120.000,00	120.000,00	120.000,00	600.000,00
Investimento Inicial (em R$)	1.000.000,00						1.000.000,00
Rentabilidade Desejada (em R$)		100.000,00	110.000,00	121.000,00	133.100,00	146.410,00	610.510,00
Total (em R$)							5.195.510,00

Custo Total	5.195.510,00
Unidades vendidas	10.000
Custo unitário	519,55
Despesas de vendas	0,20
Divisor	0,80
Preço de Venda	649,44

Capítulo 2

Abordagem Decisorial

2.1. Análise Comportamental dos Custos

Na contabilidade gerencial o termo custo é usado de diversas maneiras, uma vez que há muitos tipos classificados de acordo com as necessidades imediatas da gestão da empresa. Por exemplo, os gestores podem querer dados de custos para preparar relatórios financeiros externos, orçamentos de planejamento ou tomar decisões. Cada uso desses dados exige uma diferente classificação e definição de custos, tal como na preparação de relatórios financeiros externos normalmente são utilizados os custos históricos, enquanto para tomada de decisões podem ser projetados custos futuros. Dessa forma, para efeitos gerenciais **podem ser considerados custos além daqueles ligados diretamente a produção, os custos de vendas e os custos administrativos.**

2.1.1. Custos de Produção X Custos Administrativos

Os **custos de produção** para fins de contabilidade de custos e financeira são aqueles necessários na produção de bens e serviços: Materiais Diretos, Mão de obra Direta e Custos Indiretos.

Já os gastos relacionados às vendas e a administração não estão ligados à produção. Na contabilidade de custos e financeira são reconhecidas como despesas, mas na gerencial podem ser chamados de: **Custos de vendas e Custos administrativos**

No entanto, para a contabilidade gerencial é muito mais importante que esses gastos (de produção ou não) sejam segregados em **variáveis e fixos** para serem importantes no processo de tomada de decisão.

2.1.2. Custo de Oportunidade

Custo de oportunidade é o benefício potencial de que se abdica quando uma alternativa é selecionada em vez de outra. Embora não estejam geralmente nos registros contábeis, **devem ser explicitamente considerados em cada decisão tomada por um gestor**, pois praticamente toda alternativa de decisão envolve um custo de oportunidade.

Suponha que uma multinacional considere realizar um investimento relevante em um terreno que futuramente poderá ser o local de uma nova filial. Entretanto, em vez de investir no terreno, a empresa poderia aplicar em fundos de investimentos com remuneração fixa. Logo, o custo de oportunidade de comprar o terreno seriam os rendimentos gerados pelo investimento.

2.1.3. Custos Perdidos

São aqueles custos incorridos **que não poderão ser mudados por nenhuma decisão tomada agora ou no futuro,** logo, deverão ser ignorados. Suponha que determinada empresa, muitos anos atrás, tenha desembolsado R$ 50.000,00 por uma máquina de finalidade específica. Esta foi usada para produzir um produto que hoje está obsoleto e não é mais vendido.

Embora a compra da máquina possa não ter sido uma boa escolha, o custo de R$ 50.000,00 foi incorrido e não poderá ser desfeito. E não faria sentido continuar produzindo o produto obsoleto em uma tentativa errônea de "recuperar" o custo original da máquina. Em resumo, os R$ 50.000,00 investidos na máquina devem ser ignorados em decisões atuais, pois é considerado um custo perdido.

2.2. Análise Custo X Volume X Lucro

A análise **custo × volume × lucro** é uma das principais ferramentas relacionadas à contabilidade gerencial. Com base em informações da contabilidade de custos, a ferramenta torna possível a obtenção de dados fundamentais **para que o gestor possa tomar as decisões adequadas.** Dentre as informações relevantes que podem ser obtidas na análise custo × volume × lucro destacam-se as seguintes:

- Quais produtos/serviços devem ter suas vendas incentivadas?
- Quantos produtos/serviços são necessários comercializar para não ter prejuízo?
- Quanto eu preciso vender para ter um lucro de x %?
- Qual o impacto da diminuição das vendas no meu lucro?

A análise custo x volume x lucro pode ser dividida em três subtemas que se complementam: Margem de Contribuição, Ponto de Equilíbrio e Margem de Segurança.

Figura 2.1 – Análise Custo x Volume x Lucros

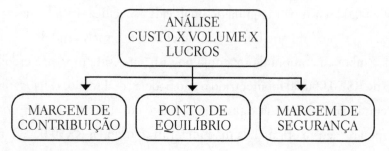

Fonte: Elaborada pelo autor.

> **IMPORTANTE**
> A contabilidade gerencial utiliza o **sistema de custeio variável** para demonstração do resultado, **pois são os gastos variáveis que devem ser utilizados para a tomada de decisão**, tendo em vista que os gastos fixos já existem e não podem ser frequentemente alterados.

2.3. Margem de Contribuição

É a diferença entre o **preço de venda e o gasto variável** (custo variável e despesa variável) de cada produto. Ou seja, é o valor que cada unidade produzida e vendida efetivamente traz à empresa de sobra entre sua receita e o gasto que de fato provocou e que lhe pode ser imputado sem erro.

Em outras palavras a Margem de Contribuição é a **sobra financeira de cada produto vendido** que possibilita a **amortização dos gastos fixos** (custos e despesas fixas) e a **realização do lucro.**

> **Observe a sequência:** a margem é usada primeiro para cobrir os gastos fixos e o que sobrar vai para lucros. Dessa forma, **se a margem não for suficiente para cobrir os gastos fixos, ocorrerá prejuízo no período.**

O cálculo da **Margem de Contribuição Unitária (MCU)** pode ser obtido a partir da seguinte fórmula:

$$MCU = PVU - GVU$$

Em que:

MCU: Margem de Contribuição Unitária;

PV: Preço de Venda Unitário;

GVU: Gastos Variáveis Unitários (Custos e Despesas Variáveis unitários).

RELEMBRANDO:

> **Custos variáveis:** matéria-prima consumida, mão de obra direta, embalagens, materiais secundários etc. (alteram-se proporcionalmente conforme o volume de produção).
>
> **Despesas variáveis:** impostos sobre vendas, comissões, fretes de venda etc. (alteram-se proporcionalmente conforme o volume de vendas).

Muito além de decorar as inúmeras fórmulas é importante entendermos o que de fato estamos tratando. Vamos imaginar uma camisa de um conhecido time de futebol, que é dividida em três partes:

Figura 2.2 – Margem de contribuição

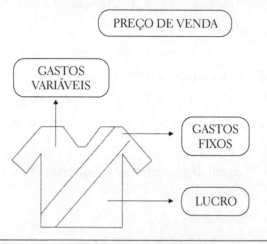

Margem de Contribuição: Preço de Venda (PV) - Gastos Variáveis (GV)
Logo, o que sobra contribui para pagar os gastos fixos e gerar lucro.

Fonte: Elaborada pelo autor.

Um preço de venda deve cobrir os gastos variáveis e os gastos fixos e, ainda, gerar lucro. Ao vendermos uma camisa (preço de venda), após descontarmos os gastos variáveis, o que sobra **contribui** para pagar os gastos fixos (aluguel, seguro etc.) e para gerar o lucro.

Dessa forma, cada produto vendido gera uma contribuição para pagamento dos gastos fixos (que não variam de acordo com a produção) e para gerar lucro. Logo, **quanto maior a margem de contribuição unitária melhor.**

Em uma análise comparativa, devem ser incentivadas as vendas dos produtos que tiverem as maiores margens de contribuição, por serem os produtos com maior capacidade de geração de lucro.

2.3.1. Margem de Contribuição Total

A **Margem de Contribuição Total (MCT)** pode ser obtida a partir da seguinte fórmula:

$$MCT = RVT - GVT$$

Em que:

MCT: Margem de Contribuição Total;

RVT: Receita de Venda Total (Preço de venda x quantidade vendida);

GVT: Gastos Variáveis Totais (Custos e Despesas Variáveis Totais, ou seja, custos variáveis unitários e despesas variáveis unitárias x quantidade vendida).

A margem de contribuição total representa o montante que será utilizado para o pagamento dos gastos fixos totais e para gerar lucro. É possível também obter a Margem de Contribuição Total a partir da **Margem de Contribuição Unitária (MCU).**

Para tanto é necessário multiplicar cada MCU pelas respectivas quantidades de produtos vendidas, para enfim calcular a margem de contribuição total por meio da soma de cada margem de contribuição total por produtos.

Logo, a Margem de Contribuição total também pode ser calculada da seguinte forma:

$$MCT = MCU \times \text{Quantidade Vendida.}$$

Utilização da Margem de Contribuição

Dentre as decisões que podem ser realizadas mediante a utilização da Margem de Contribuição podemos elencar algumas:

Auxilia na identificação dos produtos que devem ter suas vendas incentivadas;

- Identifica os produtos deficitários;
- Auxilia na identificação dos produtos que, apesar de deficitários, devem ser tolerados pelos benefícios de venda que possam trazer a outros produtos (pãozinho na padaria);
- Auxilia na política de preços (descontos);
- Identifica os produtos que possuem melhor desempenho diante de alguma restrição operacional;
- Auxilia na análise entre produzir ou terceirizar.

2.3.2. Índice de Margem de Contribuição

É a divisão da margem de contribuição unitária pelo preço de venda unitário ou da margem de contribuição total pela receita bruta total.

$$IMC = MCU/PVU$$

Ou

$$IMC = MCT/RVT$$

IMPORTANTE: O percentual deverá ser o mesmo nas duas análises.

EXEMPLO:

Seguem os dados de um produto fabricado pela indústria Aluminium:

Preço de Venda:	R$ 60,00.
Impostos s/ venda:	10%.
Despesas financeiras:	5%.
Mão de obra direta:	R$ 15,00.
Matéria-prima consumida:	R$ 12,00.
Custos Fixos:	R$ 100.000,00.
Despesas fixas:	R$ 32.000,00.
Produção:	10.000 unidades.
Vendas:	10.000 unidades.

Margem de contribuição Unitária:

MCU = PVU – GVU

PVU = R$ 60,00

GVU = R$ 36,00 (sendo 10% de impostos sobre venda que totaliza R$ 6,00 + 5% de despesa financeira que totaliza R$ 3,00 + R$ 15,00 de MOD e R$ 12,00 de MPC).

MCU = 24,00

Margem de contribuição total:

MCT: MCU × Quantidade vendida (R$ 24,00 × 10.000 unidades = **240.000**)

Ou:

Receita Bruta – Gastos variáveis totais

Receita Bruta	R$ 60,00 × 10.000	=	600.000,00
(–) Gastos variáveis totais	(R$ 36,00 ×10.000)	=	(360.000,00)
Margem de contribuição total	**R$ 24,00 × 10.000**	**=**	**240.000,00**

Índice de Margem de contribuição:

IMC = R$ 24,00/R$ 60,00 = **40%**

Ou

IMC = R$ 240.000,00/R$ 600.000,00 = **40%**

Lucro:

Margem de contribuição total	240.000,00
(–) Custos/Despesas Fixas	(132.000,00)
Lucro	108.000,00

Demonstração completa:

Receita Bruta		600.000,00
(–) Gastos variáveis totais		(360.000,00)
Margem de contribuição total		240.000,00
(–) Custos/Despesas Fixas	(Gastos Fixos)	132.000,00)
Lucro		108.000,00

2.4. Mix de Produtos

Geralmente as empresas não produzem e comercializam apenas um produto ou prestam apenas um tipo de serviço, por isso, torna-se necessário o cálculo da margem de contribuição de cada produto separadamente para analisar o seu resultado individual e a margem de contribuição total da empresa, pois nem sempre os produtos que têm os melhores resultados são os mais vendidos.

EXEMPLO:

	Prod. A	Prod. B	Prod. C	Prod. D
Preço de Venda	R$ 10,00	R$ 15,00	R$ 30,00	R$ 25,00
Custos Variáveis	(R$ 3,00)	(R$ 9,00)	(R$ 12,00)	(R$ 15,00)
Impostos (20%)	(R$ 2,00)	(R$ 3,00)	(R$ 6,00)	(R$ 5,00)
Margem de contribuição	R$ 5,00	R$ 3,00	R$ 12,00	R$ 5,00
IMC	50%	20%	40%	20%

Em um determinado mês a empresa vendeu 1.000 unidades do produto A, 2.000 unidades do produto B, 200 unidades do produto C e 800 unidades do produto D. Segue abaixo o resultado de cada produto:

	Prod. A	Prod. B	Prod. C	Prod. D
Preço de Venda	R$ 10,00	R$ 15,00	R$ 30,00	R$ 25,00
Custos Variáveis	(R$ 3,00)	(R$ 9,00)	(R$ 12,00)	(R$ 15,00)
Impostos (20%)	(R$ 2,00)	(R$ 3,00)	(R$ 6,00)	(R$ 5,00)
Margem de contribuição	R$ 5,00	R$ 3,00	R$ 12,00	R$ 5,00
Quantidade vendida	1.000	2.000	200	800
MCT	**5.000,00**	**6.000,00**	**2.400,00**	**4.000,00**
Receita Total	10.000,00	30.000,00	6.000,00	20.000,00
IMC	50,00%	20,00%	40,00%	20,00%

CONCLUSÃO:

Diante desse cenário, observa-se que apesar do **produto A** apresentar a melhor margem de contribuição unitária em termos percentuais e o **produto C** a maior de contribuição unitária, é o **produto B** que contém a maior margem de contribuição total. Ou seja, ele **contribui com a maior parte para cobrir os gastos fixos e gerar lucro.**

Se a empresa desejar apurar a margem de contribuição média e o índice de margem de contribuição total, basta efetuar os seguintes cálculos:

MC média: MC Total/Quantidade vendida.
MC Total: $5.000,00 + 6.000,00 + 2.400,00 + 4.000,00 = 17.400,00$.
Quantidade vendida: 4.000 unidades.
MC média: $17.400/4.000 = \mathbf{4,35}$.

IMC Total: MC Total/Receita Total.
MCT Total: 17.400.
Receita Total: $10.000,00 + 30.000,00 + 6.000,00 + 20.000,00 = 66.000$.
IMC Total: $17.400/66.000 = \mathbf{26,36\%}$.

2.5. Fatores que Limitam a Produção

Embora pareça simples, a utilização da margem de contribuição possui variáveis que precisam ser consideradas nas análises. Uma delas é a limitação na capacidade produtiva. Para entendermos o conceito desta e para auxiliar na resolução de diversas questões, outros conceitos devem ser abordados.

Capacidade Instalada (ou produtiva): é a capacidade máxima de produção de uma empresa em uma determinada estrutura de custos fixos.

Produção Atual: Como o próprio nome já diz é a produção em um determinado período.

Capacidade Ociosa: é o intervalo existente entre a capacidade instalada (ou produtiva) e a produção atual. Ou seja, é uma capacidade de produção disponível, mas que não está sendo utilizada.

Teoria das Restrições: segundo a Teoria das Restrições, também conhecida como TOC (Theory of Constraints), toda empresa, processo ou sistema possui, no mínimo, uma restrição, que nada mais é que um gargalo no sistema produtivo, que precisa ser identificado com o objetivo de otimizar a produção nesses pontos.

Como já vimos anteriormente, **se nenhuma outra variável estiver colocada deve se optar pela produção e/ou incentivo de produtos que tenham a maior margem de contribuição por unidade.** Mas ao nos depararmos com uma restrição ou limitação na capacidade produtiva, em muitas oportunidades, teremos que escolher, dentre alguns produtos, qual, por exemplo, será reduzido ou removido de produção.

Nestes casos, além de considerarmos a **margem de contribuição**, devemos relacioná-la com a **restrição proposta.** Feita esta relação, segue a mesma lógica, deverá ser produzida e/ou incentivada vendas dos produtos que tenham **a maior MCU/restrição.** Por exemplo, se a restrição ou gargalo for a quantidade de horas-máquinas disponível, deverá ser produzida e/ou incentivada vendas dos produtos com maior MCU/hora máquina.

EXEMPLO 1:

O Mix de produção de uma empresa compõe-se de três produtos. O analista de custos coletou os seguintes dados

Produtos	X	Y	Z
Custo do kg de matéria-prima ($)	R$ 10,00	R$ 10,00	R$ 10,00
Custo da hora de mão de obra ($)	R$ 5,00	R$ 5,00	R$ 5,00
Consumo de matéria-prima por unidade (kg)	3 kg	4 kg	5 kg
Consumo de horas por unidade	4 h	2 h	3 h
Impostos sobre vendas (%)	20%	20%	20%
Comissões sobre vendas (%)	10%	10%	10%
Preço de venda unitário ($)	R$ 120,00	R$ 130,00	R$ 160,00

Se a empresa dispõe de **apenas 6.000 kg** de matéria-prima para os três produtos, qual produto fabricar prioritariamente, supondo que o mercado absorverá toda a produção, a fim de maximizar o lucro?

Produto	X	Y	Z
Preço de Venda	R$ 120,00	R$ 130,00	R$ 160,00
(-) Comissão 10%	(R$ 12,00)	(R$ 13,00)	(R$ 16,00)
(-) Impostos 20%	(R$ 24,00)	(R$ 26,00)	(R$ 32,00)
(-) Horas por unidade	(R$ 20,00)	(R$ 10,00)	(R$ 15,00)
(-) Kg por unidade	(R$ 30,00)	(R$ 40,00)	(R$ 50,00)
(=) MC	R$ 34,00	R$ 41,00	**R$ 47,00**

A princípio o produto Z tem a melhor margem. Entretanto, por conta da restrição de matéria-prima o seguinte cálculo deve ser efetuado:

Limitação – 6000 kg			
Produto	MCU	KG	MC/KG
X	R$ 34,00	3 kg	R$ 11,33
Y	R$ 41,00	4 kg	R$ 10,25
Z	R$ 47,00	5 kg	R$ 9,40

Neste caso, a empresa deverá **priorizar a fabricação do produto X**, pois foi o que obteve maior margem em relação a restrição.

Em outra situação, supondo que o limite de tempo disponível por mês seja de 300 horas de produção, qual produto deve ser fabricado prioritariamente?

Limitação – 300 horas			
Produto	MCU	Hora	MC/Hora
X	34	4 h	R$ 8,50
Y	41	2 h	R$ 20,50
Z	47	3 h	R$ 15,67

Nesse caso, a empresa deverá **priorizar a fabricação do produto Y.**

EXEMPLO 2:

Uma consultoria contábil presta três tipos de serviços: Trabalhista, Previdenciária e Tributária. Os valores e o tempo foram considerados pela média ponderada durante determinado período.

Serviço	Trabalhista	Previdenciária	Tributária.
Preço do Serviço	R$ 1.500,00	R$ 2.000,00	R$ 3.000,00.
(-) Despesa variável	(R$ 150,00)	(R$ 200,00)	(R$ 300,00).
(-) Custo variável	(R$ 450,00)	(R$ 600,00)	(R$ 1.200,00).
Margem unitária	R$ 900,00	R$ 1.200,00	R$ 1.500,00.
Tempo médio de serviço	2.000 min.	3.000 min.	4.500 min.

Atualmente a empresa está com **limitação de mão de obra, cuja equipe de funcionários totaliza 1.800h trabalhadas por mês** e possivelmente não conseguirá atender a demanda atual. Nesse sentido, ela deverá optar pelo serviço mais rentável, tendo como base a limitação de horas trabalhadas.

Considerando que existe demanda de clientes para qualquer tipo de serviço, para otimizar o seu resultado, ela deverá escolher aquele que ofereça a maior margem por hora/minuto.

Serviço	Trabalhista	Previdenciária	Tributária
Margem unitária	R$ 900,00	R$ 1.200,00	R$ 1.500,00
Tempo médio de serviço	2.000 min.	3.000 min.	4.500 min.
Margem por minuto	R$ 0,45	R$ 0,40	R$ 0,33

Logo, a empresa **deve escolher a consultoria trabalhista**, pois gera uma maior margem de contribuição por minuto.

Prova real:	1.800 h = 108.000 minutos		
Produto	MCU	Consultorias	MCT
Trabalhista	**900,00**	**54**	**48.600**
Previdenciária	1.200,00	36	43.200
Tributária	1.500,00	24	36.000

2.6. Ponto de Equilíbrio

Ponto de Equilíbrio é o momento em que o nível de vendas, **em unidades ou em valor**, torna nulo o resultado, ou seja, é a quantidade de vendas em que não há nem lucro, nem prejuízo. Nesse momento, a situação econômica da empresa está em equilíbrio, ou seja, as vendas são suficientes para cobrir seus custos e despesas totais.

Cumpre-nos destacar que não é um estágio único e fixo, uma vez que cada empresa, de acordo com as suas características, possui seus próprios pontos de equilíbrio. Além disso, uma mesma empresa pode ter pontos de equilíbrio diferentes em momentos igualmente distintos.

Nas indústrias, o ponto de equilíbrio tem a finalidade de revelar o volume a ser produzido e comercializado para que se consiga ao menos cobrir os seus custos e despesas totais. Para melhor entendimento, vamos relembrar o esquema utilizado para descomplicar a margem de contribuição:

Figura 2.3 – Ponto de equilíbrio 1

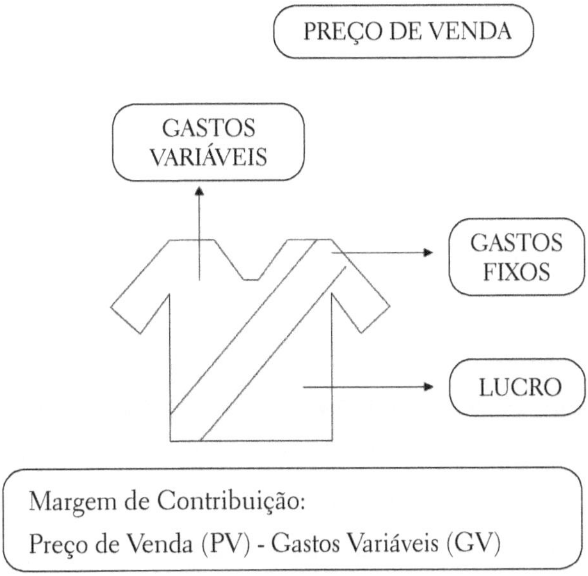

Fonte: Elaborada pelo autor.

Como explicamos anteriormente, quando tiramos os gastos variáveis do preço de venda o que sobra contribui para pagar os gastos fixos e gerar lucro. Tendo em vista que no ponto de equilíbrio o lucro é zero (R$ 0,00), a margem de contribuição será utilizada para pagar somente os gastos fixos.

Figura 2.4 – Ponto de equilíbrio 2

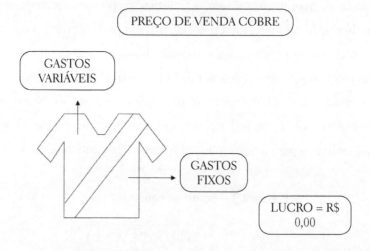

Fonte: Elaborada pelo autor.

Mais uma dica importante que podemos dar é que a margem de contribuição total no ponto de equilíbrio será igual aos gastos fixos.

Agora vamos imaginar uma situação hipotética na qual os gastos fixos sejam de R$ 10.000,00 (dez mil reais) e que o preço de venda da camisa seja de R$ 130,00 (cento e trinta reais) e que o gasto variável desta seja de R$ 80,00 (oitenta reais). Quantas camisas teriam que ser vendidas para não houvesse lucro ou prejuízo (ponto de equilíbrio)?

Primeiramente seria necessário calcular quanto cada camisa contribui para pagar os gastos fixos. Em seguida, devem ser calculadas quantas camisas deverão ser vendidas para pagar todos os gastos fixos.

Utilizando o mesmo esquema, passamos a solução da questão apresentada:

Figura 2.5 – Ponto de equilíbrio 3

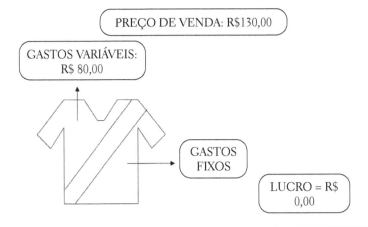

Margem de Contribuição: Preço de Venda (PV) - Gastos Variáveis (GV)
Margem de Contribuição: R$ 130,00 - R$ 80,00
Margem de Contribuição: R$ 50,00
Cada camisa contribui com R$ 50,00 (cinquenta reais) para pagar somente os gastos fixos.
Como os gastos fixos são de R$ 10.000,00 será necessário vender 200 camisas para cobrir esse montante.
CUSTOS FIXOS/MCU = R$ 10.000.00/R$ 50.00 = 200

Fonte: Elaborada pelo autor.

De acordo com o exemplo, chegamos a fórmula do ponto de equilíbrio:

$$P_{eq} \text{ (unid)} = \text{Gastos Fixos / MCU } (10.000,00 / 50,00 = 200)$$

Para encontrarmos o ponto de equilíbrio em valor, ou seja, a receita necessária para pagar todos os gastos fixos e variáveis, devemos **multiplicar o P_{eq} (unid) pelo preço de venda:**

$$P_{eq} \text{ (R\$)} = \text{Peq (unid)} \times \text{Preço de Venda } (200 \times R\$ 130,00 = 26.000,00)$$

O **ponto de equilíbrio em unidades** representa a quantidade mínima que a empresa deve vender para não apurar prejuízo, enquanto o **ponto de equilíbrio em valor** representa a receita de vendas mínima que deve auferir para não apurar prejuízo.

Este tipo de análise é muito importante tanto para empresas com fins lucrativos quanto para as entidades sem fins lucrativos, pois permite verificar como os custos variam em função do volume produzido e, consequentemente, o resultado obtido.

Figura 2.6 – Análise gráfica do ponto de equilíbrio

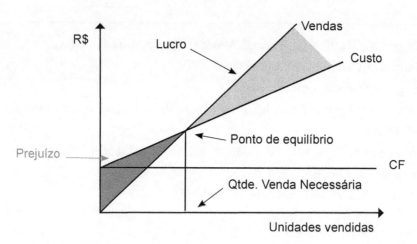

Fonte: Elaborada pelo autor.

Tipos de Ponto de Equilíbrio

O ponto de equilíbrio, como já abordado anteriormente, é o nível de vendas em que não há nem lucro nem prejuízo, ou seja, quando o resultado é nulo. O cálculo do ponto de equilíbrio pode variar, por meio da inserção ou retirada de valores nas variáveis que são utilizadas para o cálculo e pela finalidade da informação que se pretende alcançar.

Os tipos de ponto de equilíbrio possuem relação direta com aquilo que se pretende ao utilizar a informação que será gerada. Os tipos de ponto de equilíbrio podem ser demonstrados no esquema abaixo:

Figura 2.7 – Tipos de ponto de equilíbrio

PONTO DE EQUILÍBRIO

P. EQUILÍBRIO CONTÁBIL — P. EQUILÍBRIO FINANCEIRO — P. EQUILÍBRIO ECONÔMICO

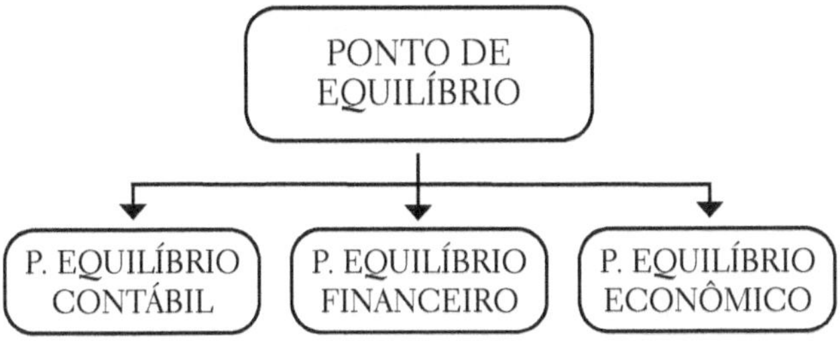

Fonte: Elaborada pelo autor.

2.6.1. Ponto de Equilíbrio Contábil

O Ponto de Equilíbrio Contábil ou Operacional em Unidades (PEC unid.) representa a quantidade de produtos que deve ser vendida para que o resultado do período seja nulo sem considerar nenhuma outra variável. São considerados somente os gastos fixos contabilizados e a margem de contribuição unitária. Podemos também, para efeito de memorização, chamá-lo de **Ponto de Equilíbrio Puro.**

$$\text{PEC unid.} = \text{Gastos Fixos (R\$)} / \text{MCU (R\$)}$$

O PEC em Valor (R$) pode ser obtido multiplicando o **Ponto de equilíbrio contábil em unidade pelo preço de venda.**

PEC valor = PEC unid. × preço de venda

Figura 2.8 – Ponto de equilíbrio contábil

Fonte: Elaborada pelo autor.

2.6.2. Ponto de Equilíbrio Financeiro

Como já havíamos abordado anteriormente, o cálculo do ponto de equilíbrio pode variar, por meio da inserção ou retirada de valores nas variáveis que são utilizadas para o cálculo e pela finalidade da informação que se pretende alcançar.

O objetivo do ponto de equilíbrio financeiro é estabelecer o nível de vendas em que não haverá nem lucro nem prejuízo, considerando informações relacionadas ao **fluxo financeiro** da empresa.

Para calcular o **ponto de equilíbrio financeiro** <u>devem ser excluídos os</u> <u>gastos que não geram reflexo financeiro (depreciação) e incluídos outros dis-</u> <u>pêndios financeiros não contabilizados como custos</u> (um empréstimo devido ou a aquisição de um bem, por exemplo).

Dessa forma, quando uma empresa desejar saber o nível de vendas necessárias para o pagamento de todos os custos e ainda pagar uma dívida, fazer um investimento ou adquirir um bem deve recorrer ao ponto de equilíbrio financeiro.

Figura 2.9 – Ponto de equilíbrio financeiro

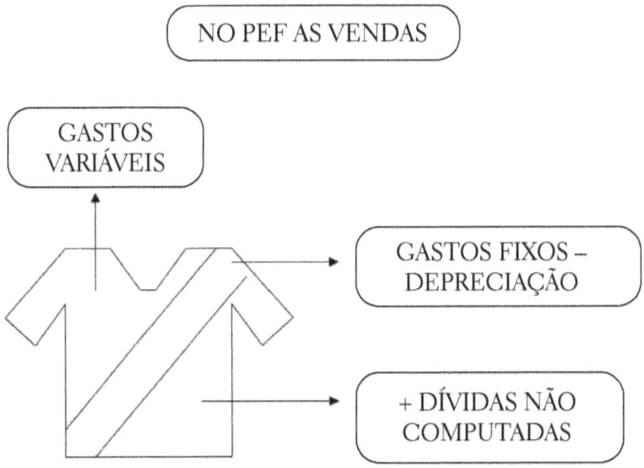

Fonte: Elaborada pelo autor.

Neste cenário, podemos afirmar que o ponto de equilíbrio financeiro pode ser em regra geral, sintetizado na seguinte fórmula:

PEF unid = (Gastos Fixos (R\$) – Depreciação (R\$)) + Dívidas (R\$) / MCU (R\$)

Depreende-se que a diferença básica entre o Ponto de Equilíbrio Contábil e o Ponto de Equilíbrio Financeiro é que nesse último **exclui-se dos Gastos Fixos o valor relativo à depreciação**, uma vez que é um custo que não representa um desembolso financeiro e é possível adicionar algum desembolso financeiro adicional não computado anteriormente.

2.6.3. Ponto de Equilíbrio Econômico

Na mesma linha de inserção de valores, uma empresa pode em um processo de planejamento e decisão fixar metas de vendas **com vistas à obtenção de um determinado lucro**. Isso significa que além de contribuir para o pagamento do custo fixo, a margem de contribuição deverá cobrir um lucro previamente estabelecido.

Figura 2.10 – Ponto de equilíbrio econômico

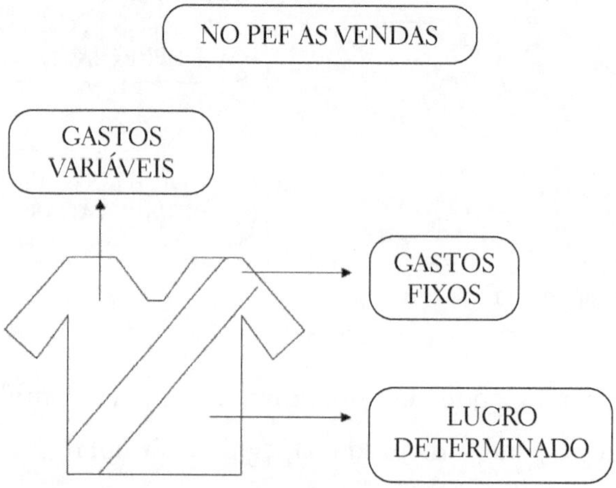

Fonte: Elaborada pelo autor.

Dessa forma, será necessário somar aos gastos fixos, **um lucro predeterminado que será coberto com a margem de contribuição.**

Utilizando a fórmula inicial, o cálculo pode do Ponto de Equilíbrio Econômico pode ser representado assim:

$$PEE \ unid = Gastos \ Fixos \ (R\$) + Lucro \ Desejado \ (R\$) \ / \ MCU \ (R\$)$$

2.6.4. Tópicos Especiais em Ponto de Equilíbrio

Em algumas situações, nem todas as informações podem ser disponibilizadas e o cálculo da margem de contribuição unitária pode ficar prejudicado. No entanto, a obtenção do ponto de equilíbrio em valor **também poderá ser feita por meio da utilização do percentual de margem de contribuição.**

Figura 2.11 – Tópicos especiais em ponto de equilíbrio

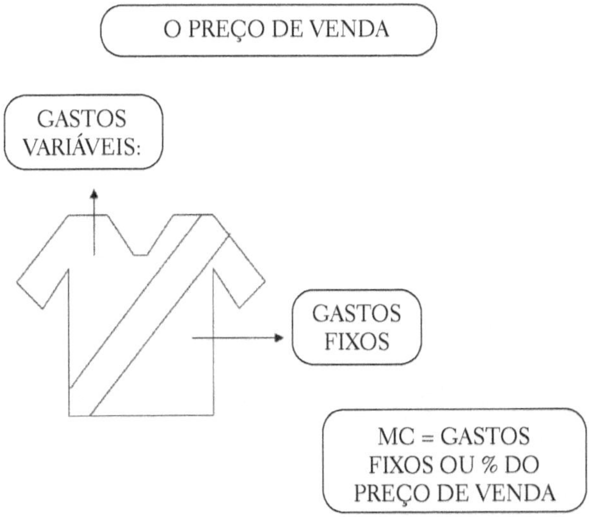

Margem de Contribuição: Preço de Venda (PV) – Gastos Variáveis (GV). Logo, a Margem de Contribuição é um PERCENTUAL do preço de venda e é esta parte da receita que contribui para pagar os gastos fixos.

Fonte: Elaborada pelo autor.

Então, podemos afirmar que:

> **PEC valor = Gastos Fixos (R$) / Índice de margem de Contribuição.**

O PEC valor representa o valor mínimo de vendas (em R$) que a empresa deve conseguir para que não tenha lucro nem prejuízo.

EXEMPLO:

Segue complementação dos dados da indústria Aluminium:

Preço de venda	R$ 60,00
Gasto variável unitário	R$ 36,00
Margem de contribuição unitária:	R$ 24,00
Gastos Fixos totais	R$ 132.000,00

OBS.: Dos gastos fixos totais, R$ 30.000,00 referem-se à Depreciação e a empresa deseja um lucro de R$ 48.000,00.

Conforme visto anteriormente, a margem de contribuição é de R$ 24,00. Logo o Índice de Margem de Contribuição é R$ 24,00/R$ 60,00 => **40% (0,40)**.

PONTO DE EQUILÍBRIO CONTÁBIL:

PEC quantidade: GFT / MCU => 132.000/24 = 5.500 unidades
PEC valor: 5.500 × R$ 60,00 = 330.000,00 ou
PEC valor: GFT/IMC => 132.000/0,40 = 330.000,00

DEMONSTRATIVO PEC

Receita Bruta (5.500 × 60)	330.000,00
(-) Gastos variáveis (5.500 × 36)	(198.000,00)
Margem de contribuição total	132.000,00
(-) Gastos Fixos totais	(132.000,00)
Lucro	0

PONTO DE EQUILÍBRIO FINANCEIRO:

PEC quantidade: GFT – IND / MCU => 132.000 – 30.000 / 24 = 4.250 unidades

PEC valor: 4.250 × R$ 60,00 = 255.000,00 ou

PEC valor: GFT/IMC => 102.000/0,40 = 255.000,00

DEMONSTRATIVO PEF

Receita Bruta (4.250 × 60)	255.000,00
(-) Gastos variáveis (4.250 × 36)	(153.000,00)
Margem de contribuição total	102.000,00
(-) Gastos Fixos totais	(102.000,00)
Lucro	0

PONTO DE EQUILÍBRIO ECONÔMICO:

PEE quantidade: GFT + LD / MCU => 132.000 + 48.000 / 24 = 7.500 unidades

PEE valor: 7.500 × R$ 60,00 = 450.000,00 ou

PEE valor: GFT + LD / IMC => 180.000/0,40 = 450.000,00

DEMONSTRATIVO PEE

Receita Bruta (7.500 × 60)	450.000,00
(-) Gastos variáveis (7.500 × 26)	(270.000,00)
Margem de contribuição total	180.000,00
(-) Gastos Fixos totais	(132.000,00)
Lucro	48.000

2.6.5. Ponto de Equilíbrio no Mix de Vendas

Conforme já mencionado, as empresas geralmente **comercializam vários produtos que possuem margens de lucro e volume de vendas diferentes**. Sendo assim, além da análise individual (por meio da margem de contribuição), torna-se necessário uma análise da combinação de vendas dos produtos para que se apure ou projete o resultado do período.

Para que se tenha um melhor entendimento sobre o assunto:

EXEMPLO:

Uma determinada empresa comercializa os produtos A e B, os quais possuem margens de contribuição unitária de R$ 10,00 e R$ 20,00 respectivamente. O setor de vendas informa que são vendidas 180.000 unidades do produto A e 60.000 unidades produto B. Além disso, a empresa possui gastos fixos totais de R$ 1.500.000,00.

Dados:

GFT: R$ 1.500.000.

Produto A (MCu = R$ 10,00) => Venda de 180.000 unidades.

Produto B (MCu = R$ 20,00) => Venda de 60.000 unidades.

Primeiro passo:

Calcular a margem do mix de vendas por meio da soma do resultado das unidades vendidas de cada produto vezes a sua respectiva margem de contribuição.

MARGEM MIX = (180.000 unidades × 10,00) + (60.000 unidades × 20,00).
MARGEM MIX = R$ 1.800.000,00 + R$ 1.200.000,00.
MARGEM MIX = R$ 3.000.000,00.

Segundo passo:

Somar a quantidade vendida em cada mix de venda:

A = 180.000 unidades
B = 60.000 unidades
Total = 240.000 unidades

Terceiro passo:

Achar a margem de contribuição média deste mix de vendas:

MC MÉDIA
MCx = MIX/QTD VEND = MCx = R$ 3.000.000/240.000 =>MCx = R$ 12,50.

Quarto passo:

Calcular o ponto de equilíbrio do mix de vendas:

PEq= GFT/MCx => PEq = R$ 1.500.000/R$ 12,50 = 120.000 UNIDADES.

Quinto passo:

Calcular a proporção de cada produto em relação às vendas totais:

240.000 unidades = 180.000 unidades de A e 60.000 unidades de B

Então, A = 3/4 (ou 75%) e B = 1/4 (ou 25%).

PEa = ¾ × 120.000 = 90.000 UNIDADES ou 0,75 × 120.000 = **90.000 UNIDADES.**

PEb = ¼ × 120.000 = 30.000 UNIDADES ou 0,25 × 120.000 = **30.000 UNIDADES.**

Descrição	Produto A	Produto B	Total
Unidades	90.000	30.000	120.000
MCU	10,00	20,00	
MCT	R$ 900.000	R$ 600.000	R$ 1.500.000
GFT			(R$ 1.500.000)
Lucro			0

2.7. Margem de Segurança

Para finalizarmos a análise Custo × Volume × Lucro, abordaremos a última e não menos importante variável, a Margem de Segurança (MS). O conceito desta, como o próprio nome sugere, é uma margem representada pelo volume de vendas ou receita que supera as vendas ou as receitas verificadas no ponto de equilíbrio.

Representa, portanto, uma margem em que a sociedade empresária se encontra segura em relação à possibilidade de prejuízo. A **Margem de Segurança (MS)** é a diferença entre as vendas (unidades e valor) e o ponto de equilíbrio em um determinado momento. Pode ser expressa em unidades, em valor (R$) e em percentual, adequando-se a fórmula acima à realidade requerida.

Margem de segurança em unidades:

Quantidade vendida ou projetada –
Quantidade vendida no ponto de equilíbrio.

Margem de segurança em valor (R$):

Margem de segurança em unidades × Preço de Venda

Ou

Receitas totais ou projetadas – Receitas totais no ponto de equilíbrio

Margem de segurança em % (R$):

Margem de segurança em unidades / Quantidade vendida

Ou

Margem de segurança em valor / Receita total

IMPORTANTE:

Margem de segurança em valor (R$) **não é o lucro da empresa**, e sim a receita gerada pelas vendas acima do Ponto de Equilíbrio. **O lucro da empresa é a quantidade vendida acima do PE × Margem de Contribuição.**

Logo:

Lucro = Margem de Segurança em unidades × Margem de Contribuição Unitária

EXEMPLO:

Preço de Venda:	R$ 80,00
Impostos s/ venda	10%
Mão de obra direta	R$ 20,00
Matéria-prima consumida	R$ 12,00
Gastos Fixos totais	R$ 160.000,00
Produção	16.000 unidades
Vendas	10.000 unidades

MCU = R$ 40,00 (R$ 80,00 – R$ 40,00)

PEC = 4.000 unidades (R$ 160.000,00/R$ 40,00)

Logo, se a empresa vendeu 10.000 unidades:

UNIDADES

MS unid. = Unidades vendidas atuais – Unidades vendidas no P.E

MS unid. = 10.000 – 4.000

MS unid. = 6.000 unidades

VALOR

MS R$ = Margem de segurança em unidades × Preço de Venda

MS R$ = 6.000 unidades × R$ 80,00

MS R$ = R$ 480.000,00

PERCENTUAL

MS % = Margem de segurança em unidades / Quantidade vendida

MS % = 6.000 / 10.000 = 60%

RESUMO:

Figura 2.12 – Margem de segurança

Fonte: Elaborada pelo autor.

2.8. Grau de Alavancagem Operacional

O grau de alavancagem operacional é o impacto que o lucro operacional sofrerá face ao aumento do volume de atividades da empresa.

$$GAO = \frac{\% \text{ de acréscimo ao lucro}}{\% \text{ de acréscimo no volume de vendas}}$$

Uma alavancagem operacional elevada indica que **um pequeno aumento nas vendas ocasionará um aumento bem maior no lucro operacional**. Entretanto, baixa alavancagem operacional indica que é necessário um grande aumento nas vendas para ocasionar um significativo aumento no lucro operacional.

Os gastos fixos são preponderantes para analisar o grau de alavancagem da empresa, tendo em vista que eles não se alteram até determinado volume de produção. Logo, quanto mais gastos fixos a empresa tem, maior sua alavancagem.

Portanto, caberá a empresa, por meio do estudo da alavancagem operacional, tentar estabelecer uma estrutura de custos (relação entre custos fixos e variáveis) ideal para obter maior lucratividade sem ter que aumentar na mesma proporção o seu volume de vendas.

EXEMPLO:

Analisando os dados do exemplo da margem de segurança, suponha que a empresa em questão, pretenda vender todas as unidades produzidas, ou seja, venda de 16.000 unidades.

Qual será o seu grau de alavancagem operacional?

1º PASSO

Calcular o lucro vendendo as unidades atuais (10.000 unidades):

Receita Bruta (80,00 × 10.000)	800.000,00
(-) Gastos variáveis totais (40,00 × 10.000)	(400.000,00)
Margem de contribuição total	400.000,00
(-) Gastos Fixos	(160.000,00)
Lucro	**240.000,00**

Ou:

Quantidades acima do P.E? 6.000 unidades.

Lucro: 6.000 × MCU => 6.000 × 40,00 = 240.000,00.

2º PASSO

Calcular o lucro vendendo as unidades previstas (16.000 unidades):

Receita Bruta (80,00 × 16.000)	1.280.000,00
(-) Gastos variáveis totais (40,00 × 16.000)	(640.000,00)
Margem de contribuição total	640.000,00
(-) Gastos Fixos	(160.000,00)
Lucro	**480.000,00**

Ou:

Quantidades acima do PE? 12.000 unidades.

Lucro: 12.000 × MCU => 12.000 × 40,00 = 480.000,00.

3º PASSO

Calcular o percentual de aumento no lucro (%):

Lucro com 10.000 unidades vendidas: R$ 240.000,00.

Lucro com 16.000 unidades vendidas: R$ 480.000,00.

Aumento de 100%.

4º PASSO

Calcular o percentual de aumento nas vendas (%):

De 10.000 para 16.000 unidades

Aumento de 60%

$$AO = \frac{\% \text{ de acréscimo ao lucro}}{\% \text{ de acréscimo no volume de vendas}}$$

$$AO = \frac{100\%}{60\%} = 1,67 \text{ (ÍNDICE)}$$

Interpretações:

A cada 1% de aumento nas vendas, o lucro será 1,67% maior.

A cada 10% de aumento nas vendas, o lucro será 16,7% maior.

A cada 100% de aumento nas vendas, o lucro será 167% maior.

PROVA REAL:

Supondo que o aumento das vendas fosse de 100%, ou seja de 10.000 unidades para 20.000 unidades, o lucro deverá ser 167% maior:

Lucro com 10.000 unidades: (6.000 × 40,00) = 240.000,00.

Lucro com 20.000 unidades: (16.000 × 40,00) = 640.000,00.

De 240.000,00 para 640.000,00 = Aumento 400.000,00. **Ou seja, 167%.**

IMPORTANTE:

Outro sentido do GAO é medir a distância que a empresa está do ponto de equilíbrio. Em geral, **quanto maior o GAO, mais perto a empresa encontra-se do ponto de equilíbrio.** Por esse motivo dizemos que o GAO é uma **medida de risco operacional.**

Nesse contexto, o GAO também pode ser apresentado da seguinte forma:

$$GAO = \frac{\text{Margem de contribuição total}}{\text{Lucro operacional}}$$

Exemplo:

Vendas de 10.000 unidades:

Margem de contribuição: R$ 400.000,00.

Lucro antes do IR: R$ 240.000,00.

GAO = 400.000 / 240.000 = **1,67.**

2.9. Decisão entre Produzir e Terceirizar

A empresa Universal S/A produz quatro produtos (A, B, C e D) distribuídos em duas filiais conforme quadro abaixo:

Filial	Produto	Quant	MP (unid.)	MOD (unid.)	Preço de Venda	Imposto
1	A	100	30,00	20,00	100,00	20%
1	B	200	40,00	25,00	150,00	20%
2	C	100	50,00	30,00	200,00	20%
2	D	150	70,00	40,00	300,00	20%

Foram levantados os seguintes gastos fixos: Filial 1 R$ 16.000 e Filial 2 R$ 18.000. Além desses custos específicos de cada filial a empresa ainda tem R$ 5.000 de custos fixos comuns. A empresa quer saber se deixando de fabricar o produto A ela vai conseguir melhorar o seu resultado?

Em sua opinião, qual a melhor medida a ser tomada para melhorar o resultado? A empresa recebeu duas ofertas de uma empresa que deseja fornecer os produtos C e D:

1) Fornecimento só do C por R$ 85,00, sendo que, o produto D continuará sendo produzido internamente pela empresa

2) Fornecimento dos dois produtos, sendo: produto C por R$ 90,00 e o D por R$ 130,00. Caso a empresa aceite a segunda proposta a filial 2 será fechada.

Comente a escolha feita em cada alternativa.

Resolução:

	Filial 1		Filial 2	
	Produto A	Produto B	Produto C	Produto D
Venda (100X100) = 10.000	(200x150) = 30.000	(100x200) = 20.000	(150x30) = 45.000
(-) MAT (100X30) = (3.000)	(200x40) = (8.000)	(100x50) = (5.000)	(150x70) = (10.500)
(-) MOD (100X20) = (2.000)	(200x25) = (5.000)	(100x30) = (3.000)	150x40) = (6.000)
(-) Desp (20%) = (2.000)	(20%) = (6.000)	(20%) = (4.000)	(20%) = (9.000)
MCT 3.000	11.000	8.000	19.500
(-) Custos Fixos	(16.000)		(18.000)
(-) Margem 2	(2.000)		9.500
(-) Custos Comuns	(5.000)		
(=) Lucro	2.500		

a) Não. Eliminando o produto A o prejuízo será maior.
b) Eliminar os produtos A e B.

1) Não é vantagem a compra do produto C por R$ 85,00, vez que o seu custo é de R$ 80,00.

2)

Produto C			Produto D		
PV	100×200	= 20.000	150×300	=	45.000
MAT	(100×90)	= (9.000)	(150×130)	=	(19.500)
DESP	(20%)	= (4.000)	(20%)	=	(9.000)
Lucro		7.000	Lucro		16.500

23.500

Obs.: Não tem custos identificados, pois a filial 2 será fechada. Nesse caso é vantagem a compra dos produtos C e D.

<u>EXERCÍCIOS RESOLVIDOS</u>

1 – Para produzir e vender determinado produto, a empresa tem que incorrer nos seguintes gastos variáveis:

Matéria-prima necessária para cada unidade: 40 kg a R$ 23,00 cada.
Materiais auxiliares consumidos para cada unidade: 2 kg a R$ 80,00 cada.
Tempo necessário para produzir uma unidade: 5 horas a R$ 80,00 por hora.

<u>Gastos fixos do período:</u>

Salários dos departamentos de apoio à produção	R$ 340.000,00
Despesas dos departamentos de apoio à produção	R$ 120.000,00
Depreciações	R$ 320.000,00
Salários e despesas administrativas	R$ 100.000,00
Salários e despesas comerciais	R$ 80.000,00

Outros dados:

Preço de venda R$ 3.500,00

Despesas variáveis: 10% sobre o preço de venda

Produção e venda: 800 unidades

Com base nas informações acima, calcule:

a) Margem de contribuição unitária e total

b) Lucro

Com base nos dados anteriores, desenvolva as seguintes situações, partindo da situação inicial:

c) A empresa espera vender 10% a mais caso o preço de venda caia 3%. Deve-se ou não aceitar essa hipótese?

d) Com um aumento de custos fixos de depreciação de R$ 80.000,00, a empresa mudará seu processo de produção, diminuindo o custo dos materiais diretos e auxiliares em 15%. Essa hipótese dará lucro maior?

RESOLUÇÃO:

Situação atual

Preço de venda	R$ 3.500,00
(-) Despesa variável (10% de R$ 3.500,00)	(R$ 350,00)
(-) Matéria-prima consumida (R$ 23,00 × 43 Kg)	(R$ 920,00)
(-) Material auxiliar (R$ 80,00 × 2 kg)	(R$ 160,00)
(-) Mão de obra direta (R$ 80,00 × 5 h)	(R$ 400,00)
MCU	**R$ 1.670,00**
MCT (R$ 1.670,00 × 800)	R$ 1.336.000,00
(-) GFT	(R$ 960.000,00)
Lucro	**R$ 376.000,00**

Hipótese 1

Preço (R$ 3.500,00 × 0,97)	R$ 3.395,00
(-) Despesa variável (10% de R$ 3.395,00)	(R$ 339,50)
(-) Matéria-prima consumida (R$ 23,00 × 43 Kg)	(R$ 920,00)
(-) Material auxiliar (R$ 80,00 × 2 kg)	(R$ 160,00)
(-) Mão de obra direta (R$ 80,00 × 5 h)	(R$ 400,00)
MCU	**R$ 1.575,50**
MCT (R$ 1.575,50 × 880)	R$ 1.386.440,00
(-) GFT	(R$ 960.000,00)
Lucro	**R$ 426.440,00**

Deve aceitar a proposta, pois o aumento das vendas foi maior proporcionalmente do que a redução do preço

Hipótese 2

Preço	R$ 3.500,00
(-) Despesa variável (10% de R$ 3.500,00)	(R$ 350,00)
(-) Matéria-prima consumida (R$ 920,00 × 0,85)	(R$ 782,00)
(-) Material auxiliar (R$ 160,00 × 0,85)	(R$ 136,00)
(-) Mão de obra direta (R$ 80,00 × 5 h)	(R$ 400,00)
MCU	**R$ 1.832,00**
MCT (1.832,00 × 800)	R$ 1.465.600,00
(-) GFT	(R$ 1.040.000,00)
Lucro	**R$ 425.600,00**

Deve aceitar a proposta, pois o aumento da margem de contribuição total devido à redução dos custos diretos com materiais foi maior do que o aumento dos gastos fixos.

2 – O Mix de produção de uma empresa compõe-se de três produtos. O analista de custos coletou os seguintes dados:

Produtos	Estante	Mesa	Cama
Custo do kg de matéria-prima ($)	R$ 15,00	R$ 15,00	R$ 15,00
Custo da hora de mão de obra ($)	R$ 8,00	R$ 8,00	R$ 8,00
Consumo de matéria-prima por unidade (kg)	8 kg	10 kg	12 kg
Consumo de horas por unidade	3 h	2 h	4 h
Impostos sobre vendas (%)	15%	15%	15%
Comissões sobre vendas (%)	5%	5%	5%
Preço de venda unitário ($)	R$ 300,00	R$ 350,00	R$ 400,00

A empresa possui uma limitação de matéria-prima de 5.400 kg para fabricação desses produtos e o mercado só absorve no máximo 200 unidades de cada produto. Diante dessas informações, identifique o melhor mix de vendas para que a empresa maximize seu lucro.

RESOLUÇÃO:

Produtos	A	B	C
Preço de venda unitário (R$)	R$ 300,00	R$ 350,00	R$ 400,00
Despesas de vendas (% sobre preço)	R$ 60,00	R$ 70,00	R$ 80,00
Matéria-prima	R$ 120,00	R$ 150,00	R$ 180,00
MOD	R$ 24,00	R$ 16,00	R$ 32,00
Margem de Contribuição unitária	R$ 96,00	R$ 114,00	R$ 108,00
Consumo Matéria Prima	8 kg	10 kg	12 kg
Margem por Kg	R$ 12,00	R$ 11,60	R$ 9,00
	1	2	3

$$
\begin{array}{ll}
200 \text{ unidades de A} = & 1.600 \text{ kg} \\
200 \text{ unidades de B} = & 2.000 \text{ kg} \\
150 \text{ unidades de C} = & 1.800 \text{ kg} \\
\hline
& \mathbf{5.400 \text{ kg}}
\end{array}
$$

3 – A seguir temos informações de uma indústria em relação à fabricação de três modelos que utilizam exatamente a mesma matéria-prima e mão de obra especializada de um dos produtos da sua linha:

Elementos do custeio variável	Modelo A	Modelo B	Modelo C
Matéria-prima por unidade (em Kg)	10	15	17,5
MOD por unidade (em horas)	6	4	5
Produção normal (em unidades)	50.000	40.000	36.000
Preço de venda por unidade (em R$)	178,00	206,00	237,50

Outras informações:

- Matéria-prima: custo por quilo - R$ 10,00;
- Mão de obra direta especializada: custo por hora - R$ 5,00;
- A indústria estima para a próxima produção desses modelos;
- Restrição temporária de 30% da mão de obra especializada;
- Manutenção do custo da matéria-prima e do custo da mão de obra especializada;
- Manutenção dos preços de venda.

Considerando a restrição de mão de obra prevista para a próxima produção e o desejo da indústria de ter o lucro máximo possível com esses modelos, qual a quantidade de unidades a ser produzida no novo plano produtivo por cada modelo?

RESOLUÇÃO:

Produto	Modelo A	Modelo B	Modelo C
Preço	R$ 178,00	R$ 206,00	R$ 237,50
(-) MPC	(R$ 100,00)	(R$ 150,00)	(R$ 175,00)
(-) MOD	(R$ 30,00)	(R$ 20,00)	(R$ 25,00)
MCU	R$ 48,00	R$ 36,00	R$ 37,50
Horas	6h	4h	5h
MC/hora	**R$ 8,00**	**R$ 9,00**	**R$ 7,50**
	2°	1°	3°

Horas totais sem restrição:

$$\text{Modelo A: 6h} \times 50.000 = 300.000\text{h}$$
$$\text{Modelo B: 4h} \times 40.000 = 160.000\text{h}$$
$$\text{Modelo C: 5h} \times 36.000 = 180.000\text{h}$$
$$\textbf{Total} = \textbf{640.000h}$$

Horas com restrição:

70% de 640.000h = 448.000 horas

Logo deverá produzir:

40.000 unidades de B = 160.000h
448.000h − 160.000h = 288.000h (sobram)
288.000h / 6h = 48.000 unidades de A

Melhor mix de produção:

40.000 unidades de B
48.000 unidades de A

4 – Suponha que duas empresas estejam competindo no mesmo mercado, com a seguinte configuração:

A empresa "A" detém 50% do mercado, vendendo 10.000 unidades por ano ao preço de R$ 100,00. Ela possui uma estrutura de custo fixo da ordem de R$ 600.000,00 e um custo variável de R$ 20,00 por unidade vendida.

A empresa "B" também é detentora de 50% do mercado vendendo a mesma quantidade de produtos que "A" ao mesmo preço. Entretanto, por uma decisão estratégica, a empresa "B" possui uma estrutura de custos bastante diferente. Seus custos fixos montam a apenas R$ 50.000,00 enquanto os custos variáveis representam R$ 75,00 por unidade vendida.

Pede-se:

a) Calcular o ponto de equilíbrio de ambas as empresas, definindo a de maior risco.

b) Calcular qual a empresa que estaria mais disposta a reduzir o seu preço em 5% para aumentar suas vendas em 10% (tomando para si parte do share de mercado do concorrente).

c) A concorrente estaria disposta a reagir?

RESOLUÇÃO:

Descrição	A	B
Preço	R$ 100,00	R$ 100,00
Custo Variável (CV)	(R$ 20,00)	(R$ 75,00)
Margem unitária	R$ 80,00	R$ 25,00
Volume de vendas	10.000	10.000
Margem total	R$ 800.000,00	R$ 250.000,00
Custo fixo	(R$ 600.000,00)	(R$ 50.000,00)
Lucro	**R$ 200.000,00**	**R$ 200.000,00**

Cálculo do ponto de equilíbrio

Empresa "A" => [600.000 / (100 − 20)] = **7.500 unidades**
Empresa "B" => [50.000 / (100 − 75)] = 2.000 unidades

Logo, pode-se afirmar que a empresa "A" tem um risco operacional superior à "B".

Cenário 1: Redução de preço "A"

Descrição	A	B
Preço	R$ 95,00	R$ 100,00
Custo Variável (CV)	(R$ 20,00)	(R$ 75,00)
Margem unitária	R$ 75,00	R$ 25,00
Volume de vendas	11.000	9.000
Margem total	R$ 825.000	R$ 225.000
Custo fixo	(R$ 600.000,00)	(R$ 50.000,00)
Lucro	**R$ 225.000,00**	**R$ 175.000,00**

No caso de uma redução de preço em "A", essa empresa ganharia 10% de volume, **elevando seu lucro em R$ 25.000,00** frente à situação inicial. Em contrapartida, a empresa "B" **perderia R$ 25.000,00**. Vale destacar que se a empresa "B" reagisse com uma redução de preços igual à "A", de forma a manter o seu volume, a mesma perderia R$ 50.000,00 em vez dos R$ 25.000,00.

Cenário 2: Redução de preço em "B"

Descrição	A	B
Preço	R$ 100,00	R$ 95,00
Custo Variável (CV)	(R$ 20,00)	(R$ 75,00)
Margem unitária	R$ 80,00	R$ 20,00
Volume de vendas	9.000	11.000
Margem total	R$ 720.000,00	R$ 220.000,00
Custo fixo	(R$ 600.000,00)	(R$ 50.000,00)
Lucro	**R$ 120.000,00**	**R$ 170.000,00**

Nesse caso, se "B" reduz o preço, ambas as empresas perdem. Em "B", o ganho de volume não compensaria a redução de preços. Já em "A", a perda de volume afetaria o resultado de forma relevante. Muito provavelmente "A" estaria disposta a entrar em uma guerra de preços para proteger o seu volume.

Conclusão:

Percebe-se que empresas com elevado volume de custos fixos na sua estrutura de custo são muito sensíveis a variações nos seus volumes. Com isto, espera-se que ramos da indústria que apresentem essas características (por exemplo, aviação e hotelaria) sejam propensos a desenvolver alta rivalidade interna, a qual se reflete na possibilidade de guerras de preços.

5 – A Empresa Tauru's S.A. produz e vende 40 unidades mensais de um determinado produto, apurando os dados abaixo:

Preço de venda unitário	R$ 32.000,00.
Custos e despesas variáveis unitários	R$ 16.000,00.
Custos e despesas fixas	R$ 800.000,00.

Calcule o valor da receita necessária para se obter um lucro líquido de 10% sobre a Receita de Vendas.

RESOLUÇÃO:

Preço de venda unitário	R$ 32.000,00
(-) Gastos variáveis	(R$ 16.000,00)
Margem de contribuição	R$ 16.000,00
Índice de margem de contribuição	50% (R$ 16.000,00 / R$ 32.000,00)
Preço de venda	100%

Deve:

Cobrir custo variável	50%
Gerar margem de contribuição	50%
Gerar lucro	10%

Logo:

Cobrir gastos fixos   40%

Ou seja: R$ 800.000,00 representam 40% da receita total.

800.000 / 0,40 = **R$ 2.000.000,00** (Receita)

PROVA REAL:

Receita	2.000.000,00
(-) Gastos variáveis (50%)	(1.000.000,00)
Margem total	1.000.000,00
(-) Gastos fixos	(800.000,00)
Lucro	200.000,00

Lucro de 200.000,00 representa 10% das receitas.

6 – Uma indústria de cosméticos produz três produtos: Perfume, Hidratante e Sabonete e possui a seguinte estrutura de gastos para produzir uma unidade:

Produto	Perfume	Hidratante	Sabonete
Preço de venda	R$ 180,00	R$ 60,00	R$ 20,00
Impostos	30% sobre PV	20% sobre PV	15% sobre PV
Comissões	15% sobre PV	10% sobre PV	5% sobre PV
Custo da MP	R$ 60,00 (litro)	R$ 20,00 (Quilo)	R$ 10,00 (Quilo)
Quantidade utilizada	400 ml	500 g	200 g
Taxa de MOD	R$ 5,00 hora	R$ 4,00 hora	R$ 4,00 hora
Tempo utilizado	96 minutos	90 minutos	60 minutos

Os gastos fixos totalizaram R$ 33.150,00 e foram vendidas 200 unidades de perfume, 800 unidades de hidratante e 1.000 unidades de sabonete. Com base nesses dados, calcule o Ponto de Equilíbrio Contábil do mix de vendas (detalhando por produto).

RESOLUÇÃO:

Produto	Perfume	Hidratante	Sabonete	
Preço de venda	R$ 180,00	R$ 60,00	R$ 20,00	
Impostos	(R$ 54,00)	(R$ 12,00)	(R$ 3,00)	
Comissões	(R$ 27,00)	(R$ 6,00)	(R$ 1,00)	
MP consumida	(R$ 24,00)	(R$ 10.00)	(R$ 2,00)	
Mão de obra direta	(R$ 8,00)	(R$ 6,00)	(R$ 4,00)	
Margem contrib. Unit.	R$ 67,00	R$ 26,00	R$ 10,00	
Vendas	200	800	1.000	**2.000 unid.**
Margem contrib. total	R$ 13.400,00	R$ 20.800,00	R$10.000,00	**R$44.200,00**

MC média = R$ 44.200,00 / 2.000 = R$ 22,10

PEC = R$ 33.150,00 / 22,10 = 1.500 unidades

Produto	Perfume	Hidratante	Sabonete	
Vendas	200 (**10%**)	800 (**40%**)	1.000 (**50%**)	**2.000 unid.**

PEC Perfume = 1.500 × 10% = **150 unidades.**

PEC Hidratante = 1.500 × 40% = **600 unidades.**

PEC Sabonete= 1.500 × 50% = **750 unidades.**

7 – A empresa XYZ vende bolas de borracha de três tamanhos e os dados de seus gastos e vendas são os seguintes:

Bola	PV	CV	DV	Vendas
A	R$ 11,00	R$ 6,00	R$ 1,00	5.000 unidades
B	R$ 16,00	R$ 12,00	R$ 2,00	2.000 unidades
C	R$ 20,00	R$ 15,00	R$ 2,00	3.000 unidades

O investimento feito no negócio foi de R$ 80.000,00 e a proprietária espera um retorno mínimo de 20% sobre o investimento. Sabendo que os gastos fixos anuais da empresa são de R$ 50.000, calcule o Ponto de Equilíbrio Econômico desse mix de vendas (detalhando por produto).

RESOLUÇÃO:

Produto	A	B	C	
Preço de venda	R$ 11,00	R$ 16,00	R$ 20,00	
Custo variável	(R$ 6,00)	(R$ 12,00)	(R$ 15,00)	
Despesa variável	(R$ 1,00)	(R$ 2,00)	(R$ 2,00)	
Margem contrib. Unit.	R$ 4,00	R$ 2,00	R$ 3,00	
Vendas	5.000	2.000	3.000	10.000 unid.
Margem contrib. total	R$ 20.000,00	R$ 4.000,00	R$ 9.000,00	R$33.000,00

MC média: 33.000,00 / 10.000 = 33,00

Lucro esperado: 20% de 80.000,00 = 16.000,00

PEE: (50.000,00 + 16.000,00) / 33,00 = 2.000 unidades

Produto	A	B	C	
Vendas	5.000 (50%)	2.000 20%)	3.000 (30%)	10.000 unid.

PEE A = 2.000 × 50% = 1.000 unidades
PEE B = 2.000 × 20% = 400 unidades
PEE C = 2.000 × 30% = 600 unidades

8 – A Empresa ABC produz e vende 31.250 pacotes de algodão por mês, cujo preço de venda é de R$ 5,00 por pacote. Os custos variáveis atingem R$ 1,50 por pacote, as despesas variáveis correspondem a 30% do preço de venda e os gastos fixos R$ 50.000,00 por mês. A capacidade de produção é de 40.000 unidades por mês.

Pede-se para calcular:

a) A Margem de Segurança em unidades, em valor e em percentual com base nas vendas atuais.

b) O Grau de Alavancagem Operacional, caso a empresa venda 100% da sua capacidade produtiva.

RESOLUÇÃO:

Preço de venda	R$ 5,00
(–) Gasto variável	(R$ 3,00)
Margem unitária	R$ 2,00

PEC q = R$ 50.000,00 / 2,00 = 25.000 unidades

Lucro produção 31.250 unidades = Unidades acima do PE × MCU

(6.250 × R$ 2,00 = R$ 12.500,00)

Lucro produção 40.000 unidades = Unidades acima do PE × MCU

(15.000 × R$ 2,00 = 30.000,00)

Variação do lucro = 12.500 para 30.000 = 140%

Variação das vendas = 31.250 para 40.000 = 28%

Alavancagem = 140% / 28% = 5

9 – A empresa Industrial Marisol S/A produz dois produtos distribuídos em duas linhas de produção, apresentando os seguintes dados:

Tipo de produto	Produto A	Produto B
Quantidade produzida e vendida	2.000	3.000
Preço de Venda	50,00	60,00
Despesas variáveis	25%	25%
Mão de obra direta por unidade	10,00	15,00
Matéria-prima por unidade	15,00	20,00
Gastos Fixos Comuns	Pintura = 5.000,00	

A empresa tem uma ociosidade de 50% em sua produção e com o objetivo de melhorar o rendimento, ela pretende terceirizar a pintura dos seus produtos, visando eliminar os custos com pintura. Para tanto recebeu duas propostas de fornecedores diferentes:

- 1° fornecedor: Só tem condição de pintar o produto A e cobra R$ 0,40 por unidade.

- 2° fornecedor: Tem condição de pintar os dois produtos, sendo que cobra R$ 0,60 por unidade do produto A e R$ 0,80 para o B, desde que seja remetida toda a produção, caso contrário, não aceita o serviço.

Avalie as duas propostas separadamente e informe se elas são viáveis ou não. Justifique sua resposta. Caso a empresa voltasse a trabalhar com 100% da sua capacidade, ou seja, produzir o dobro da quantidade atual, a sua avaliação em relação as duas propostas apresentadas seria a mesma ou mudaria. Por quê?

RESOLUÇÃO:

1ª proposta:

Não vale a pena, pois continuará com o custo fixo de R$ 5.000,00.

2ª proposta:

a) Terceirizar A (R$ 0,60 × 2.000 = R$ 1.200,00)
Terceirizar B (R$ 0,80 × 3.000 = R$ 2.400,00)
Total   R$ 3.600,00
Custo Fixo Atual   R$ 5.000,00
Vale a pena

b) Terceirizar A (R$ 0,60 × 4.000 = R$ 2.400,00)
Terceirizar B (R$ 0,80 × 6.000 = R$ 4.800,00)
Total   R$ 7.200,00
Custo Fixo Atual   R$ 5.000,00
Não vale a pena

10 – O laboratório farmacêutico "Pharbrasil" produz três suplementos alimentares específicos para atletas de alto rendimento: Protein X (Ganho de massa muscular), Turbocarbo (Repositor energético) e Fat Free (Emagrecimento). Com o objetivo de avaliar os resultados obtidos por cada produto, o analista de custos da empresa levantou os seguintes dados:

Produto	Protein X	Turbocarbo	Fat Free
Capacidade produtiva	10.000	100.000	80.000
Quantidades produzidas	8.000	50.000	40.000
Quantidades vendidas	4.000	40.000	20.000
Preço de venda	R$ 100,00	R$ 40,00	R$ 80,00
Impostos sobre venda	20%	20%	20%
Custo Kg MP	R$ 5,00	R$ 2,00	R$ 10,00
Quantidade MP em 1 unidade (Kg)	6	5	4
Custo Hora MOD	R$ 4,00	R$ 4,00	R$ 4,00
Quantidade horas em 1 unidade (Hora)	2,5	3	2
Gastos Fixos (em comum)	R$ 550.000,00		

Com base nas informações acima, responda às seguintes questões com os cálculos efetuados:

1. Calcule a margem de contribuição de cada produto.
2. Qual produto possui o maior índice de margem de contribuição?
3. Com base nas vendas atuais, qual é o produto mais rentável para a empresa?
4. Se a empresa conseguisse vender toda a sua produção atual, qual seria o mais rentável?
5. Qual o lucro da empresa com as vendas atuais?
6. Qual o Ponto de Equilíbrio em unidades de cada produto nesse mix de vendas?

7. Se a empresa durante o ano tivesse uma limitação de 74.000 horas para produzir os três produtos, qual seria a melhor combinação do mix de vendas para maximizar o lucro com relação às vendas atuais?

8. Considerando que os gastos fixos da empresa se referem a gastos com aluguel da fábrica, depreciação e manutenção das máquinas e que a empresa receba uma proposta para terceirizar a produção dos produtos **Turbocarbo e Fat Free** pagando por cada unidade produzida o valor de R$ 35,00. Vocês acham que com as vendas atuais, essa operação seria vantajosa para a empresa? Por quê?

9. E caso a empresa conseguisse terceirizar todos os produtos pelo mesmo preço?

RESOLUÇÃO

1)

Produto	Protein X	Turbocarbo	Fat Free
Preço de Venda	R$ 100,00	R$ 40,00	R$ 80,00
(-) Impostos	(R$ 20,00)	(R$ 8,00)	(R$ 16,00)
(-) MP	(R$ 30,00)	(R$ 10,00)	(R$ 40,00)
(-) MOD	(R$ 10,00)	(R$ 12,00)	(R$ 8,00)
MCU	R$ 40,00	R$ 10,00	R$ 16,00

2)

Produto	Protein X	Turbocarbo	Fat Free
IMC	40,00%	25,00%	20,00%

O maior índice está no produto Protein X.

3)

Produto	Protein X	Turbocarbo	Fat Free
MCT	160.000,00	400.000,00	320.000,00

O produto mais rentável com as vendas atuais é o Turbocarbo.

4)

Produto	Protein X	Turbocarbo	Fat Free
MCT	320.000,00	500.000,00	640.000,00

Se toda a produção fosse vendida, o produto mais rentável seria o Fat Free.

5)

Produto	Protein X	Turbocarbo	Fat Free	
MCT	R$ 160.000,00	R$ 400.000,00	R$ 320.000,00	R$ 880.000,00
(-) GFT				(R$ 550.000,00)
Lucro				R$ 330.000,00

6) MCT = 880.00

Quantidade vendida atualmente = 64.000 unidades

MCU mix = 880.000/64.000 = 13,75

PEC mix = 550.000/13,75 = 40.000 unidades

Unidades vendidas no total: 64.000

Produto	Protein X	Turbocarbo	Fat Free	Total
Quantidades vendidas	4.000,00	40.000,00	20.000,00	640.000,00
%	6,25%	62,50%	31,25%	100,00%

Logo, das 40.000 unidades:

6,25% para Protein X = 2.500 unidades

62,50% para Turbocarbo = 25.000 unidades

31,25% para Fat Free = 12.500 unidades

7)

Produto	Protein X	Turbocarbo	Fat Free
MCT	R$ 40,00	R$ 10,00	R$ 16,00
Hora	2,5	3	2
MCU/Hora	R$ 16,00	R$ 3,33	R$ 8,00

Logo, a preferência na hora da venda é Protein X, seguida da Fat Free e Turbo carbo. Se forem vendidas as 4.000 unidades do Protein X utilizará 10.000 horas. Já se comercializarem as 20.000 unidades do Fat Free exigirá 40.000 horas. Dessa forma, sobraram apenas 24.000 horas. Isso significa que só posso vender 8.000 unidades da Turbocarbo.

8 e 9)

Gasto atual produzindo na fábrica:

Protein X	Turbocarbo	Fat Free	Gasto Fixo	Custo total
R$ 160.000,00	R$ 880.000,00	R$ 960.000,00	R$ 550.000,00	R$ 2.550.000,00

Proposta terceirizando apenas Turbocarbo e Fat Free:

Protein X	Turbocarbo	Fat Free	Gasto Fixo	Custo total
R$ 160.000,00	R$ 1.400.000,00	R$ 700.000,00	R$ 550.000,00	R$ 2.810.000,00

Não seria vantagem, pois continuaria produzindo Protein X na fábrica e arcaria com o gasto fixo.

Proposta terceirizando todos os produtos:

Protein X	Turbocarbo	Fat Free	Gasto Fixo	Custo total
R$ 140.000,00	R$ 1.400.000,00	R$ 700.000,00	R$ 0,00	R$ 2.240.000,00

Seria vantagem, pois não arcaria mais com o gasto fixo.

Capítulo 3

Planejamento e Controle

3.1. Contextualização

Dentro do processo de planejamento de uma organização, a última etapa caracteriza-se **pela necessidade de planejar a curto prazo, ou seja, as ações para o próximo exercício.** Este processo deve permitir a participação de toda a **estrutura hierárquica com responsabilidade orçamentária**, estabelecendo e coordenando objetivos para todas as áreas da empresa. Só assim será possível a gestão adequada da etapa final do plano orçamentário, que é o controle orçamentário com a análise das variações e do desempenho individual dos gestores.

3.2. Planejamento Empresarial

Planejamento empresarial é o processo que consiste na análise sistemática dos pontos fortes e fracos da empresa, bem como das oportunidades e ameaças do meio ambiente. Esta análise tem o intuito de estabelecer objetivos, estratégias e ações que possibilitem um aumento da competitividade empresarial. A etapa financeira do planejamento empresarial é o **orçamento**.

3.3. Orçamento

É a **expressão quantitativa** dos planos de ação das empresas, sendo considerado também um instrumento de controle e avaliação do desempenho individual dos gestores.

O orçamento deve:

- Ser coerente com o modelo de gestão;
- Ser formal: atingir toda a hierarquia de comando da empresa;
- Reproduzir as estruturas existentes e as planejadas para o período orçamentário;
- Obedecer à estrutura contábil: plano de contas e centros de responsabilidade;
- Ser segmentado em períodos mensais perfazendo os períodos anuais;
- Alinhar-se às demonstrações financeiras básicas (DRE, balanço e demonstrativo de fluxo de caixa), com análise de variações real × orçado.

Geralmente, são produzidas três peças orçamentárias:

- **Orçamento operacional ou OPEX:** DRE (receitas / custos / despesas);

- **Orçamento de capital ou CAPEX:** Investimentos, com impacto nos orçamentos operacional e de caixa;
- **Orçamento de caixa:** Fluxo de caixa (recebimentos / desembolsos).

Como consequência, o balanço patrimonial pode também ser orçado.

3.4. Processo Orçamentário

O processo orçamentário normalmente se dá por meio das seguintes fases:

Planejamento Empresarial			
Estabelecimento e divulgação das diretrizes	Elaboração do orçamento	Revisão e Consolidação	Monitoramento e análise de performance
Indica procedimentos para elaboração do orçamento. Determinação de performance e metas.	É a extensão do planejamento e das estratégias da empresa. Focado nas necessidades do negócio	Comunicação aos gestores antes do início do período planejado. Dever ser consolidado com nível adequado para suporte à gestão.	As informações de variações entre real e orçado são apuradas e analisadas. As variações são justificadas buscando garantir o alinhamento das operações.

3.5. Tipos de Orçamento

Os principais tipos de orçamento são:

- Orçamento estático ou *budget*;
- Orçamento ajustado/revisado ou *forecast*;
- Orçamento flexível;
- Orçamento base zero.

3.5.1 Orçamento Estático

É o tipo de orçamento mais utilizado pelas organizações e possui as seguintes características:

- A partir da fixação de alguns parâmetros principais (ex: volume de vendas e preço) são feitas estimativas das operações completas;
- Uma vez elaborado, permanece como referência fixa de avaliação do desempenho por todo o período (ano);
- A cada fechamento (mês), os gestores responsáveis justificam as variações.

O orçamento estático é importante ferramenta de controle, no entanto, em segmentos que possuem muitas oscilações nas principais variáveis que compõem a peça orçamentária, sua projeção pode não representar a realidade da empresa.

3.5.2 Orçamento Ajustado

Nesse modelo, quando há uma **mudança significativa em uma variável fundamental, o orçamento é ajustado.** Normalmente, a versão original é mantida nos períodos já realizados e a versão ajustada (forecast) passa a valer como orçamento dos períodos futuros. Exemplos de variáveis fundamentais que podem levar a um orçamento revisado: nova expectativa no volume de vendas, variações cambiais, dentre outros.

3.5.3 Orçamento Flexível

Esse tipo de orçamento **admite uma faixa de variação dos principais elementos do orçamento** com base na variação dos volumes de produção ou vendas.Por exemplo, caso o volume de vendas aumente, é admitido um aumento proporcional aos orçamentos de Comissões, Impostos, Matérias-Primas etc., afinal, para produzir e vender mais, é lógico que estes itens também precisarão acompanhar. Admite-se também variações nos Orçamentos de Gastos com Pessoal e Despesas Operacionais, porém em menor grau, por serem gastos fixos. Embora represente mais a realidade da empresa, sua principal desvantagem é que a projeção integrada das demonstrações financeiras fica dificultada, bem como o controle orçamentário.

3.5.4 Orçamento Base Zero

O orçamento base zero (OBZ) é elaborado a partir do questionamento da razão de ser de todas as atividades, **ou seja, a partir de uma base zero, como se a organização estivesse começando.**

Possui como principais características:

- Cada gestor deve justificar seu pedido de verba detalhadamente e não apenas os aumentos de gastos em relação ao ano anterior.
- Dados históricos não são utilizados na construção de cenários futuros, por gerar distorções e ineficiências nas projeções.
- Provoca uma exploração sistematizada de todas as operações da organização, apontando potenciais reduções de custos.

- É dado foco nos objetivos e metas de cada unidade de negócio/área/departamento.

Além disso, tem como principais desafios a análise do custo-benefício e a mudança de cultura dos colaboradores da empresa.

3.6. Orçamento Operacional

O orçamento operacional, **também conhecido como OPEX**, é a base de todo o processo orçamentário empresarial, sendo subdividido, normalmente, em orçamentos de:

- Vendas;
- Produção (Materiais Diretos, Mão de Obra Direta e Custos Indiretos);
- Despesas operacionais.

Ressalte-se que o OPEX reflete o princípio da competência, geralmente abrangendo o período de 1 ano. Para que possamos apresentar um orçamento empresarial na prática, vamos utilizar um estudo de caso com a empresa "Risca Tudo" fabricante de dois produtos:

- Caneta Esferográfica.
- Lapiseira 0.7 mm.

Esta empresa possui 20 anos no mercado e possui 10% de *market share* nas esferográficas e 15% nas lapiseiras. As vendas em 2019 foram as seguintes:

Produto	Unidades
Caneta	4.000.000
Lapiseira	2.400.000

O crescimento esperado para o mercado em 2020 é de 20% para esferográficas e 25% para lapiseiras.

3.7. Orçamento de Vendas

É o ponto de partida de todo o processo de elaboração das peças orçamentárias, pois normalmente o planejamento operacional decorre da percepção da demanda de seus produtos para o período a ser orçado.

Compreende as seguintes partes:

- Previsão de vendas em quantidades para cada produto (métodos estatísticos, coleta de dados, pesquisas de marketing);
- Previsão de Preço (mark-up ou mercado);
- Identificação dos impostos sobre as vendas;
- Previsão de descontos e abatimentos.

Com base no crescimento esperado pela empresa, foi possível elaborar a previsão de vendas para 2020:

Projeção Anual de Vendas

Produto	Canetas	Lapiseiras
Vendas 2019	4.000.000	2.400.000
Crescimento esperado	20%	25%
Projeção de vendas 2020	4.800.000	3.000.000

Com base nos dados orçamentários relativos aos anos anteriores e dos demais concorrentes, verificou-se que os meses de janeiro, fevereiro, julho e agosto concentram 50% das vendas totais do ano, sendo as vendas nos demais meses distribuídas uniformemente. Os meses de janeiro e julho representam 15% das vendas em cada período e os meses de fevereiro e agosto, 10% em cada período.

Com base nas informações acima, foi possível elaborar a previsão mensal de vendas em % para 2020:

Projeção Mensal de Vendas em %

Mês	Canetas	Lapiseiras
Janeiro	15%	15%
Fevereiro	10%	10%
Março	6,25%	6,25%
Abril	6,25%	6,25%
Maio	6,25%	6,25%
Junho	6,25%	6,25%
Julho	15%	15%
Agosto	10%	10%
Setembro	6,25%	6,25%
Outubro	6,25%	6,25%
Novembro	6,25%	6,25%
Dezembro	6,25%	6,25%
Total	100,00%	100,00%

Projeção Mensal de Vendas em unidades

Mês	Canetas	Lapiseiras
Janeiro	720.000	450.000
Fevereiro	480.000	300.000
Março	300.000	187.500
Abril	300.000	187.500
Maio	300.000	187.500
Junho	300.000	187.500
Julho	720.000	450.000
Agosto	480.000	300.000
Setembro	300.000	187.500
Outubro	300.000	187.500
Novembro	300.000	187.500
Dezembro	300.000	187.500
Total	4.800.000,00	3.000.000,00

O preço foi definido pelo valor que consumidor estaria disposto a pagar, sendo:

Produto	Preço
Esferográficas:	R$ 1,50
Lapiseiras:	R$ 3,00

Os impostos sobre vendas totalizam 20% do preço e não foram informados dados sobre descontos/abatimentos.

Com base nessas informações, foi possível elaborar a projeção das receitas da empresa em 2020:

Projeção Mensal das Receitas – Canetas

Mês	Receita Bruta	Impostos	Receita Líquida
Janeiro	R$ 1.080.000,00	R$ 216.000,00	R$ 864.000,00
Fevereiro	R$ 720.000,00	R$ 144.000,00	R$ 576.000,00
Março	R$ 450.000,00	R$ 90.000,00	R$ 360.000,00
Abril	R$ 450.000,00	R$ 90.000,00	R$ 360.000,00
Maio	R$ 450.000,00	R$ 90.000,00	R$ 360.000,00
Junho	R$ 450.000,00	R$ 90.000,00	R$ 360.000,00
Julho	R$ 1.080.000,00	R$ 216.000,00	R$ 864.000,00
Agosto	R$ 720.000,00	R$ 144.000,00	R$ 576.000,00
Setembro	R$ 450.000,00	R$ 90.000,00	R$ 360.000,00
Outubro	R$ 450.000,00	R$ 90.000,00	R$ 360.000,00
Novembro	R$ 450.000,00	R$ 90.000,00	R$ 360.000,00
Dezembro	R$ 450.000,00	R$ 90.000,00	R$ 360.000,00
Total	R$ 7.200.000,00	R$ 1.440.000,00	R$ 5.760.000,00

Projeção Mensal das Receitas – Lapiseiras

Mês	Receita Bruta	Impostos	Receita Líquida
Janeiro	R$ 1.350.000,00	R$ 270.000,00	R$ 1.080.000,00
Fevereiro	R$ 900.000,00	R$ 180.000,00	R$ 720.000,00
Março	R$ 562.500,00	R$ 112.500,00	R$ 450.000,00
Abril	R$ 562.500,00	R$ 112.500,00	R$ 450.000,00
Maio	R$ 562.500,00	R$ 112.500,00	R$ 450.000,00
Junho	R$ 562.500,00	R$ 112.500,00	R$ 450.000,00
Julho	R$ 1.350.000,00	R$ 270.000,00	R$ 1.080.000,00
Agosto	R$ 900.000,00	R$ 180.000,00	R$ 720.000,00
Setembro	R$ 562.500,00	R$ 112.500,00	R$ 450.000,00
Outubro	R$ 562.500,00	R$ 112.500,00	R$ 450.000,00
Novembro	R$ 562.500,00	R$ 112.500,00	R$ 450.000,00
Dezembro	R$ 562.500,00	R$ 112.500,00	R$ 450.000,00
Total	R$ 9.000.000,00	R$ 1.800.000,00	R$ 7.200.000,00

3.8. Orçamento de Produção

Determina as quantidades de produtos que deverão ser fabricados, levando em conta o volume de vendas projetado e a política de estoques, projetando os custos envolvidos no processo produtivo. As unidades a serem produzidas serão obtidas a partir da definição dos estoques iniciais e finais de cada produto.

O orçamento da produção divide-se em:

- Orçamento de materiais diretos;
- Orçamento de mão de obra direta;
- Orçamento dos custos indiretos de fabricação.

De um modo geral, as empresas não necessitam produzir o volume estimado de vendas de cada produto, pois normalmente possui algum estoque. Inclusive é necessário ter uma política de manter sempre um estoque de segurança para qualquer eventualidade.

Nesse sentido, a Risca Tudo possui a seguinte política de estoques:

Produto	Esferográficas	Lapiseiras
Estoques iniciais (janeiro de 2020)	200.000	150.000
Estoques finais mensais	10% das vendas do mês	10% das vendas do mês

Dessa forma, para encontrar o volume de produção em cada período, a seguinte fórmula deve ser aplicada:

Se:

Vendas estimadas: Estoque inicial + Produção – Estoque final.

Produção: Vendas estimadas – Estoque inicial + Estoque final

Com base nas informações acima, foi possível elaborar a projeção da produção da empresa em 2020:

Projeção Mensal de Produção – Canetas

Mês	Estoque Inicial	Vendas Estimadas	Estoque Final	Produção
Janeiro	200.000	720.000	72.000	592.000
Fevereiro	72.000	480.000	48.000	456.000
Março	48.000	300.000	30.000	282.000
Abril	30.000	300.000	30.000	300.000
Maio	30.000	300.000	30.000	300.000
Junho	30.000	300.000	30.000	300.000
Julho	30.000	720.000	72.000	762.000

Agosto	72.000	480.000	48.000	456.000
Setembro	48.000	300.000	30.000	282.000
Outubro	30.000	300.000	30.000	300.000
Novembro	30.000	300.000	30.000	300.000
Dezembro	30.000	300.000	30.000	300.000
Total	650.000	4.800.000	480.000	4.630.000

Projeção Mensal de Produção – Lapiseiras

Mês	Estoque Inicial	Vendas Estimadas	Estoque Final	Produção
Janeiro	150.000	450.000	45.000	345.000
Fevereiro	45.000	300.000	30.000	285.000
Março	30.000	187.500	18.750	176.250
Abril	18.750	187.500	18.750	187.500
Maio	18.750	187.500	18.750	187.500
Junho	18.750	187.500	18.750	187.500
Julho	18.750	450.000	45.000	476.250
Agosto	45.000	300.000	30.000	285.000
Setembro	30.000	187.500	18.750	176.250
Outubro	18.750	187.500	18.750	187.500
Novembro	18.750	187.500	18.750	187.500
Dezembro	18.750	187.500	18.750	187.500
Total	431.250	3.000.000	300.000	2.868.750

3.8.1. Orçamento de Materiais Diretos

Nesse orçamento, são definidas as quantidades previstas de cada matéria-prima para atender a projeção de vendas, o custo estimado das matérias-primas necessárias à produção, além de poder contemplar as perdas normais do processo produtivo. Em relação ao nosso estudo de caso, a empresa Risca Tudo possui as seguintes informações sobre as matérias-primas e quantidades necessárias para a produção de cada produto:

Consumo de material direto para a fabricação de canetas

Matérias-primas	Utilização (kg)	Consumo por unidades	kg por unidade
A	1	100	0,010
B	1	200	0,005

Estoque inicial de materiais diretos para esferográficas

Material Direto	Quantidade em Kg
A	1.000
B	500

Consumo de material direto para a fabricação de lapiseiras

Matérias-primas	Utilização	Consumo por unidades	Kg por unidade
C	1	100	0,010
D	1	200	0,005

Estoque inicial de materiais diretos para lapiseiras

Material Direto	Quantidade em Kg
C	1500
D	750

A empresa tem como política de estoques manter 10% do seu consumo mensal de material direto como estoque final. Com base nas informações acima, foi possível elaborar a projeção do consumo de material direto e estoque final de matéria-prima para cada produto em 2020:

Projeção da matéria-prima A para canetas (quantidade)

Mês	Produção (unidades)	Estoque Inicial (kg)	Consumo	Estoque Final (kg)	Compras (kg)
Janeiro	592.000	1.000	5.920	592	5.512
Fevereiro	456.000	592	4.560	456	4.424
Março	282.000	456	2.820	282	2.646
Abril	300.000	282	3.000	300	3.018
Maio	300.000	300	3.000	300	3.000
Junho	300.000	300	3.000	300	3.000
Julho	762.000	300	7.620	762	8.082
Agosto	456.000	762	4.560	456	4.254
Setembro	282.000	456	2.820	282	2.646
Outubro	300.000	282	3.000	300	3.018
Novembro	300.000	300	3.000	300	3.000
Dezembro	300.000	300	3.000	300	3.000
Total	4.630.000	5.330	46.300	4.630	45.600

Projeção da matéria-prima B para canetas (quantidade)

Mês	Produção (unidades)	Estoque Inicial (kg)	Consumo	Estoque Final (kg)	Compras (kg)
Janeiro	592.000	500	2.960	296	2.756
Fevereiro	456.000	296	2.280	228	2.212
Março	282.000	228	1.410	141	1.323
Abril	300.000	141	1.500	150	1.509
Maio	300.000	150	1.500	150	1.500
Junho	300.000	150	1.500	150	1.500
Julho	762.000	150	3.810	381	4.041
Agosto	456.000	381	2.280	228	2.127
Setembro	282.000	228	1.410	141	1.323
Outubro	300.000	141	1.500	150	1.509
Novembro	300.000	150	1.500	150	1.500
Dezembro	300.000	150	1.500	150	1.500
Total	4.630.000	2.665	23.150	2.315	22.800

Projeção da matéria-prima C para lapiseiras (quantidade)

Mês	Produção (unidades)	Estoque Inicial (kg)	Consumo	Estoque Final (kg)	Compras (kg)
Janeiro	345.000	1.500	3.450	345	2.295
Fevereiro	285.000	345	2.850	285	2.790
Março	176.250	285	1.763	176	1.654
Abril	187.500	176	1.875	188	1.886
Maio	187.500	188	1.875	188	1.875
Junho	187.500	188	1.875	188	1.875
Julho	476.250	188	4.763	476	5.051
Agosto	285.000	476	2.850	285	2.659
Setembro	176.250	285	1.763	176	1.654
Outubro	187.500	176	1.875	188	1.886
Novembro	187.500	188	1.875	188	1.875
Dezembro	187.500	188	1.875	188	1.875
Total	2.868.750	4.181	28.688	2.869	27.375

Projeção da matéria-prima D para lapiseiras (quantidade)

Mês	Produção (unidades)	Estoque Inicial (kg)	Consumo	Estoque Final (kg)	Compras (kg)
Janeiro	345.000	750	1.725	173	1.148
Fevereiro	285.000	173	1.425	143	1.395
Março	176.250	143	881	88	827
Abril	187.500	88	938	94	943
Maio	187.500	94	938	94	938
Junho	187.500	94	938	94	938
Julho	476.250	94	2.381	238	2.526
Agosto	285.000	238	1.425	143	1.329
Setembro	176.250	143	881	88	827
Outubro	187.500	88	938	94	943
Novembro	187.500	94	938	94	938
Dezembro	187.500	94	938	94	938
Total	2.868.750	2.091	14.344	1.434	13.688

Ao realizar a análise dos custos de cada material direto, a Risca Tudo chegou as seguintes informações:

Custo dos materiais diretos (canetas)

Matérias-primas	Preço	Medida	Impostos	Custo
A	R$ 15,00	Kg	20%	R$ 12,00
B	R$ 10,00	Kg	20%	R$ 8,00

Custo dos materiais diretos (lapiseiras)

Matérias-primas	Preço	Medida	Impostos	Custo
C	R$ 20,00	Kg	20%	R$ 16,00
D	R$ 15,00	Kg	20%	R$ 12,00

Ao avaliar as informações acima, foi possível elaborar a projeção do custo da compra, do consumo e do estoque final de material direto para cada produto em 2020:

Projeção do custo do material direto A para canetas

Mês	Custo por Kg (R$)	Estoque Inicial (R$)	Custo de aquisição (R$)	Estoque Final (R$)	Custo de Produção (R$)
Janeiro	R$ 12,00	R$ 12.000,00	R$ 66.144,00	R$ 7.104,00	R$ 71.040,00
Fevereiro	R$ 12,00	R$ 7.104,00	R$ 53.088,00	R$ 5.472,00	R$ 54.720,00
Março	R$ 12,00	R$ 5.472,00	R$ 31.752,00	R$ 3.384,00	R$ 33.840,00
Abril	R$ 12,00	R$ 3.384,00	R$ 36.216,00	R$ 3.600,00	R$ 36.000,00
Maio	R$ 12,00	R$ 3.600,00	R$ 36.000,00	R$ 3.600,00	R$ 36.000,00
Junho	R$ 12,00	R$ 3.600,00	R$ 36.000,00	R$ 3.600,00	R$ 36.000,00
Julho	R$ 12,00	R$ 3.600,00	R$ 96.984,00	R$ 9.144,00	R$ 91.440,00
Agosto	R$ 12,00	R$ 9.144,00	R$ 51.048,00	R$ 5.472,00	R$ 54.720,00
Setembro	R$ 12,00	R$ 5.472,00	R$ 31.752,00	R$ 3.384,00	R$ 33.840,00
Outubro	R$ 12,00	R$ 3.384,00	R$ 36.216,00	R$ 3.600,00	R$ 36.000,00
Novembro	R$ 12,00	R$ 3.600,00	R$ 36.000,00	R$ 3.600,00	R$ 36.000,00
Dezembro	R$ 12,00	R$ 3.600,00	R$ 36.000,00	R$ 3.600,00	R$ 36.000,00
Total	R$ 144,00	R$ 63.960,00	R$ 547.200,00	R$ 55.560,00	R$ 555.600,00

Projeção do custo do material direto B para canetas

Mês	Custo por Kg (R$)	Estoque Inicial (R$)	Custo de aquisição (R$)	Estoque Final (R$)	Custo de Produção (R$)
Janeiro	R$ 8,00	R$ 4.000,00	R$ 22.048,00	R$ 2.368,00	R$ 23.680,00
Fevereiro	R$ 8,00	R$ 2.368,00	R$ 17.696,00	R$ 1.824,00	R$ 18.240,00
Março	R$ 8,00	R$ 1.824,00	R$ 10.584,00	R$ 1.128,00	R$ 11.280,00
Abril	R$ 8,00	R$ 1.128,00	R$ 12.072,00	R$ 1.200,00	R$ 12.000,00
Maio	R$ 8,00	R$ 1.200,00	R$ 12.000,00	R$ 1.200,00	R$ 12.000,00
Junho	R$ 8,00	R$ 1.200,00	R$ 12.000,00	R$ 1.200,00	R$ 12.000,00
Julho	R$ 8,00	R$ 1.200,00	R$ 32.328,00	R$ 3.048,00	R$ 30.480,00
Agosto	R$ 8,00	R$ 3.048,00	R$ 17.016,00	R$ 1.824,00	R$ 18.240,00
Setembro	R$ 8,00	R$ 1.824,00	R$ 10.584,00	R$ 1.128,00	R$ 11.280,00
Outubro	R$ 8,00	R$ 1.128,00	R$ 12.072,00	R$ 1.200,00	R$ 12.000,00
Novembro	R$ 8,00	R$ 1.200,00	R$ 12.000,00	R$ 1.200,00	R$ 12.000,00
Dezembro	R$ 8,00	R$ 1.200,00	R$ 12.000,00	R$ 1.200,00	R$ 12.000,00
Total	R$ 96,00	R$ 21.320,00	R$ 182.400,00	R$ 18.520,00	R$ 185.200,00

Projeção do custo do material direto C para lapiseiras

Mês	Custo por Kg (R$)	Estoque Inicial (R$)	Custo de aquisição (R$)	Estoque Final (R$)	Custo de Produção (R$)
Janeiro	R$ 16,00	R$ 24.000,00	R$ 36.720,00	R$ 5.520,00	R$ 55.200,00
Fevereiro	R$ 16,00	R$ 5.520,00	R$ 44.640,00	R$ 4.560,00	R$ 45.600,00
Março	R$ 16,00	R$ 4.560,00	R$ 26.460,00	R$ 2.820,00	R$ 28.200,00
Abril	R$ 16,00	R$ 2.820,00	R$ 30.180,00	R$ 3.000,00	R$ 30.000,00
Maio	R$ 16,00	R$ 3.000,00	R$ 30.000,00	R$ 3.000,00	R$ 30.000,00
Junho	R$ 16,00	R$ 3.000,00	R$ 30.000,00	R$ 3.000,00	R$ 30.000,00
Julho	R$ 16,00	R$ 3.000,00	R$ 80.820,00	R$ 7.620,00	R$ 76.200,00
Agosto	R$ 16,00	R$ 7.620,00	R$ 42.540,00	R$ 4.560,00	R$ 45.600,00
Setembro	R$ 16,00	R$ 4.560,00	R$ 26.460,00	R$ 2.820,00	R$ 28.200,00
Outubro	R$ 16,00	R$ 2.820,00	R$ 30.180,00	R$ 3.000,00	R$ 30.000,00
Novembro	R$ 16,00	R$ 3.000,00	R$ 30.000,00	R$ 3.000,00	R$ 30.000,00
Dezembro	R$ 16,00	R$ 3.000,00	R$ 30.000,00	R$ 3.000,00	R$ 30.000,00
Total	R$ 192,00	R$ 66.900,00	R$ 438.000,00	R$ 45.900,00	R$ 459.000,00

Projeção do custo do material direto D para lapiseiras

Mês	Custo por Kg (R$)	Estoque Inicial (R$)	Custo de aquisição (R$)	Estoque Final (R$)	Custo de Produção (R$)
Janeiro	R$ 12,00	R$ 9.000,00	R$ 13.770,00	R$ 2.070,00	R$ 20.700,00
Fevereiro	R$ 12,00	R$ 2.070,00	R$ 16.740,00	R$ 1.710,00	R$ 17.100,00
Março	R$ 12,00	R$ 1.710,00	R$ 9.922,50	R$ 1.057,50	R$ 10.575,00
Abril	R$ 12,00	R$ 1.057,50	R$ 11.317,50	R$ 1.125,00	R$ 11.250,00
Maio	R$ 12,00	R$ 1.125,00	R$ 11.250,00	R$ 1.125,00	R$ 11.250,00
Junho	R$ 12,00	R$ 1.125,00	R$ 11.250,00	R$ 1.125,00	R$ 11.250,00
Julho	R$ 12,00	R$ 1.125,00	R$ 30.307,50	R$ 2.857,50	R$ 28.575,00
Agosto	R$ 12,00	R$ 2.857,50	R$ 15.952,50	R$ 1.710,00	R$ 17.100,00
Setembro	R$ 12,00	R$ 1.710,00	R$ 9.922,50	R$ 1.057,50	R$ 10.575,00
Outubro	R$ 12,00	R$ 1.057,50	R$ 11.317,50	R$ 1.125,00	R$ 11.250,00
Novembro	R$ 12,00	R$ 1.125,00	R$ 11.250,00	R$ 1.125,00	R$ 11.250,00
Dezembro	R$ 12,00	R$ 1.125,00	R$ 11.250,00	R$ 1.125,00	R$ 11.250,00
Total	R$ 144,00	R$ 25.087,50	R$ 164.250,00	R$ 17.212,50	R$ 172.125,00

3.8.2. Orçamento de Mão de Obra Direta

O orçamento de mão de obra direta determina o número de horas necessárias para a fabricação dos produtos, bem como leva em consideração os custos com salários e encargos sociais dos colaboradores relacionados diretamente com a fabricação dos produtos.

Em relação ao nosso estudo de caso, a empresa Risca Tudo possui informações sobre o salário-hora, encargos incidentes sobre a folha e quantidades necessárias para a produção de cada produto:

Produção de canetas em unidades e salários por hora

Mão de obra Direta/Departamento	Produção Hora	Salário Hora
Fabricação de canetas	3.000	R$ 10,00
Montagem de canetas	1.800	R$ 15,00

Produção de lapiseiras em unidades e salários por hora

Mão de obra Direta/Departamento	Produção Hora	Salário Hora
Fabricação de lapiseiras	1.800	R$ 10,00
Montagem de lapiseiras	800	R$ 15,00
Encargos sociais sobre a folha	100% do valor do salário	

Com base nas informações acima, foi possível elaborar a projeção do custo com MOD de cada produto em 2020:

Projeção de custos com MOD para canetas

Mês	Produção (unid.)	Horas de Fab.	Horas de Mont.	MOD Fabricação	MOD Montagem	MOD Total S/Enc.	MOD Total c/ Enc.	MOD por unidade
Janeiro	592.000	197	329	R$ 1.973,33	R$ 4.933,33	R$ 6.906,67	R$ 13.813,33	R$ 0,02
Fevereiro	456.000	152	253	R$ 1.520,00	R$ 3.800,00	R$ 5.320,00	R$ 10.640,00	R$ 0,02
Março	282.000	94	157	R$ 940,00	R$ 2.350,00	R$ 3.290,00	R$ 6.580,00	R$ 0,02
Abril	300.000	100	167	R$ 1.000,00	R$ 2.500,00	R$ 3.500,00	R$ 7.000,00	R$ 0,02
Maio	300.000	100	167	R$ 1.000,00	R$ 2.500,00	R$ 3.500,00	R$ 7.000,00	R$ 0,02
Junho	300.000	100	167	R$ 1.000,00	R$ 2.500,00	R$ 3.500,00	R$ 7.000,00	R$ 0,02
Julho	762.000	254	423	R$ 2.540,00	R$ 6.350,00	R$ 8.890,00	R$ 17.780,00	R$ 0,02
Agosto	456.000	152	253	R$ 1.520,00	R$ 3.800,00	R$ 5.320,00	R$ 10.640,00	R$ 0,02
Setembro	282.000	94	157	R$ 940,00	R$ 2.350,00	R$ 3.290,00	R$ 6.580,00	R$ 0,02
Outubro	300.000	100	167	R$ 1.000,00	R$ 2.500,00	R$ 3.500,00	R$ 7.000,00	R$ 0,02
Novembro	300.000	100	167	R$ 1.000,00	R$ 2.500,00	R$ 3.500,00	R$ 7.000,00	R$ 0,02
Dezembro	300.000	100	167	R$ 1.000,00	R$ 2.500,00	R$ 3.500,00	R$ 7.000,00	R$ 0,02
Total	4.630.000	1.543	2.572	R$ 15.433,33	R$ 38.583,33	R$ 54.016,67	R$ 108.033,33	

Projeção de custos com MOD para lapiseiras

Mês	Produção (unid.)	Horas de Fab.	Horas de Mont.	MOD Fabricação	MOD Montagem	MOD Total S/ Enc.	MOD Total c/ Enc.	MOD por unidade
Janeiro	345.000	192	431	R$ 1.916,67	R$ 6.468,75	R$ 8.385,42	R$ 16.770,83	R$ 0,05
Fevereiro	285.000	158	356	R$ 1.583,33	R$ 5.343,75	R$ 6.927,08	R$ 13.854,17	R$ 0,05
Março	176.250	98	220	R$ 979,17	R$ 3.304,69	R$ 4.283,85	R$ 8.567,71	R$ 0,05
Abril	187.500	104	234	R$ 1.041,67	R$ 3.515,63	R$ 4.557,29	R$ 9.114,58	R$ 0,05
Maio	187.500	104	234	R$ 1.041,67	R$ 3.515,63	R$ 4.557,29	R$ 9.114,58	R$ 0,05
Junho	187.500	104	234	R$ 1.041,67	R$ 3.515,63	R$ 4.557,29	R$ 9.114,58	R$ 0,05
Julho	476.250	265	595	R$ 2.645,83	R$ 8.929,69	R$ 11.575,52	R$ 23.151,04	R$ 0,05
Agosto	285.000	158	356	R$ 1.583,33	R$ 5.343,75	R$ 6.927,08	R$ 13.854,17	R$ 0,05
Setembro	176.250	98	220	R$ 979,17	R$ 3.304,69	R$ 4.283,85	R$ 8.567,71	R$ 0,05
Outubro	187.500	104	234	R$ 1.041,67	R$ 3.515,63	R$ 4.557,29	R$ 9.114,58	R$ 0,05
Novembro	187.500	104	234	R$ 1.041,67	R$ 3.515,63	R$ 4.557,29	R$ 9.114,58	R$ 0,05
Dezembro	187.500	104	234	R$ 1.041,67	R$ 3.515,63	R$ 4.557,29	R$ 9.114,58	R$ 0,05
Total	2.868.750	1.594	3.586	R$ 15.937,50	R$ 53.789,06	R$ 69.726,56	R$ 139.453,13	

3.8.3. Orçamento dos Custos Indiretos

Abrange todos os itens de produção que **não foram classificados** como **material direto ou mão de obra direta** e que necessitam algum **critério de apropriação de custos** (rateio, departamentalização, custeio por atividades, dentre outros) Custeio por absorção (Obrigatório). Exemplos: supervisão, depreciação, **energia elétrica**, seguros etc.

No caso da Risca Tudo, houve uma projeção de custos indiretos (já incluídas as depreciações) que totalizam R$ 100.000,00 mensais. A forma de alocação adotada para os custos indiretos foi o rateio e o critério de rateio escolhido foi com base na quantidade de unidades produzidas por mês de cada produto.

Nesse contexto, foi possível elaborar a projeção dos custos indiretos para cada produto em 2020:

Projeção de Custos Indiretos

Mês	Canetas (Prod.)	Lapiseiras (Prod.)	Total	Custos Indiretos	CI Canetas	Lapiseiras
Janeiro	592.000	345.000	937.000	R$ 100.000,00	R$ 63.180,36	R$ 36.819,64
Fevereiro	456.000	285.000	741.000	R$ 100.000,00	R$ 61.538,46	R$ 38.461,54
Março	282.000	176.250	458.250	R$ 100.000,00	R$ 61.538,46	R$ 38.461,54
Abril	300.000	187.500	487.500	R$ 100.000,00	R$ 61.538,46	R$ 38.461,54
Maio	300.000	187.500	487.500	R$ 100.000,00	R$ 61.538,46	R$ 38.461,54
Junho	300.000	187.500	487.500	R$ 100.000,00	R$ 61.538,46	R$ 38.461,54
Julho	762.000	476.250	1.238.250	R$ 100.000,00	R$ 61.538,46	R$ 38.461,54
Agosto	456.000	285.000	741.000	R$ 100.000,00	R$ 61.538,46	R$ 38.461,54
Setembro	282.000	176.250	458.250	R$ 100.000,00	R$ 61.538,46	R$ 38.461,54
Outubro	300.000	187.500	487.500	R$ 100.000,00	R$ 61.538,46	R$ 38.461,54
Novembro	300.000	187.500	487.500	R$ 100.000,00	R$ 61.538,46	R$ 38.461,54
Dezembro	300.000	187.500	487.500	R$ 100.000,00	R$ 61.538,46	R$ 38.461,54
Total	4.630.000	2.868.750	7.498.750	R$ 1.200.000,00	R$ 740.103,44	R$ 459.896,56

3.9. Orçamento das Despesas Operacionais

Compreende as despesas administrativas e comerciais para realizar as vendas, além das demais despesas para manter a atividade operacional da empresa.

No caso da Risca Tudo, foram consideradas:

Despesas Operacionais Mensais Caneta

Administrativas	R$ 80.000,00
Gerais	R$ 50.000,00
Comissões	2% sobre a Receita Bruta

Despesas Operacionais Mensais Lapiseira

Administrativas	R$ 50.000,00
Gerais	R$ 30.000,00
Comissões	2% sobre a Receita Bruta

ATIVIDADE 8

Com base nas informações acima, elabore a projeção das despesas operacionais para cada produto em 2020:

Projeção Despesas Operacionais Caneta

Mês	Despesa Operacional
Janeiro	R$ 151.600,00
Fevereiro	R$ 144.400,00
Março	R$ 139.000,00
Abril	R$ 139.000,00
Maio	R$ 139.000,00
Junho	R$ 139.000,00
Julho	R$ 151.600,00
Agosto	R$ 144.400,00
Setembro	R$ 139.000,00
Outubro	R$ 139.000,00
Novembro	R$ 139.000,00
Dezembro	R$ 139.000,00
Total	R$ 1.704.000,00

Projeção Despesas Operacionais Lapiseira

Mês	Despesa Operacional
Janeiro	R$ 107.000,00
Fevereiro	R$ 98.000,00
Março	R$ 91.250,00
Abril	R$ 91.250,00
Maio	R$ 91.250,00
Junho	R$ 91.250,00
Julho	R$ 107.000,00
Agosto	R$ 98.000,00
Setembro	R$ 91.250,00
Outubro	R$ 91.250,00
Novembro	R$ 91.250,00
Dezembro	R$ 91.250,00
Total	R$ 1.140.000,00

3.10. Orçamento de Capital

O orçamento de capital, também denominado **CAPEX** ou **orçamento de investimentos** objetiva projeção dos gastos com aquisições, modificações, substituições, construções e transformações de **bens necessários à execução das atividades operacionais** que tenham caráter de melhoria ou reposição da capacidade produtiva ou de prestação de serviços. Considerando que muitos ativos fixos têm vida útil longa, é normal que esse orçamento **compreenda vários períodos e geralmente envolva um volume elevado de recursos.**

Ademais, traz reflexos para o **orçamento operacional e de caixa**, posto que ao projetar a entrada de um novo maquinário no ativo fixo, deve-se considerar que a respectiva **despesa com depreciação** afetará os custos indiretos de fabricação ou as despesas administrativas, assim como as saídas dos recursos financeiros relativos à aquisição desse bem deverão ser incluídas no orçamento de caixa.

Analisando o nosso estudo de caso, a Risca Tudo possui diversos ativos imobilizados compostos de edifícios, móveis, máquinas industriais e equipamentos de escritórios, **todos com exatos 3 anos de existência completados no último mês de dezembro de 2019.** O método utilizado pela Risca para depreciação de seus ativos imobilizados é **o linear pela vida útil dos bens.** As máquinas industriais são adaptadas para produzir tanto canetas quanto lapiseiras. No final de junho de 2020 a empresa planeja investir em novos ativos imobilizados, os quais entrarão em operação no mês de julho de 2020.

Segue abaixo a situação atual dos ativos imobilizados da empresa:

Ativos Imobilizados Atuais	Valor	Depreciação Acumulada	Vida Útil (Anos)
Máquinas de fabricação	R$ 1.740.000,00	R$ 522.000,00	10
Máquinas de montagem	R$ 1.620.000,00	R$ 486.000,00	10
Máquinas e Equipamentos do almoxarifado	R$ 15.000,00	R$ 9.000,00	5
Máquinas e Equipamentos da manutenção	R$ 30.000,00	R$ 18.000,00	5
Equipamentos da administração geral da fábrica	R$ 78.000,00	R$ 23.400,00	10
Instalações da fábrica	R$ 300.000,00	R$ 36.000,00	25
Móveis e Equipamentos da divisão administrativa	R$ 360.000,00	R$ 216.000,00	5
Veículos da divisão administrativa	R$ 255.000,00	R$ 153.000,00	5
Terrenos	R$ 102.000,00		
Total dos ativos imobilizados	R$ 4.500.000,00	R$ 1.463.400,00	

No final do mês de junho de 2020 a empresa pretende realizar as seguintes aquisições e gastos com a fábrica:

Novos Ativos Imobilizados	Valor	Mês de aquisição	Vida Útil (Anos)
Máquinas de fabricação	R$ 720.000,00	Junho	10
Máquinas de montagem	R$ 640.000,00	Junho	10
Máquinas e Equipamentos do almoxarifado	R$ 60.000,00	Junho	5
Máquinas e equipamentos da manutenção	R$ 60.000,00	Junho	5
Equipamentos da administração geral da fábrica	R$ 100.000,00	Junho	10
Instalações da fábrica	R$ 150.000,00	Junho	25
Móveis e Equipamentos da divisão administrativa	R$ 60.000,00	Junho	5
Veículos da divisão administrativa	R$ 90.000,00	Junho	5
Total dos ativos imobilizados	R$ 1.880.000,00		

De acordo com as informações acima, foi possível projetar os gastos com os investimentos e as respectivas depreciações para o ano de 2020:

Imobilizados	Valor Atual	Depreciação Acumulada	Depreciação até junho	Novas aquisições	Valor Total Ativos	Depreciação após junho	Depreciação Acumulada	Depreciação Ano
Máquinas de fabricação	R$ 1.740.000,00	R$ 522.000,00	R$ 87.000,00	R$ 720.000,00	R$ 2.460.000,00	R$ 123.000,00	R$ 732.000,00	R$ 210.000,00
Máquinas de montagem	R$ 1.620.000,00	R$ 486.000,00	R$ 81.000,00	R$ 640.000,00	R$ 2.260.000,00	R$ 113.000,00	R$ 680.000,00	R$ 194.000,00
Máquinas e Equipamentos do almoxarifado	R$ 15.000,00	R$ 9.000,00	R$ 1.500,00	R$ 60.000,00	R$ 75.000,00	R$ 7.500,00	R$ 18.000,00	R$ 9.000,00
Máquinas e equipamentos da manutenção	R$ 30.000,00	R$ 18.000,00	R$ 3.000,00	R$ 60.000,00	R$ 90.000,00	R$ 9.000,00	R$ 30.000,00	R$ 12.000,00
Equipamentos da administração geral da fábrica	R$ 78.000,00	R$ 23.400,00	R$ 3.900,00	R$ 100.000,00	R$ 178.000,00	R$ 8.900,00	R$ 36.200,00	R$ 12.800,00
Edifícios da fábrica	R$ 300.000,00	R$ 36.000,00	R$ 6.000,00	R$ 150.000,00	R$ 450.000,00	R$ 9.000,00	R$ 51.000,00	R$ 15.000,00
Móveis e Equipamentos da divisão administrativa	R$ 360.000,00	R$ 216.000,00	R$ 36.000,00	R$ 60.000,00	R$ 420.000,00	R$ 42.000,00	R$ 294.000,00	R$ 78.000,00
Veículos da divisão administrativa	R$ 255.000,00	R$ 153.000,00	R$ 25.500,00	R$ 90.000,00	R$ 345.000,00	R$ 34.500,00	R$ 213.000,00	R$ 60.000,00
Terrenos	R$ 102.000,00	R$ 0,00	R$ 0,00	R$ 0,00	R$ 102.000,00	R$ 0,00	R$ 0,00	R$ 0,00
Total	R$ 4.500.000,00	R$ 1.463.400,00	R$ 243.900,00	R$ 1.880.000,00	R$ 6.380.000,00	R$ 346.900,00	R$ 2.054.200,00	R$ 590.800,00

3.10.1. Projetando os Custos Totais de Produção

Em posse dos dados relativos aos **custos diretos** (materiais consumidos e mão de obra direta) e **custos indiretos** (supervisão, depreciação, energia elétrica, seguros etc.), torna-se possível obter os **custos totais de produção**, bem como o **custo unitário de produção**, o **custo dos produtos vendidos** e o **saldo final dos produtos acabados**.

Conforme as informações reunidas até o momento e levando em consideração que a empresa adota o custo médio fixo para seus produtos acabados, foi possível projetar os custos totais de produção do período e dos custos de produtos vendidos para 2020:

Custos totais – Canetas

Mês	Produção (unid.)	Material consumido	Mão de Obra Direta	Custos Indiretos	Custos do Período
Janeiro	592.000	R$ 94.720,00	R$ 13.813,33	R$ 63.180,36	R$ 171.713,70
Fevereiro	456.000	R$ 72.960,00	R$ 10.640,00	R$ 61.538,46	R$ 145.138,46
Março	282.000	R$ 45.120,00	R$ 6.580,00	R$ 61.538,46	R$ 113.238,46
Abril	300.000	R$ 48.000,00	R$ 7.000,00	R$ 61.538,46	R$ 116.538,46
Maio	300.000	R$ 48.000,00	R$ 7.000,00	R$ 61.538,46	R$ 116.538,46
Junho	300.000	R$ 48.000,00	R$ 7.000,00	R$ 61.538,46	R$ 116.538,46
Julho	762.000	R$ 121.920,00	R$ 17.780,00	R$ 61.538,46	R$ 201.238,46
Agosto	456.000	R$ 72.960,00	R$ 10.640,00	R$ 61.538,46	R$ 145.138,46
Setembro	282.000	R$ 45.120,00	R$ 6.580,00	R$ 61.538,46	R$ 113.238,46
Outubro	300.000	R$ 48.000,00	R$ 7.000,00	R$ 61.538,46	R$ 116.538,46
Novembro	300.000	R$ 48.000,00	R$ 7.000,00	R$ 61.538,46	R$ 116.538,46
Dezembro	300.000	R$ 48.000,00	R$ 7.000,00	R$ 61.538,46	R$ 116.538,46
Total	4.630.000	R$ 740.800,00	R$ 108.033,33	R$ 740.103,44	R$ 1.588.936,77

Custos totais – Canetas

Mês	Estoque Inicial PA (unid.)	Vendas (unit.)	Estoque Final (unid.)	Estoque Inicial PA (R$)	CPV	Estoque Final PA (R$)
Janeiro	200.000	720.000	72.000	R$ 68.636,58	R$ 247.091,68	R$ 24.709,17
Fevereiro	72.000	480.000	48.000	R$ 24.709,17	R$ 164.727,79	R$ 16.472,78
Março	48.000	300.000	30.000	R$ 16.472,78	R$ 102.954,87	R$ 10.295,49
Abril	30.000	300.000	30.000	R$ 10.295,49	R$ 102.954,87	R$ 10.295,49
Maio	30.000	300.000	30.000	R$ 10.295,49	R$ 102.954,87	R$ 10.295,49
Junho	30.000	300.000	30.000	R$ 10.295,49	R$ 102.954,87	R$ 10.295,49
Julho	30.000	720.000	72.000	R$ 10.295,49	R$ 247.091,68	R$ 24.709,17
Agosto	72.000	480.000	48.000	R$ 24.709,17	R$ 164.727,79	R$ 16.472,78
Setembro	48.000	300.000	30.000	R$ 16.472,78	R$ 102.954,87	R$ 10.295,49
Outubro	30.000	300.000	30.000	R$ 10.295,49	R$ 102.954,87	R$ 10.295,49
Novembro	30.000	300.000	30.000	R$ 10.295,49	R$ 102.954,87	R$ 10.295,49
Dezembro	30.000	300.000	30.000	R$ 10.295,49	R$ 102.954,87	R$ 10.295,49
Total	650.000	4.800.000	480.000	R$ 223.068,91	R$ 1.647.277,86	R$ 164.727,82

Custos totais – Lapiseiras

Mês	Produção (unid.)	Material consumido	Mão de Obra Direta	Custos Indiretos	Custos do Período
Janeiro	345.000	R$ 75.900,00	R$ 16.770,83	R$ 36.819,64	R$ 129.490,47
Fevereiro	285.000	R$ 62.700,00	R$ 13.854,17	R$ 38.461,54	R$ 115.015,71
Março	176.250	R$ 38.775,00	R$ 8.567,71	R$ 38.461,54	R$ 85.804,25
Abril	187.500	R$ 41.250,00	R$ 9.114,58	R$ 38.461,54	R$ 88.826,12
Maio	187.500	R$ 41.250,00	R$ 9.114,58	R$ 38.461,54	R$ 88.826,12
Junho	187.500	R$ 41.250,00	R$ 9.114,58	R$ 38.461,54	R$ 88.826,12
Julho	476.250	R$ 104.775,00	R$ 23.151,04	R$ 38.461,54	R$ 166.387,58
Agosto	285.000	R$ 62.700,00	R$ 13.854,17	R$ 38.461,54	R$ 115.015,71
Setembro	176.250	R$ 38.775,00	R$ 8.567,71	R$ 38.461,54	R$ 85.804,25
Outubro	187.500	R$ 41.250,00	R$ 9.114,58	R$ 38.461,54	R$ 88.826,12
Novembro	187.500	R$ 41.250,00	R$ 9.114,58	R$ 38.461,54	R$ 88.826,12
Dezembro	187.500	R$ 41.250,00	R$ 9.114,58	R$ 38.461,54	R$ 88.826,12
Total	2.868.750	R$ 631.125,00	R$ 139.453,13	R$ 459.896,56	R$ 1.230.474,69

Custos totais – Lapiseiras

Mês	Estoque Inicial PA (unid.)	Vendas (unit.)	Estoque Final (unid.)	Estoque Inicial PA (R$)	CPV	Estoque Final PA (R$)
Janeiro	150.000	450.000	45.000	R$ 64.338,55	R$ 193.015,64	R$ 19.301,56
Fevereiro	45.000	300.000	30.000	R$ 19.301,56	R$ 128.677,09	R$ 12.867,71
Março	30.000	187.500	18.750	R$ 12.867,71	R$ 80.423,18	R$ 8.042,32
Abril	18.750	187.500	18.750	R$ 8.042,32	R$ 80.423,18	R$ 8.042,32
Maio	18.750	187.500	18.750	R$ 8.042,32	R$ 80.423,18	R$ 8.042,32
Junho	18.750	187.500	18.750	R$ 8.042,32	R$ 80.423,18	R$ 8.042,32
Julho	18.750	450.000	45.000	R$ 8.042,32	R$ 193.015,64	R$ 19.301,56
Agosto	45.000	300.000	30.000	R$ 19.301,56	R$ 128.677,09	R$ 12.867,71
Setembro	30.000	187.500	18.750	R$ 12.867,71	R$ 80.423,18	R$ 8.042,32
Outubro	18.750	187.500	18.750	R$ 8.042,32	R$ 80.423,18	R$ 8.042,32
Novembro	18.750	187.500	18.750	R$ 8.042,32	R$ 80.423,18	R$ 8.042,32
Dezembro	18.750	187.500	18.750	R$ 8.042,32	R$ 80.423,18	R$ 8.042,32
Total	431.250	3.000.000	300.000	R$ 184.973,33	R$ 1.286.770,91	R$ 128.677,10

3.11. Orçamentos das Despesas Financeiras

O orçamento das despesas financeiras possui a estimativa de valores a serem pagos pela obtenção de financiamento relativo à aquisição de novas máquinas e equipamentos para a execução da atividade operacional. Os valores pagos são divididos em **amortização e juros.** A amortização é registrada no passivo da empresa e os juros pagos contabilizados em despesas financeiras diretamente no resultado.

No caso da Risca Tudo, os novos equipamentos foram adquiridos com financiamento **em dez prestações mensais e iguais, com juros estimados em 2% ao mês pelo Sistema Price de Amortização,** com primeiro pagamento para 30 dias da data da compra. Para efeitos gerenciais, as despesas financeiras serão rateadas conforme proporção do volume de vendas para cada produto.

Baseado nos dados adquiridos neste ponto, foi possível projetar as despesas financeiras de cada produto para o ano de 2020:

Valor financiado	R$ 1.880.000,00			
Prestações	10			
Taxa de juros	2%			
Valor da Parcela	R$ 209.293,87			

Projeção das Despesas Financeiras

Mês	Saldo Devedor	Prestação	Amortização	Juros
jun-20	R$ 1.880.000,00			
jul-20	R$ 1.708.306,13	R$ 209.293,87	R$ 171.693,87	R$ 37.600,00
ago-20	R$ 1.533.178,38	R$ 209.293,87	R$ 175.127,75	R$ 34.166,12
set-20	R$ 1.354.548,07	R$ 209.293,87	R$ 178.630,30	R$ 30.663,57
out-20	R$ 1.172.345,16	R$ 209.293,87	R$ 182.202,91	R$ 27.090,96
nov-20	R$ 986.498,19	R$ 209.293,87	R$ 185.846,97	R$ 23.446,90
dez-20	R$ 796.934,28	R$ 209.293,87	R$ 189.563,91	R$ 19.729,96
jan-21	R$ 603.579,10	R$ 209.293,87	R$ 193.355,19	R$ 15.938,69
fev-21	R$ 406.356,81	R$ 209.293,87	R$ 197.222,29	R$ 12.071,58
mar-21	R$ 205.190,07	R$ 209.293,87	R$ 201.166,74	R$ 8.127,14
abr-21	R$ 0,00	R$ 209.293,87	R$ 205.190,07	R$ 4.103,80
Total		R$ 2.092.938,72	R$ 1.880.000,00	R$ 212.938,72

Despesa Financeira em 2020	R$ 172.697,52	
Amortização a pagar	R$ 796.934,28	

Mês	Caneta	Lapiseira
jul-20	R$ 16.711,11	R$ 20.888,89
ago-20	R$ 15.184,94	R$ 18.981,18
set-20	R$ 13.628,25	R$ 17.035,32
out-20	R$ 12.040,43	R$ 15.050,53
nov-20	R$ 10.420,85	R$ 13.026,06
dez-20	R$ 8.768,87	R$ 10.961,09
Total	R$ 76.754,45	R$ 95.943,07

3.12. Projeção das Demonstrações Financeiras

Com base nas informações obtidas até agora, torna-se possível realizar a projeção das Demonstrações Financeiras. As principais são: **Demonstração do Resultado do Exercício (Orçamento de Lucros)** e **Fluxo de Caixa (Orçamento de Caixa)**. Por fim, com essas informações torna-se possível também **projetar o balanço patrimonial**.

3.12.1. Demonstração do Resultado do Exercício

Demonstra de forma vertical o resultado da empresa em determinado período, ou seja, compreende a diferença entre as receitas auferidas e todos os gastos incorridos (custos/despesas). De acordo com a legislação, deverá ser elaborada conforme layout específico e para o nosso estudo de caso faremos uma DRE resumida:

DEMONSTRAÇÃO DO RESULTADO

Receita Bruta

(-) Impostos

= Receita Líquida

(-) Custo de vendas

= Resultado Bruto

(-) Despesas Operacionais

= Resultado Operacional

(-) Resultado Financeiro

= Resultado antes do IR/CSLL

(-) IR/CSLL (*)

= Resultado Líquido

(*) A alíquota de IR/CSLL será de 34%.

Segundo as informações obtidas até então, foi possível projetar a DRE de cada produto e o resultado consolidado da empresa para o ano de 2020:

Projeção da DRE – Canetas

Descrição	Receita Bruta	Impostos	Receita Líquida	Custo de Vendas	Resultado Bruto
Janeiro	R$ 1.080.000,00	R$ 216.000,00	R$ 864.000,00	R$ 247.091,68	R$ 616.908,32
Fevereiro	R$ 720.000,00	R$ 144.000,00	R$ 576.000,00	R$ 164.727,79	R$ 411.272,21
Março	R$ 450.000,00	R$ 90.000,00	R$ 360.000,00	R$ 102.954,87	R$ 257.045,13
Abril	R$ 450.000,00	R$ 90.000,00	R$ 360.000,00	R$ 102.954,87	R$ 257.045,13
Maio	R$ 450.000,00	R$ 90.000,00	R$ 360.000,00	R$ 102.954,87	R$ 257.045,13
Junho	R$ 450.000,00	R$ 90.000,00	R$ 360.000,00	R$ 102.954,87	R$ 257.045,13
Julho	R$ 1.080.000,00	R$ 216.000,00	R$ 864.000,00	R$ 247.091,68	R$ 616.908,32
Agosto	R$ 720.000,00	R$ 144.000,00	R$ 576.000,00	R$ 164.727,79	R$ 411.272,21
Setembro	R$ 450.000,00	R$ 90.000,00	R$ 360.000,00	R$ 102.954,87	R$ 257.045,13
Outubro	R$ 450.000,00	R$ 90.000,00	R$ 360.000,00	R$ 102.954,87	R$ 257.045,13
Novembro	R$ 450.000,00	R$ 90.000,00	R$ 360.000,00	R$ 102.954,87	R$ 257.045,13
Dezembro	R$ 450.000,00	R$ 90.000,00	R$ 360.000,00	R$ 102.954,87	R$ 257.045,13
Total	R$ 7.200.000,00	R$ 1.440.000,00	R$ 5.760.000,00	R$ 1.647.277,86	R$ 4.112.722,14

Projeção da DRE – Canetas

Despesas Operacionais	Resultado Operacional	Resultado Financeiro	Resultado antes IR/CSLL	IR/CSLL	Resultado Líquido
R$ 151.600,00	R$ 465.308,32	R$ 0,00	R$ 465.308,32	R$ 158.204,83	R$ 307.103,49
R$ 144.400,00	R$ 266.872,21	R$ 0,00	R$ 266.872,21	R$ 90.736,55	R$ 176.135,66
R$ 139.000,00	R$ 118.045,13	R$ 0,00	R$ 118.045,13	R$ 40.135,35	R$ 77.909,79
R$ 139.000,00	R$ 118.045,13	R$ 0,00	R$ 118.045,13	R$ 40.135,35	R$ 77.909,79
R$ 139.000,00	R$ 118.045,13	R$ 0,00	R$ 118.045,13	R$ 40.135,35	R$ 77.909,79
R$ 139.000,00	R$ 118.045,13	R$ 0,00	R$ 118.045,13	R$ 40.135,35	R$ 77.909,79
R$ 151.600,00	R$ 465.308,32	R$ 16.711,11	R$ 448.597,21	R$ 152.523,05	R$ 296.074,16
R$ 144.400,00	R$ 266.872,21	R$ 15.184,94	R$ 251.687,27	R$ 85.573,67	R$ 166.113,60
R$ 139.000,00	R$ 118.045,13	R$ 13.628,25	R$ 104.416,88	R$ 35.501,74	R$ 68.915,14
R$ 139.000,00	R$ 118.045,13	R$ 12.040,43	R$ 106.004,71	R$ 36.041,60	R$ 69.963,11
R$ 139.000,00	R$ 118.045,13	R$ 10.420,85	R$ 107.624,29	R$ 36.592,26	R$ 71.032,03
R$ 139.000,00	R$ 118.045,13	R$ 8.768,87	R$ 109.276,26	R$ 37.153,93	R$ 72.122,33
R$ 1.704.000,00	R$ 2.408.722,14	R$ 76.754,45	R$ 2.331.967,68	R$ 792.869,01	R$ 1.539.098,67

Projeção da DRE – Lapiseiras

Descrição	Receita Bruta	Impostos	Receita Líquida	Custo de Vendas	Resultado Bruto
Janeiro	R$ 1.350.000,00	R$ 270.000,00	R$ 1.080.000,00	R$ 193.015,64	R$ 886.984,36
Fevereiro	R$ 900.000,00	R$ 180.000,00	R$ 720.000,00	R$ 128.677,09	R$ 591.322,91
Março	R$ 562.500,00	R$ 112.500,00	R$ 450.000,00	R$ 80.423,18	R$ 369.576,82
Abril	R$ 562.500,00	R$ 112.500,00	R$ 450.000,00	R$ 80.423,18	R$ 369.576,82
Maio	R$ 562.500,00	R$ 112.500,00	R$ 450.000,00	R$ 80.423,18	R$ 369.576,82
Junho	R$ 562.500,00	R$ 112.500,00	R$ 450.000,00	R$ 80.423,18	R$ 369.576,82
Julho	R$ 1.350.000,00	R$ 270.000,00	R$ 1.080.000,00	R$ 193.015,64	R$ 886.984,36
Agosto	R$ 900.000,00	R$ 180.000,00	R$ 720.000,00	R$ 128.677,09	R$ 591.322,91
Setembro	R$ 562.500,00	R$ 112.500,00	R$ 450.000,00	R$ 80.423,18	R$ 369.576,82
Outubro	R$ 562.500,00	R$ 112.500,00	R$ 450.000,00	R$ 80.423,18	R$ 369.576,82
Novembro	R$ 562.500,00	R$ 112.500,00	R$ 450.000,00	R$ 80.423,18	R$ 369.576,82
Dezembro	R$ 562.500,00	R$ 112.500,00	R$ 450.000,00	R$ 80.423,18	R$ 369.576,82
Total	R$ 9.000.000,00	R$ 1.800.000,00	R$ 7.200.000,00	R$ 1.286.770,91	R$ 5.913.229,09

Projeção da DRE – Lapiseiras

Despesas Operacionais	Resultado Operacional	Resultado Financeiro	Resultado antes IR/CSLL	IR/CSLL	Resultado Líquido
R$ 107.000,00	R$ 779.984,36	R$ 0,00	R$ 779.984,36	R$ 265.194,68	R$ 514.789,68
R$ 98.000,00	R$ 493.322,91	R$ 0,00	R$ 493.322,91	R$ 167.729,79	R$ 325.593,12
R$ 91.250,00	R$ 278.326,82	R$ 0,00	R$ 278.326,82	R$ 94.631,12	R$ 183.695,70
R$ 91.250,00	R$ 278.326,82	R$ 0,00	R$ 278.326,82	R$ 94.631,12	R$ 183.695,70
R$ 91.250,00	R$ 278.326,82	R$ 0,00	R$ 278.326,82	R$ 94.631,12	R$ 183.695,70
R$ 91.250,00	R$ 278.326,82	R$ 0,00	R$ 278.326,82	R$ 94.631,12	R$ 183.695,70
R$ 107.000,00	R$ 779.984,36	R$ 20.888,89	R$ 759.095,47	R$ 258.092,46	R$ 501.003,01
R$ 98.000,00	R$ 493.322,91	R$ 18.981,18	R$ 474.341,73	R$ 161.276,19	R$ 313.065,54
R$ 91.250,00	R$ 278.326,82	R$ 17.035,32	R$ 261.291,50	R$ 88.839,11	R$ 172.452,39
R$ 91.250,00	R$ 278.326,82	R$ 15.050,53	R$ 263.276,28	R$ 89.513,94	R$ 173.762,35
R$ 91.250,00	R$ 278.326,82	R$ 13.026,06	R$ 265.300,76	R$ 90.202,26	R$ 175.098,50
R$ 91.250,00	R$ 278.326,82	R$ 10.961,09	R$ 267.365,73	R$ 90.904,35	R$ 176.461,38
R$ 1.140.000,00	R$ 4.773.229,09	R$ 95.943,07	R$ 4.677.286,02	R$ 1.590.277,25	R$ 3.087.008,77

Projeção da DRE – Consolidada

Receita Bruta	R$ 16.200.000,00
(-) Impostos	-R$ 3.240.000,00
Receita Líquida	R$ 12.960.000,00
(-) Custo de vendas	-R$ 2.934.048,78
Resultado Bruto	R$ 10.025.951,22
(-) Despesas Operacionais	-R$ 2.844.000,00
Resultado Operacional	R$ 7.181.951,22
(-) Resultado Financeiro	-R$ 172.697,52
Resultado antes do IR/CSLL	R$ 7.009.253,70
(-) IR/CSLL	-R$ 2.383.146,26
Resultado Líquido	R$ 4.626.107,45

3.12.2. Fluxo de Caixa

A previsão do fluxo de caixa é talvez a mais importante etapa de um plano financeiro, pois é por meio dela que se determina o excesso ou eventual necessidade de recursos financeiros para as operações da empresa.

Para o nosso estudo de caso, as seguintes informações devem ser levadas em consideração:

- A Risca Tudo iniciará o período com R$ 250.000,00 disponíveis entre caixa e saldo bancário;
- O padrão de recebimento da Risca é sempre vender a prazo e receber no mês seguinte;
- As despesas operacionais são pagas no próprio mês;
- Os custos de MOD e custos indiretos (sem deprec.) são pagos no próprio mês;
- As parcelas do financiamento começam a ser pagas no mês seguinte;
- O pagamento dos impostos é realizado no mês seguinte;
- As compras de materiais são pagas integralmente no mês seguinte;
- O saldo de clientes do final de 2019 no valor de R$ 1.250.000,00 será recebido em janeiro de 2020;
- O saldo de fornecedores do final de 2019 no valor de R$ 280.700,00 será pago em janeiro de 2020;
- O saldo de ICMS do final de 2019 no valor de R$ 310.800,00 será pago em janeiro de 2020;
- O saldo do IR/CSLL a pagar do final de 2019 no valor de R$ 450.400,00 será pago em janeiro de 2020.
- Baseado nos dados anteriores, foi possível projetar o orçamento de caixa da empresa para o ano de 2020:

Descrição	Caixa Inicial	Vendas mês anterior	Total das Entradas	Matérias Primas	MOD	Custos Indiretos (s/ Deprec.)
Janeiro	R$ 250.000,00	R$ 1.250.000,00	R$ 1.250.000,00	R$ 280.700,00	R$ 30.584,17	R$ 50.766,67
Fevereiro	R$ 118.149,17	R$ 2.430.000,00	R$ 2.430.000,00	R$ 173.352,50	R$ 24.494,17	R$ 50.766,67
Março	R$ 1.182.406,82	R$ 1.620.000,00	R$ 1.620.000,00	R$ 165.205,00	R$ 15.147,71	R$ 50.766,67
Abril	R$ 1.791.612,10	R$ 1.012.500,00	R$ 1.012.500,00	R$ 98.398,13	R$ 16.114,58	R$ 50.766,67
Maio	R$ 2.090.995,89	R$ 1.012.500,00	R$ 1.012.500,00	R$ 112.231,88	R$ 16.114,58	R$ 50.766,67
Junho	R$ 2.379.312,68	R$ 1.012.500,00	R$ 1.012.500,00	R$ 111.562,50	R$ 16.114,58	R$ 50.766,67
Julho	R$ 2.668.164,96	R$ 1.012.500,00	R$ 1.012.500,00	R$ 111.562,50	R$ 40.931,04	R$ 50.766,67
Agosto	R$ 2.694.556,92	R$ 2.430.000,00	R$ 2.430.000,00	R$ 300.549,38	R$ 24.494,17	R$ 50.766,67
Setembro	R$ 3.460.547,20	R$ 1.620.000,00	R$ 1.620.000,00	R$ 158.195,63	R$ 15.147,71	R$ 50.766,67
Outubro	R$ 3.877.682,59	R$ 1.012.500,00	R$ 1.012.500,00	R$ 98.398,13	R$ 16.114,58	R$ 50.766,67
Novembro	R$ 3.978.198,12	R$ 1.012.500,00	R$ 1.012.500,00	R$ 112.231,88	R$ 16.114,58	R$ 50.766,67
Dezembro	R$ 4.066.431,96	R$ 1.012.500,00	R$ 1.012.500,00	R$ 111.562,50	R$ 16.114,58	R$ 50.766,67

Despesas Operacionais	Prestação	ICMS a recolher	IR/CSLL a pagar	Total das Saídas	Resultado Líquido	Saldo Disponível
R$ 258.600,00	R$ 0,00	R$ 310.800,00	R$ 450.400,00	R$ 1.381.850,83	-R$ 131.850,83	R$ 118.149,17
R$ 242.400,00	R$ 0,00	R$ 451.329,50	R$ 423.399,51	R$ 1.365.742,35	R$ 1.064.257,65	R$ 1.182.406,82
R$ 230.250,00	R$ 0,00	R$ 290.959,00	R$ 258.466,34	R$ 1.010.794,72	R$ 609.205,28	R$ 1.791.612,10
R$ 230.250,00	R$ 0,00	R$ 182.820,38	R$ 134.766,46	R$ 713.116,21	R$ 299.383,79	R$ 2.090.995,89
R$ 230.250,00	R$ 0,00	R$ 180.053,63	R$ 134.766,46	R$ 724.183,21	R$ 288.316,79	R$ 2.379.312,68
R$ 230.250,00	R$ 0,00	R$ 180.187,50	R$ 134.766,46	R$ 723.647,71	R$ 288.852,29	R$ 2.668.164,96
R$ 258.600,00	R$ 209.293,87	R$ 180.187,50	R$ 134.766,46	R$ 986.108,04	R$ 26.391,96	R$ 2.694.556,92
R$ 242.400,00	R$ 209.293,87	R$ 425.890,13	R$ 410.615,51	R$ 1.664.009,72	R$ 765.990,28	R$ 3.460.547,20
R$ 230.250,00	R$ 209.293,87	R$ 292.360,88	R$ 246.849,86	R$ 1.202.864,61	R$ 417.135,39	R$ 3.877.682,59
R$ 230.250,00	R$ 209.293,87	R$ 182.820,38	R$ 124.340,85	R$ 911.984,47	R$ 100.515,53	R$ 3.978.198,12
R$ 230.250,00	R$ 209.293,87	R$ 180.053,63	R$ 125.555,54	R$ 924.266,16	R$ 88.233,84	R$ 4.066.431,96
R$ 230.250,00	R$ 209.293,87	R$ 180.187,50	R$ 126.794,52	R$ 924.969,64	R$ 87.530,36	R$ 4.153.962,32

Projeção do fluxo de caixa – Consolidada

Saldo Inicial	R$ 250.000,00
ENTRADAS	
Vendas Anteriores	R$ 1.250.000,00
Vendas Atuais	R$ 15.187.500,00
Total de Entradas	R$ 16.437.500,00
SAÍDAS	
Compras Anteriores	R$ 280.700,00
Compras Atuais	R$ 1.553.250,00
MOD	R$ 247.486,46
Custos Ind. s/ Deprec.	R$ 609.200,00
Despesas Operacionais	R$ 2.844.000,00
Prestações	R$ 1.255.763,23
ICMS a recolher anterior	R$ 310.800,00
ICMS a recolher atual	R$ 2.726.850,00
IR/CSLL anterior	R$ 450.400,00
IR/CSLL atual	R$ 2.255.087,98
Total de Saídas	R$ 12.533.537,68
Resultado Líquido	R$ 3.903.962,32
Saldo Disponível	R$ 4.153.962,32

3.12.3. Balanço Patrimonial

A partir das informações projetadas na DRE, no fluxo de caixa e outras adicionais, é possível projetar o Balanço Patrimonial da entidade. Utilizando os dados projetados até o momento e as informações contidas no Balanço Patrimonial de 2019, foi possível elaborar o balanço patrimonial projetado para o ano de 2020:

ATIVO	31/12/2020	31/12/2019	PASSIVO	31/12/2020	31/12/2019
CIRCULANTE	5.193.725,13	1.681.975,12	CIRCULANTE	1.216.742,56	1.041.900,00
Caixa	R$ 4.153.962,32	R$ 250.000,00	Financiamentos	796.934,28	0,00
Duplicatas a receber	R$ 1.012.500,00	R$ 1.250.000,00	Fornecedores de MP	111.562,50	280.700,00
Estoque de MP canetas	R$ 4.800,00	R$ 16.000,00	ICMS a recolher	180.187,50	310.800,00
Estoque de MP lapiseiras	R$ 4.125,00	R$ 33.000,00	IR e CSLL	128.058,28	450.400,00
Estoque de PA canetas	R$ 10.295,49	R$ 68.636,58			
Estoque de PA lapiseiras	R$ 8.042,32	R$ 64.338,55			
NÃO CIRCULANTE	4.325.800,00	3.036.600,00	PATRIMÔNIO LÍQUIDO	8.302.782,57	3.676.675,12
Máquinas de fabricação	2.460.000,00	R$ 1.740.000,00	Capital Social	2.250.000,00	2.250.000,00
Máquinas de montagem	2.260.000,00	R$ 1.620.000,00	Reserva de Lucros	6.052.782,57	1.426.675,12
Máquinas e Equipamentos do almoxarifado	75.000,00	R$ 15.000,00			
Máquinas e equipamentos da manutenção	90.000,00	R$ 30.000,00			
Equipamentos da administração geral da fábrica	178.000,00	R$ 78.000,00			
Instalações da fábrica	450.000,00	R$ 300.000,00			
Móveis e Equipamentos da divisão administrativa	420.000,00	R$ 360.000,00			
Veículos da divisão administrativa	345.000,00	R$ 255.000,00			
Terrenos	102.000,00	R$ 102.000,00			
(Depreciação Acumulada)	-2.054.200,00	-R$ 1.463.400,00			
TOTAL	9.519.525,13	4.718.575,12	TOTAL	9.519.525,13	4.718.575,12

3.13. Controle Orçamentário

O orçamento funciona como uma ferramenta que os gestores podem usar para monitorar periodicamente o progresso da empresa. Esse monitoramento, por sua vez, permite que ações corretivas sejam tomadas oportunamente, se necessárias. O controle orçamentário se baseia em realizar a **comparação dos resultados planejados com os resultados realizados**, a partir das mesmas estruturas que foram utilizadas para as projeções. Ocorrendo variações significativas, o gestor deve avaliar quais os fatores que influenciaram no resultado. Pode ser utilizado o método da análise de variação **por meio do custeio-padrão.**

Exemplo:

Foi previsto que no mês de janeiro a empresa venderia 720.000 unidades de canetas a um preço de R$ 1,50 o que totalizaria uma receita de R$ 1.080.000,00. Ao analisar o primeiro mês de venda verificou-se uma demanda abaixo do normal e a empresa vendeu 700.000 unidades de canetas. Para tentar atrair novos clientes, a empresa reduziu seu preço para R$ 1,40, o que totalizou uma receita de R$ 980.000,00.

Nesse sentido, o gestor deverá avaliar o que aconteceu.

Venda projetada de canetas para janeiro:

Preço	Quantidade	Receita
R$ 1,50	720.000 unidades	R$ 1.080.000,00

Venda real de canetas em janeiro:

Preço	Quantidade	Receita
R$ 1,40	700.000 unidades	R$ 980.000,00

Diferença negativa de R$ 100.000,00.

Análise da diferença:

Variação de valor (R$):

(R$ Real – R$ Padrão) × Quantidade Padrão

(R$ 1,40 – R$ 1,50) × 720.000 unidades = – **72.000,00**

Variação de quantidade (Unid.):

(Quantidade Real – Quantidade Padrão) × R$ Padrão

(700.000 unidades – 720.000 unidades) × R$ 1,50 = – **30.000,00**

Variação Mista:

(R$ Real – R$ Padrão) × (Quantidade Real – Quantidade Padrão)

(R$ 1,40 – R$ 1,50) × (700.000 unidades – 720.000 unidades) = **2.000,00**

Variação Total:

- 72.000,00 - 30.000,00 + 2.000,00 = - **102.000**

EXERCÍCIOS RESOLVIDOS

1 – Considere os seguintes dados de uma empresa para elaboração do orçamento de determinado produto:

Vendas previstas:	5.000 unidades
Estoque Inicial:	1.000 unidades
Previsão de Estoque Final:	600 unidades

Qual a produção prevista para esse produto?

RESOLUÇÃO:

Produção prevista: Vendas estimadas – Estoque inicial + Estoque final.

Produção prevista: 5.000 unidades – 1.000 unidades + 600 unidades.

Produção prevista: 4.600 unidades.

2 – Sabendo-se que determinada empresa possuía R$ 20.000,00 na conta Caixa e Equivalente a Caixa em 01/01/X0, A empresa projetou para o período posterior, as seguintes movimentações:

Receitas de Vendas: R$ 700.000,00 (70% recebidas no período)

Despesas e custos: R$ 400.000,00 (Sendo R$ 20.000,00 em depreciações e do restante 80% pagas no período)

Dessa forma, qual o saldo final de caixa projetado dessa empresa?

RESOLUÇÃO:

Saldo final projetado: Saldo inicial + Recebimentos – Pagamentos

Saldo inicial:	R$ 20.000,00
Recebimentos:	R$ 490.000,00 (70% de R$ 700.000,00)
Pagamentos:	R$ 304.000,00 (80% de R$ 400.000,00 – R$ 20.000,00)
Saldo final projetado:	R$ 20.000,00 + R$ 490.000,00 – R$ 304.000,00
Saldo final projetado:	**R$ 206.000,00**

3 – Uma empresa industrial fez o seguinte orçamento de receita para X1:

Quantidade	Preço Unitário	Preço Total
200.000 unidades	R$ 10,00	R$ 2.000.000,00

Os valores reais para o período foram:

Quantidade	Preço Unitário	Preço Total
180.000 unidades	R$ 12,00	R$ 2.160.000,00

Como calcular as variações de preço, quantidade e mista?

RESOLUÇÃO:

Diferença total: R$ 160.000,00 (R$ 2.160.000,00 – R$ 2.000.000,00).

Variação de preço

(R$ 12,00 – R$ 10,00) × 200.000 unidades: R$ 400.000,00.

Variação de quantidade

(180.000 unidades – 200.000 unidades) × R$ 10,00: – R$ 200.000,00.

Variação mista

(R$ 12,00 – R$ 10,00) × (180.000 unidades – 200.000 unidades): – R$ 40.000,00.

Variação total R$ 160.000,00.

4 – Considere a demonstração de resultado (simplificada) de uma determinada empresa em X0:

Demonstrativo do Resultado do Exercício	Valores
Receita de Vendas	R$ 300.000,00
(-) Custo da Mercadoria Vendida	– R$ 180.000,00
Lucro Bruto	R$ 120.000,00
(-) Despesa Operacional	– R$ 30.000,00
(-) Despesas Financeiras	– R$ 24.000,00
Lucro Antes do IR/CSLL	R$ 66.000,00
(-) IR/CSLL (35%)	– R$ 23.100,00
Lucro Líquido	R$ 42.900,00

Demais informações:

Custos fixos: R$ 15.000,00

Despesas fixas: R$ 13.000,00

Supondo que a empresa projete um aumento de 20% nas vendas líquidas para X1 e considerando apenas essas informações, qual será o lucro líquido projetado dessa empresa?

RESOLUÇÃO:

Aumento de 20% nas vendas:

R$ 360.000,00 (+ 20% sobre R$ 300.000,00).

Aumento de 20% nos custos variáveis:

R$ 198.000,00 (20% sobre R$ 180.000,00 – R$ 15.000,00).

Os custos fixos permanecem em R$ 15.000,00.

Aumento de 20% nas despesas operacionais variáveis:

R$ 20.400,00 (20% sobre R$ 30.000,00 – R$ 17.000,00)

As despesas operacionais fixas permanecem em R$ 13.000,00.

As despesas financeiras permanecem em R$ 24.000,00.

Demonstrativo do Resultado do Exercício	Valores
Receita de Vendas	R$ 360.000,00
(-) Custo da Mercadoria Vendida	– R$ 213.000,00
Lucro Bruto	R$ 147.000,00
(-) Despesa Operacional	– R$ 33.400,00
(-) Despesas Financeiras	– R$ 24.000,00
Lucro Antes do IR/CSLL	R$ 89.600,00
(-) IR/CSLL (35%)	– R$ 31.360,00
Lucro Líquido Projetado	R$ 58.240,00

5 – Determinada empresa apresentou as seguintes projeções para a X1:

Descrição	Valores
Pagamentos de salários	50.000,00
Pagamento de empréstimos	10.000,00
Recebimento de Clientes	14.000,00
Recebimento de aporte dos sócios	30.000,00
Pagamento de impostos	5.000,00
Compra de automóvel	40.000,00
Obtenção de novos empréstimos	20.000,00

Com base nesses dados acima, qual o passivo projetado da empresa decorrente de financiamentos?

RESOLUÇÃO:

Primeiramente precisamos lembrar que o fluxo de caixa gerado ou consumido pelas atividades de financiamentos se referem aos empréstimos e financiamentos contraídos com terceiros e seus respectivos pagamentos, bem como os aportes realizados pelos sócios e investidores, além de suas respectivas distribuições de lucros e dividendos.

Logo, temos:

Pagamento de empréstimos	(R$ 10.000,00).
Recebimento de aporte de sócios	R$ 30.000,00.
Obtenção de novos empréstimos	R$ 20.000,00.
Total:	**R$ 40.000,00.**

Logo, o passivo decorrente de financiamentos aumentou R$ 40.000,00.

6 – Determinada indústria apropriou, projetou no mês de setembro de X1, os seguintes gastos:

Despesas administrativas	R$ 40.000,00
Despesas com vendas	R$ 30.000,00
Mão de obra direta	R$ 40.000,00
Aluguel de fábrica	R$ 20.000,00
Matéria prima consumida	R$ 50.000,00
Outros custos da produção	R$ 20.000,00

No período, estima-se 800 unidades fabricadas do produto ALFA e 560 unidades vendidas por R$ 430,00 cada uma. De acordo com esses dados, qual será o custo dos produtos vendidos projetado no mês?

RESOLUÇÃO:

Custos totais: R$ 130.000,00.

Mão de obra direta (R$ 40.000,00) + Aluguel de fábrica (R$ 20.000,00) + Matéria prima consumida (R$ 50.000,00) + Outros custos da produção (R$ 20.000,00).

Custo unitário: R$ 162,50 (R$ 130.000,00 / 800 unidades).

Custo do produto vendido: R$ 91.000,00 (R$ 162,50 × 560 unidades).

7 – Determinada empresa prevê desembolsar R$ 400.000,00 com aquisições de mercadorias e revendê-las por R$ 1.000.000,00 durante o ano de X1. Considerando impostos sobre a compra e sobre a venda de 20%, qual o valor do tributo projetado a ser pago?

RESOLUÇÃO:

Custo de aquisição:	R$ 320.000,00 (R$ 400.000,00 × 0,80).
Imposto a recuperar	R$ 80.000,00 (R$ 400.000,00 – R$ 320.000,00).
Receita de venda:	R$ 1.000.000,00.
Imposto a recolher:	R$ 200.000,00 (R$ 1.000.000,00 × 0,20).
Imposto efetivo:	**R$ 120.000,00 (R$ 200.000,00 – R$ 80.000,00).**

Capítulo 4

Análise de Indicadores

4.1. Aspectos Iniciais

É uma técnica que consiste na decomposição, comparação e interpretação das demonstrações contábeis, da qual se extraem informações para a tomada de decisões. Cabe ressaltar que a análise das demonstrações **não é exigível por lei**, decorrendo apenas de uma necessidade gerencial, na qual as organizações conseguem enxergar suas limitações e potencialidades, bem como realizar projeções.

4.1.1 Objetivos da Análise

- Orientar os seus principais usuários a tomarem decisões adequadas na gestão da entidade.
- Permitir uma visão clara e abrangente do desempenho da empresa, considerando os vários aspectos envolvidos.

Figura 4.1 – Enfoques da Análise das Demonstrações Financeiras

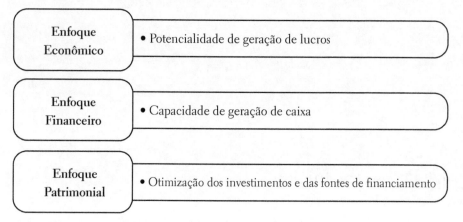

Fonte: Elaborada pelo autor.

4.1.2 Usuários das Demonstrações Contábeis

Quadro 4.1

Usuário	Utilidade da informação contábil
Investidores	É por meio dos relatórios contábeis que se identifica a situação econômico-financeira da empresa. Dessa forma, o investidor tem em mãos os elementos necessários para decidir sobre as melhores alternativas de investimentos. Os relatórios evidenciam a capacidade da empresa em gerar lucros e outras informações.
Administradores	Frequentemente os responsáveis pela administração estão tomando decisões, quase todas importantes, vitais para o sucesso do negócio. Por isso, há necessidade de dados, de informações corretas, de subsídios que contribuam para uma boa tomada de decisão. Decisões como comprar ou alugar uma máquina, preço de um produto, contrair uma dívida a longo ou curto prazo, qual o valor da dívida que contrairemos, a quantidade de material para estoque deveremos comprar, reduzir custos, produzir etc.
Fornecedores	Usam os relatórios para analisar a capacidade de pagamento da empresa compradora.
Bancos	Utilizam os relatórios para aprovar empréstimos, limites de crédito etc.
Governo	Utilizam os relatórios com a finalidade de arrecadação de impostos, bem como para determinação de políticas públicas e geração de dados estatísticos, no sentido de melhor redimensionar a economia (IBGE, por exemplo).
Sindicatos	Utilizam os relatórios para determinar a produtividade do setor, fator preponderante para reajustes de salários.
Demais interessados	Funcionários, órgãos de classe, empresas de auditoria, dentre outros.

4.2. Procedimentos Necessários para a Análise

As demonstrações contábeis fornecem uma série de dados sobre a empresa, de acordo com regras contábeis. Essa técnica **transforma esses dados em informações** e será mais eficiente na medida em que produza melhores informações. Nesse sentido, torna-se importante a distinção entre dados e informações:

- **DADOS** são números ou descrição de objetos ou eventos que, isoladamente, não provocam nenhuma reação ao leitor.
- **INFORMAÇÕES** representam, para quem as recebe, uma comunicação que pode produzir reação ou decisão, frequentemente acompanhada de um efeito surpresa.

As demonstrações financeiras mostram, por exemplo, que a empresa tem Y milhares de dívidas. Isto é um dado. A conclusão de que a dívida é excessiva ou normal e avaliar se a empresa pode ou não pagá-la, constitui uma informação e o objetivo da Análise das Demonstrações é produzir essa informação.

Figura 4.2 – Dados x Informações

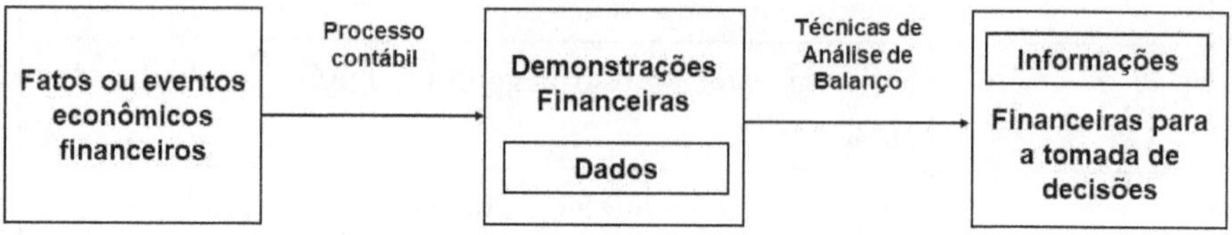

Fonte: Elaborada pelo autor.

Quem realizar a análise poderá fazer ajustes em alguns elementos contidos nas demonstrações contábeis exigidas (reclassificação de contas, por exemplo) **tornando a interpretação de suas informações mais útil aos interesses da entidade.**

INFORMAÇÕES PRODUZIDAS

Em linhas gerais, podem-se listar as seguintes informações produzidas pela Análise:

- Situação financeira;
- Situação econômica;
- Desempenho;
- Eficiência na utilização de recursos;
- Pontos fortes e fracos;
- Tendências e perspectivas;
- Quadro evolutivo;
- Adequação das fontes às aplicações de recursos;
- Causas das alterações na situação financeira;
- Causas das alterações na rentabilidade;
- Evidência de erros na administração;
- Providências que deveriam ser tomadas e não foram;
- Avaliação de alternativas econômico-financeiras futuras.

COMO AVALIAR OS ÍNDICES

Há três tipos básicos de avaliação de um índice:

- Pelo significado intrínseco;
- Pela comparação ao longo de vários exercícios;
- Pela comparação com índice de outras empresas (ou padrões).

4.3. Índices de Liquidez

Os índices de liquidez têm como meta **avaliar a capacidade financeira de uma empresa, para honrar compromissos de pagamentos com terceiros**, ou seja, visam medir a capacidade em quitar suas obrigações com os recursos (ativos) disponíveis.

Interessam aos credores em geral, tanto na avaliação dos riscos envolvidos na concessão de novos créditos quanto na análise das perspectivas de crescimento dos créditos já concedidos. Dividem-se em:

- Liquidez Corrente (LC);
- Liquidez Seca (LS);
- Liquidez Imediata (LI);

4.3.1 Liquidez Corrente (LC)

Tem por finalidade demonstrar **quanto a empresa dispõe de recursos de curto prazo** (em dinheiro e/ou conversíveis em dinheiro) **para pagar suas dívidas de curto prazo.** Esse índice é obtido por meio da relação <u>do ativo circulante com o passivo circulante</u>, sendo representado por:

$$\text{Liquidez Corrente} = \frac{\text{Ativo circulante}}{\text{Passivo circulante}}$$

Exemplo:

Dados da empresa AMBEV em 30/09/2022 (Em milhões de R$):

Dados	30/09/2022
Ativo circulante	41.556.963
Passivo circulante	34.979.738

$$\text{Liquidez corrente} = \frac{41.556.963}{34.979.738} = \text{R\$ } 1,19 \ (+19\%)$$

CONCLUSÃO:

Ao analisarmos os índices de liquidez corrente em 30/09/2022, encontramos o valor de **1,19**, ou seja, para cada **R\$ 1,00** de dívidas de curto prazo, a empresa possui **R\$ 1,19** de recursos de curto prazo para saldá-las.

Pode-se afirmar também que o ativo circulante é 19% maior do que o passivo circulante, representando, em tese, uma folga financeira.

IMPORTANTE:

Este índice é bastante utilizado, mas fazem-se necessárias algumas observações. A principal é **quanto ao tempo de realização dos ativos versus o tempo de quitação dos passivos.**

Dependendo da política de vendas da empresa e da rotação de seus Estoques, por exemplo, é possível ter vários prazos de recebimento, bem como eles podem ser vendidos totalmente em 15, 30, 60 ou 90 dias.

Por outro lado, no passivo circulante, pode haver dívidas imediatas, bem como a vencer em 30, 60 ou outros prazos. Some-se a isso o fato de que pode haver perdas no Ativo Circulante, como, por exemplo: inadimplência de clientes, obsolescência de estoques etc.

Dessa forma, se ponderássemos todas estas variáveis, **teríamos índices bem diferentes.**

4.3.2 Liquidez Seca (LS)

Possui características semelhantes ao anterior, porém é mais conservador, **uma vez que ele elimina uma fonte de incerteza de realização imediata em dinheiro que é o estoque**, o qual precisa ser vendido para que se transforme em dinheiro, ou ainda corre o risco de se tornar obsoleto, danificado etc.

O índice de liquidez seca é obtido por meio da relação entre o ativo circulante (menos o estoque) e o passivo circulante, sendo representado por:

$$\text{Liquidez Seca} = \frac{\text{Ativo circulante} - \text{estoque}}{\text{Passivo circulante}}$$

Exemplo:

Dados da empresa AMBEV em 30/09/2022 (Em milhões de R$):

Dados	30/09/2022
Ativo circulante	41.556.963
Estoque	12.495.092
Passivo circulante	34.979.738

$$\text{Liquidez Seca} = \frac{41.556.963 - 12.495.092}{34.979.738} = R\$\ 0,83$$

CONCLUSÃO:

Os resultados revelam que, para cada **R$ 1,00** de dívidas de curto prazo, a empresa possui **R$ 0,83** de recursos de curto prazo sem considerar os estoques. Nesse contexto, é importante ressaltar que a empresa necessita de uma pequena parte de seus estoques para saldar suas dívidas de curto prazo.

Para uma análise ainda mais restrita, é possível realizar a análise da liquidez seca **excluindo as despesas antecipadas**, o que representaria:

$$\text{Liquidez Seca} = \frac{\text{Ativo circulante} - \text{estoque} - \text{despesas antecipadas}}{\text{Passivo circulante}}$$

4.3.3 Liquidez Imediata (LI)

Tem por finalidade mostrar os recursos que se dispõe de imediato para pagar os compromissos de curto prazo. Esse índice é dado por meio da relação entre os valores do subgrupo "Disponível" do ativo (caixa e equivalentes de caixa) com o grupo passivo circulante, sendo representado por:

$$\text{Liquidez Imediata} = \frac{\text{Disponibilidades}}{\text{Passivo circulante}}$$

Exemplo:

Dados da empresa AMBEV em 30/09/2022 (Em milhões de R$):

Dados	30/09/2022
Disponibilidades	17.712.654
Passivo circulante	34.979.738

$$\text{Liquidez Imediata} = \frac{17.712.654}{34.979.738} = R\$\ 0,51$$

CONCLUSÃO:

Para cada **R$ 1,00** de obrigações a pagar no exercício, a empresa possui de imediato **R$ 0,51** de recursos financeiros para saldá-las.

4.3.4 Liquidez Geral (LG)

Tem por objetivo demonstrar a saúde financeira da empresa **a curto e longo prazos**, evidenciando a segurança da mesma e sua perspectiva de crescimento, isto porque considera também os valores de longo prazo, diretamente relacionados com perspectivas futuras da empresa.

O índice de liquidez geral é obtido por meio da relação do **ativo circulante e o realizável a longo prazo com o passivo circulante e não circulante**, sendo representado por:

$$\text{Liquidez Geral} = \frac{\text{Ativo circulante} + \text{realizável a longo prazo}}{\text{Passivo circulante} + \text{passivo não circulante}}$$

Exemplo:

Dados da empresa AMBEV em 30/09/2022 (Em milhões de R$):

Dados	30/09/2022
Ativo circulante	41.556.963
Realizável a longo prazo	19.454.298
Passivo circulante	15.532.747
Passivo não circulante	34.979.738

$$\text{Liquidez Seca} = \frac{41.556.963 + 19.454.298}{15.532.747 + 34.979.738} = R\$ \ 1,21$$

CONCLUSÃO:

Os índices encontrados indicam que a empresa **possui, a princípio, recursos suficientes para saldar seus compromissos de curto e longo prazo**, ou seja, **R$ 1,21** de recursos financeiros para cada **R$ 1,00** de dívidas.

Por que os demais ativos não circulantes não entram no cálculo da Liquidez Geral?

Liquidez é a capacidade de converter ativos em dinheiro. Nesse sentido, os últimos itens do ativo no balanço patrimonial fazem parte do grupo chamado de "**ativo permanente**", que contempla o **ativo imobilizado, investimentos e o ativo intangível**. Esses são os ativos menos líquidos, pois a empresa precisa deles para que suas **atividades operacionais do dia a dia sejam concretizadas**.

Por exemplo, a empresa precisa manter seus imóveis (**ativo imobilizado**) para manter seus escritórios e fábricas funcionando; precisa manter sua participação acionária em outras em empresas (**investimentos**) para não quebrar a estratégia de fusões e aquisições de longo prazo; e precisa também manter suas marcas e patentes (**ativo intangível**).

Eventualmente a empresa pode sim vender seus ativos de longo prazo e transformá-los em dinheiro, porém, esse não é um procedimento diário que faça parte das atividades operacionais da empresa. Por isso, para fins de **análise de liquidez são desconsiderados os ativos do grupo** "ativo permanente".

4.4. Índices de Endividamento

Os índices de endividamento, também chamados de **índices de estrutura do capital**, relacionam a posição dos diversos capitais (recursos) que financiam a empresa. O estudo desses índices nos dá condição de conhecer o seu perfil da dívida, ou seja, as condições em que elas foram contraídas (valor, montante, prazo de pagamento etc.) e a quem elas pertencem (capital próprio ou de terceiros).

IMPORTANTE:

Capital próprio: é o dinheiro ou os recursos que os proprietários da empresa empregaram no negócio quando de sua constituição ou em virtude de um possível aumento de participação de cada um na sociedade.

Capital de terceiros: é o capital aplicado na sociedade por meio de transações efetuadas com outras pessoas físicas ou jurídicas que não sejam os proprietários, porém estão comprometidos com o funcionamento da empresa, como, por exemplo, fornecedores, instituições financeiras, funcionários etc.

Os índices de endividamento mais utilizados são:

- Grau de Endividamento (GE);
- Endividamento Geral (EG);
- Composição do Endividamento (CE);
- Imobilização do Capital Próprio (ICP).

4.4.1. Grau de Endividamento (GE)

Mede a participação do Capital de Terceiros no Passivo total da empresa, ou seja, a dependência dos capitais de terceiros para girar o negócio. Em tese, **quanto menor for este índice melhor para a empresa, pois estará mais capitalizada** (veremos mais à frente).

No entanto, o simples fato de uma empresa ter uma alta participação de capitais de terceiros não significa problemas financeiros ou de gestão. Pelo contrário, **se a empresa estiver obtendo um retorno de seus ativos que ultrapasse as despesas financeiras incorridas em seus passivos**, está lucrando mesmo com um alto endividamento.

Este indicador é representado por:

Grau de Endividamento =	Capital de terceiros (PC + PNC)
	Capital Próprio (Patrimônio Líquido)

Exemplo:

Dados da empresa AMBEV em 30/09/2022 (Em milhões de R$):

Dados	30/09/2022
Passivo circulante	15.532.747
Passivo não circulante	34.979.738
Patrimônio líquido	90.178.035

$$\text{Grau de Endividamento} = \frac{15.532.747 + 34.979.738}{90.178.035} = R\$\ 0,56\ (56\%)$$

> **CONCLUSÃO:**
>
> Ao analisarmos o índice, verificamos que a empresa possui **o montante de capital de terceiros representa 56% do capital próprio.** Ou seja, para cada **R$ 1,00** de capital próprio a empresa possui **R$ 0,56** de capital de terceiros. Logo, a empresa possui preferência por financiamento via capital próprio.

4.4.2. Endividamento Geral (EG)

O endividamento geral mede a porcentagem dos recursos totais da empresa que se encontra financiada por capital de terceiros, ou seja, indica quanto cada unidade monetária de recursos captada pela empresa provém de fontes de financiamento não próprias, sendo representado por:

$$\text{Endividamento Geral} = \frac{\text{Capital de terceiros (PC + PNC)}}{\text{Ativo Total}}$$

Exemplo:

Dados da empresa AMBEV em 30/09/2022 (Em milhões de R$):

Dados	30/09/2022
Passivo circulante	15.532.747
Passivo não circulante	34.979.738
Ativo total	142.063.960

$$\text{Endividamento Geral} = \frac{15.532.747 + 34.979.738}{142.063.960} = \text{R\$ } 0,36 \ (36\%)$$

> **CONCLUSÃO:**
>
> Ao analisarmos os índices de endividamento geral, verificamos que a empresa possui **36%** dos seus ativos financiados por capital de terceiros, logo, o percentual de recursos financiados por capital próprio é de **64%**. Ou seja, para cada **R$ 1,00** de ativos, **R$ 0,36** são financiados por capital de terceiros e **R$ 0,64** por capital próprio.

4.4.3. Composição do Endividamento (CE)

Esse indicador mede, no **universo dos recursos de terceiros,** quantos desses **encontram-se no curto prazo e no longo prazo,** sendo representado por:

Endividamento de curto prazo =	Passivo circulante
	Capital de terceiros
Endividamento de longo prazo =	Passivo não circulante
	Capital de terceiros

Exemplo:

Dados da empresa AMBEV em 30/09/2022 (Em milhões de R$):

Dados	30/09/2022
Passivo circulante	15.532.747
Passivo não circulante	34.979.738

$$\text{Endividamento CP} = \frac{15.532.747}{15.532.747 + 34.979.738} = 0{,}31\ (31\%)$$

$$\text{Endividamento LP} = \frac{34.979.738}{15.532.747 + 34.979.738} = 0{,}69\ (69\%)$$

> **CONCLUSÃO:**
> Do montante total das dívidas da empresa, 31% vencerão a curto prazo e 69% a longo prazo.
>
> **IMPORTANTE:**
> Tendo em vista que por meio desse índice as empresas podem ter uma ideia do grau de imediatismo das suas dívidas com terceiros, torna-se desejável mantê-lo baixo, **principalmente em empresas em fase pré-operacional ou em expansão, cuja operação ainda não esteja gerando retorno no curto prazo.** Entretanto, cabe ressaltar que as **dívidas de longo prazo costumam se tornar mais caras** devido ao incremento dos juros.

4.4.4. Imobilização do Capital Próprio (ICP)

Revela a porcentagem dos recursos próprios que se encontram imobilizados em itens de ativos, ou seja, **aplicados nos ativos "permanentes"**, sendo representado por:

$$ICP = \frac{\text{Investimentos} + \text{Imobilizado} + \text{Intangível}}{\text{Patrimônio Líquido}}$$

Se esse índice apresentar **resultado superior a 1 (100%)**, indica uma empresa fortemente imobilizada, ou seja, os seus recursos próprios não são suficientes para financiar as aplicações em bens permanentes, necessitando recorrer a recursos de terceiros.

Exemplo:

Dados da empresa AMBEV em 30/09/2022 (Em milhões de R$):

Dados	30/09/2022
Investimentos	317.582
Imobilizado	29.926.912
Intangível	50.808.197
Patrimônio líquido	90.178.035

$$\text{Imobilização do capital próprio} = \frac{317.582 + 29.926.912 + 50.808.197}{90.178.035} = 0,90$$

CONCLUSÃO:

A empresa aplicou **R$ 0,90** em ativos permanentes para cada **R$ 1,00** do Patrimônio Líquido. Ou seja, a empresa não necessitou recorrer a terceiros para investir em seus ativos permanentes.

4.5. Limites de Endividamento

A captação de recursos com terceiros pode ser uma excelente forma de alavancar os resultados de uma empresa, tendo em vista que pode ser menos oneroso do que utilizar os recursos de capital próprio. Porém, existe um limite aceitável para esse capital vindo de terceiros e, caso ele seja ultrapassado, a empresa passa a ter excesso de endividamento, correndo um sério risco de insolvência.

Nesse contexto, algumas análises podem ser realizadas pela empresa, por exemplo, examinando as principais fontes de financiamento da necessidade de capital de giro que são:

- Créditos de funcionamento (fornecedores, salários, impostos etc.);
- Empréstimos e financiamentos bancários.

CRÉDITOS DE FUNCIONAMENTO

A empresa pode assumir esses créditos até o limite em que os pagamentos fiquem ligeiramente aquém das entradas decorrentes do recebimento das vendas.

Exemplo:

Se uma empresa contar com um fluxo de caixa médio diário de R$ 10.000,00, poderia dispor, por exemplo, de R$ 9.000,00 para pagar os créditos de financiamento e R$ 1.000,00 para recompor investimentos e amortização de financiamentos a longo prazo.

Suponha que o pagamento médio diário se distribua assim: R$ 5.000,00 para cobrir fornecedores e R$ 4.000,00 para cobrir as demais obrigações. E os prazos médios obtidos para pagamentos são: 90 dias para fornecedores e 45 dias para as demais obrigações.

Logo, o endividamento assumível pela empresa no item "Créditos de Funcionamento" será:

R$ 5.000,00 × 90 =	R$ 450.000,00
R$ 4.000,00 × 45 =	R$ 180.000,00
Endividamento máximo	**R$ 630.000,00**

EMPRÉSTIMOS E FINANCIAMENTOS BANCÁRIOS

Os empréstimos e financiamentos normalmente são tomados para manter a operação da empresa ou suportar a sua expansão. No caso de financiamentos de ativos imobilizados ou intangíveis, espera-se que os recursos captados sejam amortizados com parte dos lucros gerados pelos investimentos, e parte pelos retornos de caixa obtidos com a depreciação nos custos.

Exemplo:

Receita	R$ 20.000.000
Despesas	R$ 16.000.000
Depreciação	R$ 2.000.000
Lucro	**R$ 2.000.000**

Em tese, a empresa pode assumir dívida cujas prestações mensais, incluídos juros e amortização, seja de R$ 4.000.000,00 (lucro + depreciação), pelo prazo em que o equipamento é capaz de manter essa lucratividade. Caso o prazo fosse de 60 meses e a taxa de juros nesse período de 3% a.m., o financiamento assumível seria igual ao valor presente de uma renda de R$ 4.000.000,00, durante 60 meses:

$P = 4.000.000,00$

$i = 3\%$ a.m.

$n = 60$

$PV = 110.702.255$

COVENANTS

São cláusulas restritivas presentes em contratos de dívida, **como limites ao endividamento e ao pagamento de dividendos**. Estas se originam do conflito de interesses entre credores e acionistas, servindo como mecanismo de proteção a credores, visando impedir sua expropriação pelos acionistas. Ou seja, servem para dar certeza aos credores que companhias que tomam crédito não vão deixar de seguir algumas diretrizes explicitadas no contrato.

A violação de *covenants* pode disparar a exigência do pré-pagamento da dívida e, no limite, transferir os direitos de controle da firma ao credor sob determinadas circunstâncias em que a companhia viole os indicadores estabelecidos nos *covenants*. Estes podem ter natureza operacional, financeira ou estatutária. Existem diversas formas de estabelecer essas garantias, como:

- um teto para o endividamento da empresa;
- vincular a utilização dos recursos do empréstimo a um projeto específico;
- manutenção do rating da companhia;
- obrigar o credor a prestar contas regularmente de fatos relevantes;
- autorização para a entrada de novos sócios no negócio.

Uma das principais métricas são os *covenants* financeiros que representam os indicadores da empresa, representado por valores proporcionais (por exemplo, 3,5 vezes), compostos por:

> **Dívida Líquida / EBITDA:** indica o nível de endividamento (alavancagem).

> **EBITDA / Despesa Financeira Líquida:** indica a capacidade de pagamento (cobertura de juros).

CASE AMERICANAS

O rombo identificado no balanço da Americanas certamente **aumentará muito o endividamento da companhia** quando as demonstrações financeiras, atualmente incorretas, forem republicadas com as devidas correções. Isso provavelmente levará a um estouro dos níveis de liquidez e alavancagem considerados aceitáveis pelos credores da varejista que porventura tenham acertado *covenants* para conceder o crédito, o que pode incluir bancos e outros investidores detentores de debêntures. A pressão dos credores e a falta de capacidade de pagar imediatamente tamanha obrigação, por sua vez, fizeram com que a varejista entrasse com um pedido de recuperação judicial (dívida estimada em R$ 43 bilhões).

4.6. Índices de Lucratividade

Conhecer a lucratividade e a rentabilidade da empresa é fundamental para a gestão do negócio. De nada adianta um empreendimento ser lucrativo, se não é rentável. Nesse contexto, pode-se dizer que **lucratividade é a relação do valor do lucro com o montante de vendas líquidas,** ou seja, divide-se o valor do lucro pelo volume de vendas (lucro líquido/vendas líquidas). Trata-se então do percentual de ganho obtido sobre as vendas líquidas realizadas.

Os principais índices de lucratividade são:

- Margem Bruta (MB);
- Margem Operacional (MO);
- Margem Líquida (ML).

4.6.1. Margem Bruta (MB)

Mede quanto a empresa tem de lucro após a dedução <u>dos seus custos</u>, sendo representado por:

Margem Bruta =	Resultado Bruto
	Receita Líquida

Esse índice verifica o peso dos custos sobre o faturamento da empresa, avaliando a eficiência na gestão dos custos.

4.6.2. Margem Operacional (MO)

Mede quanto a empresa tem de lucro após a dedução dos <u>custos e das suas despesas operacionais</u>, sendo representado por:

Margem Operacional =	Resultado Operacional
	Receita Líquida

Esse índice verifica o peso dos gastos operacionais sobre o faturamento da empresa. Também é conhecido como **EBIT** (*Earning before interest and taxes*) ou LAJIR (Lucro antes dos Juros e Tributos).

4.6.3. Margem Líquida (ML)

Indica a representatividade do lucro disponível em relação às vendas líquidas, sendo representado por:

Margem Líquida =	Resultado Líquido
	Receita Líquida

Este índice verifica quanto sobrou do faturamento da empresa após a dedução de todos os gastos.

Exemplo:

Segue a DRE acumulado da empresa AMBEV em 30/09/2022 (Em milhões de R$):

Contas	Valor (R$)
= Receitas Líquidas	57.015.790
(-) Custos das vendas	– 29.436.813
= Resultado Bruto	27.578.976
(-) Despesas Operacionais	– 15.327.598
= Resultado Operacional	12.251.377
(-) Resultado Financeiro	– 2.343.239
= Resultado antes dos Impostos	9.908.139
(-) Impostos	– 100.247
= Resultado Líquido	9.807.892

$$\text{Margem Bruta} \quad = \quad \frac{27.578.976}{57.015.790} \quad = \quad 48\% \text{ ou R\$ 0,48.}$$

$$\text{Margem Operacional} \quad = \quad \frac{12.251.377}{57.015.790} \quad = \quad 27\% \text{ ou R\$ 0,27.}$$

$$\text{Margem Líquida} \quad = \quad \frac{9.807.892}{57.015.790} \quad = \quad 17\% \text{ ou R\$ 0,17.}$$

CONCLUSÕES:

Para cada **R$ 1,00** em vendas líquidas, a empresa tem um lucro bruto de **R$ 0,48**, lucro operacional de **R$ 0,27** e lucro líquido de **R$ 0,17**. Ou seja, a margem de lucro líquido desta empresa está em torno de 17%.

4.7. Índices de Rentabilidade

No mundo dos negócios não adianta uma empresa ser lucrativa se não for rentável, pois assim não é possível recuperar o investimento inicial. A rentabilidade **refere-se ao resultado que possibilita a análise do retorno sobre o investimento realizado na empresa.**

Os principais índices de rentabilidade são:

- Rentabilidade do Ativo (ROA);
- Rentabilidade do PL (ROE);
- Giro do Ativo (GA);
- Taxa de Retorno sobre Investimento (TR).

4.7.1. Rentabilidade do Ativo (ROA)

Mede quanto a empresa está gerando de lucro para cada real investido no ativo total médio, sendo representado por:

$$\text{Rentabilidade do Ativo} = \frac{\text{Resultado Líquido}}{\text{Ativo Total Médio}}$$

Esse índice verifica o retorno líquido em relação ao investimento total, e quanto mais alto for, **maior será o retorno sobre os investimentos da empresa.** Uma boa aplicação e utilização do ativo é que gera e maximiza receitas na empresa, e essas, por sua vez, proporcionam melhores e maiores resultados (lucros).

4.7.2. Rentabilidade do PL (ROE)

Esse indicador aponta a rentabilidade (retorno) do capital investido pelos sócios ou acionistas na empresa, sendo representado por:

Rentabilidade do PL =	Resultado Líquido
	Patrimônio Líquido Médio

Ou seja, aponta quanto rendeu a aplicação do capital próprio, uma vez que poderia ter sido investido em qualquer outra aplicação financeira no mercado.

4.7.3. Giro do Ativo (GA)

Mede a geração de receitas sobre cada R$ investido do ativo, sendo representado por:

Giro do Ativo =	Receita Líquida
	Ativo Total Médio

Em outras palavras, quanto maior o índice, maior a capacidade de geração de receitas, apontando um bom desempenho de vendas e/ou uma boa administração dos ativos.

4.7.4. Taxa de Retorno (TR)

Tem a mesma função da rentabilidade do ativo, sendo representado por:

Taxa de retorno =	Margem Líquida × Giro do Ativo
	(igual a Lucro Líquido / Ativo Total)

Embora o resultado seja o mesmo do ROA, esse indicador é influenciado pelos índices "Margem Líquida" e "Giro do Ativo". Ou seja, qualquer variação destes influencia na taxa de retorno final. Inclusive é possível que a taxa permaneça a mesma de um período para o outro com variações nos dois índices.

Exemplo:

Seguem informações da empresa AMBEV em 30/09/2022 (Em milhões de R$):

Receita Líquida	57.015.790
Resultado líquido	9.807.892
Ativo Total Médio	135.365.763
Patrimônio Líquido Médio	85.121.416

$$\text{Rentabilidade do ativo} = \frac{9.807.892}{135.365.763} = 7\% \text{ ou } \mathbf{R\$ \ 0,07}$$

$$\text{Rentabilidade do PL} = \frac{9.807.892}{85.121.416} = 12\% \text{ ou } \mathbf{R\$ \ 0,12}$$

$$\text{Giro do Ativo} = \frac{57.015.790}{135.365.763} = 42\% \text{ ou } \mathbf{R\$ \ 0,42}$$

$$\text{Taxa de Retorno} = \frac{9.807.892 \times 57.015.790}{57.015.790 \ \ 135.365.763} = \frac{9.807.892}{135.365.763} = 0,07$$

$$\text{Taxa de Retorno} = 0,17 \times 0,42 = 0,07 \ (7\%)$$

CONCLUSÕES:

I – Para cada **R$ 1,00** aplicado no ativo, a empresa gera um retorno de **R$ 0,07**, o equivale a 7% do capital aplicado.

II – Os sócios tiveram uma rentabilidade de **12%** durante o período.

III – A empresa girou **42%** do seu ativo no ano. Ou seja, para cada real investido, a empresa vendeu **R$ 0,42.**

4.8. Índices de Rotatividade

Os índices de rotatividade (giros), também conhecidos como índices de atividades, evidenciam o prazo de renovação dos elementos patrimoniais, dentro de determinado período. A análise do giro dos ativos fornece informações sobre aspectos de gestão da empresa, tais como as políticas de estocagem, financiamento de compras e financiamento de clientes.

Os principais indicadores são:

- Giro dos Estoques (GE);
- Giro do Contas a Receber (GCR);
- Giro do Contas a Pagar (GCP).

Com base nesses indicadores, é possível estabelecer o prazo médio de rotação dessas contas.

4.8.1. Giro dos Estoques

Evidencia quantas vezes ocorreu renovação dos estoques de mercadorias ou de produtos em função das vendas, sendo representado por:

$$\textbf{Giro dos Estoques} = \frac{\text{Custo das Mercadorias Vendidas (CMV)}}{\text{Estoque Médio (EM)}}$$

Em que:

CMV = Estoque Inicial + Compras – Estoque Final

EM = $\dfrac{\text{Estoque Inicial + Estoque Final}}{2}$

O giro de estoque demonstra quantas vezes uma compra ou fabricação foi transformada em custo das vendas. A princípio, quanto maior a rotação, melhor para a empresa, pois os estoques permanecem armazenados por menos tempo.

A partir desse indicador, é possível saber o prazo médio de estocagem (PME), sendo representado por:

Prazo médio de estocagem =	360
	Giro dos estoques

Ademais, indica quanto tempo uma mercadoria permanece em estoque no caso do varejo ou quanto tempo uma matéria-prima leva para ser transformada em produto.

Fluxo de estocagem

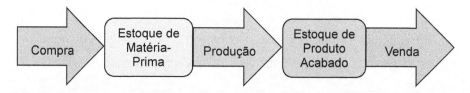

Fonte: Elaborado pelo autor.

4.8.2. Giro do Contas a Receber

Evidencia quantas vezes se renova o saldo do "Contas a receber" da empresa, sendo representado por:

$$\text{Giro do contas a receber} = \frac{\text{Receita de vendas}}{\text{Saldo Médio Clientes (MC)}}$$

Em que:

$$MC = \frac{\text{Clientes Inicial} + \text{Clientes Final}}{2}$$

Esse índice demonstra, ao longo do exercício, quantas vezes a empresa vendeu a prazo e recebeu os respectivos pagamentos de seus clientes. A princípio, quanto maior a rotatividade, mais dinâmica é a empresa, pois as duplicatas estão sendo recebidas em menor prazo.

A partir desse indicador é possível saber o prazo médio de recebimento (PMR), sendo representado por:

$$\text{Prazo médio de recebimento} = \frac{360}{\text{Giro do contas a receber}}$$

Indica o tempo médio que a empresa leva para receber suas vendas.

4.8.3. Giro do Contas a Pagar

Evidencia quantas vezes no ano a empresa quita suas dívidas junto aos fornecedores, sendo representado por:

Giro do contas a pagar =	$\dfrac{\text{Compras}}{\text{Saldo Médio Fornecedores (MF)}}$

Em que:

$$\text{Compras} = \text{CMV} + \text{Impostos a Recuperar} - \text{EI} + \text{EF}$$

$$\text{MF} = \frac{\text{Fornecedores Inicial} + \text{Fornecedores Final}}{2}$$

A partir desse indicador é possível saber o prazo médio de pagamento (PMP), sendo representado por:

Prazo médio de pagamento =	$\dfrac{360}{\text{Giro do contas a pagar}}$

O giro do contas a pagar mostra o tempo médio entre a aquisição de mercadorias ou matéria-prima e o pagamento ao fornecedor. Deve ser utilizado juntamente com o prazo médio de recebimento para auxiliar a empresa na administração dos recursos de curto prazo.

Exemplo:

Seguem informações da empresa AMBEV em 30/09/2022 (Em milhões de R$):

Estoque Médio	12.169.702
Clientes Médio	4.847.277
Fornecedores Médio	20.349.404
Compras	33.213.628
Vendas	57.015.790
Custo de Vendas	29.436.813

Logo:

Giro dos estoques = 29.436.813 / 12.169.702 = **2,42.**

Prazo médio de estocagem = 270 / 2,42 = **112.**

As mercadorias/produtos demoram em média 112 dias no estoque até serem vendidos.

Giro do contas a receber = 57.015.790 / 4.847.277 = **11,76.**

Prazo médio de recebimento = 270 / 11,76 = **23 dias.**

As vendas a prazo demoram em média 23 dias para serem recebidas.

Giro do contas a pagar = 33.213.628 / 20.349.404 = **1,63.**

Prazo médio de pagamento = 270 / 1,63 = **166 dias.**

As compras a prazo demoram em média 166 dias para serem pagas.

4.8.4. Ciclo Econômico, Operacional e Financeiro

É uma análise utilizada para mensurar o tempo em que as atividades da empresa são desenvolvidas. Logo, é de fundamental importância no controle gerencial e gestão de negócios, pois refletem a cultura organizacional da empresa, dentro do seu ramo de negócios. Além disso, dependem dos processos de produção, capacidade de vendas e recebimentos, bem como capacidade de compras e pagamentos.

São representados por:

- Ciclo Econômico;
- Ciclo Operacional;
- Ciclo Financeiro.

CICLO ECONÔMICO

O ciclo econômico começa com as compras das matérias-primas e termina com as vendas dos produtos ou serviços acabados ou entregues. Nesse sentido, considera unicamente as ocorrências de natureza econômica, envolvendo a compra dos materiais até a respectiva venda.

Entretanto, não leva em consideração, pelo próprio enunciado do ciclo, os reflexos de caixa verificados em cada fase operacional (os prazos de recebimentos das vendas e os pagamentos dos gastos incorridos). É representado apenas pelo **Prazo Médio de Estocagem (PME)**.

Ciclo Econômico = PME

CICLO OPERACIONAL

Denomina-se ciclo operacional o período que se inicia na aquisição da matéria-prima para produção (empresas industriais), ou na aquisição da mercadoria (empresas comerciais), ou na prestação de serviços (empresas de serviços) e se finaliza com o recebimento pela venda do produto final, mercadoria ou serviço prestado.

É representado pela soma do Prazo Médio de Estocagem (PME) com o Prazo Médio de Recebimento (PMR).

$$\text{Ciclo Operacional} = \text{PME} + \text{PMR}$$

CICLO FINANCEIRO

O ciclo financeiro **também chamado de ciclo de caixa** começa com o pagamento dos fornecedores e termina com o recebimento das duplicatas, incluindo no intervalo, vários outros desembolsos referentes a salários, impostos, encargos etc.

Em outras palavras, demonstra o intervalo de tempo que a empresa necessitará efetivamente de financiamento para suas atividades. Caso ocorra desconto de títulos representativos da venda a prazo, o ciclo de caixa e, consequentemente, o período de necessidade de caixa reduzem-se pelo prazo da operação.

É representado pela diferença entre o **ciclo operacional** (Prazo Médio de Estocagem e Prazo Médio de Recebimento) e o **prazo médio de pagamento.**

$$\text{Ciclo Financeiro} = (\text{PME} + \text{PMR}) - \text{PMP}$$

A figura abaixo ilustra o conceito de ciclo financeiro:

Figura 4.3 – Ciclo financeiro

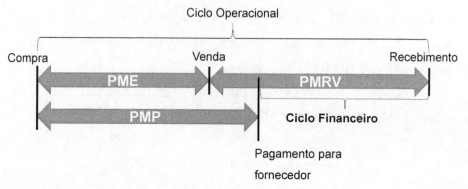

Fonte: Elaborada pelo autor.

Retomando nosso exemplo, no caso da AMBEV temos o seguinte cenário:

Prazo médio de renovação de estoque		112 dias.
Prazo médio de recebimento de vendas		23 dias.
Prazo médio de pagamento de compras		166 dias.
CICLO ECONÔMICO		112.
CICLO OPERACIONAL	(112 + 23) =	135.
CICLO FINANCEIRO	(135 – 166)	– 31.

Ou seja, observa-se que a atividade da AMBEV permite que os fornecedores financiem a operação da empresa, ou seja, é possível trabalhar, **durante 31 dias, com o dinheiro do fornecedor, isto é, recebe antes de pagar**. Nesse caso, a empresa está com excesso de capital de giro!

4.9. Necessidade de Capital de Giro

Conforme visto anteriormente, a necessidade de capital de giro se dá em função do ciclo financeiro (caixa) da empresa. Logo, quando este é longo, a necessidade de capital de giro é maior e vice-versa. Assim, a sua redução (receber mais cedo e pagar mais tarde) deve ser uma meta dos gestores de qualquer entidade. Entretanto, a redução do ciclo financeiro requer também a adoção de medidas de natureza operacional, envolvendo o encurtamento dos prazos de estocagem, produção, operação e vendas.

Nesse contexto, a Necessidade de Capital de Giro pode ser calculada por duas maneiras:

- Por meio da Reclassificação do Balanço Patrimonial;
- Por meio do Ciclo Financeiro.

4.9.1. Por meio da Reclassificação do Balanço Patrimonial

A reclassificação consiste na subdivisão do Ativo e do Passivo Circulante em **Financeiro** e **Operacional**. No subgrupo **Financeiro** ficam classificadas as contas que não estão diretamente relacionadas com o ciclo operacional da empresa, ao passo que no subgrupo **Operacional** estão classificadas as contas diretamente relacionadas com o ciclo operacional da empresa. As contas que fazem parte do Operacional, para o Ativo, são estoques e contas a receber, normalmente. No Passivo Operacional estão classificadas as contas: fornecedores, salários a pagar, impostos a recolher etc.

Dessa forma, a reclassificação do balanço se dará da seguinte maneira:

BALANÇO PATRIMONIAL (TRADICIONAL)	
Ativo Circulante	**Passivo Circulante**
Caixa	Duplicatas Descontadas
Bancos	Empréstimos de curto prazo
Aplicações financeiras	Financiamentos de curto prazo
Clientes	Salários a pagar
Estoques	Fornecedores
	Impostos a recolher

BALANÇO PATRIMONIAL (RECLASSIFICADO)	
Ativo Circulante Financeiro (ACF)	**Passivo Circulante Financeiro (PCF)**
Caixa	Duplicatas Descontadas
Bancos	Empréstimos de curto prazo
Aplicações financeiras	Financiamentos de curto prazo
Ativo Circulante Operacional (ACO)	**Passivo Circulante Operacional (PCO)**
Clientes	Salários a pagar
Estoques	Fornecedores
	Impostos a recolher

CONCLUSÕES

Aplicações Operacionais (ACO) devem ser financiadas com recursos (fontes) **Operacionais (PCO) da empresa.**

A diferença entre os valores aplicados em **Ativos Operacionais (ACO)** e as fontes obtidas dos **Passivos Operacionais (PCO)** consiste na NECESSIDADE DE CAPITAL DE GIRO (NCG) da empresa. Ou seja: **NCG = ACO - PCO.**

A diferença entre os valores aplicados no **Ativo Circulante Financeiro (ACF)** e as fontes de recursos obtidas no **Passivo Circulante Financeiro (PCF)** representa o saldo de Tesouraria (T) da empresa. Ou seja: **T = ACF – PCF.**

ACO > PCO: A empresa necessita de capital de giro (quadro normal na maioria dos negócios).
ACO < PCO: A empresa não necessita de capital de giro.

Quando a empresa apresenta um **ACO > PCO**, o que pode estar acontecendo é que a empresa pode estar com o saldo na conta estoque alto e não ter capital de giro para pagar as suas contas.
Por meio desse índice é possível o gestor refletir sobre o que está ocasionando a dificuldade de capital de giro, ou se o capital de giro atende às necessidades de financiamento da empresa.

Exemplo:

Com base nas informações da AMBEV em 30/09/2022 (Em milhões de R$) serão calculados a sua NCG e o seu saldo em tesouraria:

Ativo Circulante	41.556.966	Passivo Circulante	34.979.736
Caixa e Equivalentes de Caixa	17.712.655	Obrigações Sociais e Trabalhistas	2.225.623
Aplicações Financeiras	1.347.216	Fornecedores	20.335.489
Contas a Receber	5.386.513	Obrigações Fiscais	4.844.624
Estoques	12.495.092	Empréstimos e Financiamentos	761.510
Tributos a Recuperar	2.708.020	Passivos com Partes Relacionadas	977.689
Despesas Antecipadas	567.486	Dividendos e JCP a Pagar	1.447.859
Outros Ativos Circulantes	1.339.984	Debêntures	4.203.856
Ativo não circulante	100.506.991	Provisões	183.086
Ativo Realizável a Longo Prazo	19.454.299	Passivo Não Circulante	15.532.746
Investimentos	317.582	Empréstimos e Financiamentos	2.218.970
Imobilizado	29.926.912	Outros	8.727.028
Intangível	50.808.198	Tributos Diferidos	3.783.459
		Provisões	803.289
		Patrimônio Líquido	91.551.475
		Capital Social Realizado	58.130.518
		Reservas de Capital	55.242.489
		Reservas de Lucros	31.191.640
		Participação dos Acionistas NC	1.373.439
		Lucros/Prejuízos Acumulados	12.307.529
		Ajustes de Avaliação Patrimonial	-66.694.140
Ativo Total	142.063.957	Passivo Total	142.063.957

CCL = Ativo circulante – Passivo circulante

CCL = 41.556.996 – 34.979.736

CCL = 6.577.230

Ativo Circulante Operacional (ACO): Clientes + Estoques + Tributos a recuperar + Despesas antecipadas + Outros ativos circulantes = **R$ 22.497.095.**

Passivo Circulante Operacional (PCO): Obrigações Sociais e Trabalhistas + Fornecedores + Obrigações Fiscais + Passivos com Partes Relacionadas + Provisões = **R$ 28.566.511.**

NCG: ACO – PCO => R$ 22.497.095 – R$ 32.770.367 = - **R$ 6.069.416.**

ACF: Caixa e Equivalentes de Caixa + Aplicações Financeiras = **R$ 19.059.871.**

PCF: Empréstimos e Financiamentos + Dividendos e JCP a Pagar + Debêntures = **R$ 6.413.225.**

Saldo em Tesouraria: R$ 19.059.871 – R$ 6.413.225 = **R$ 12.646.646.**

CONCLUSÃO

A AMBEV não necessita de capital de giro, pois consegue financiar sua atividade com seu passivo operacional (excesso de recursos financeiros). Nesse caso, o saldo em tesouraria é positivo.

4.9.2. Por meio do Ciclo Financeiro

A análise da NCG proveniente do ciclo financeiro consiste em calcular com precisão os prazos médios de estocagem, de recebimento, de pagamento e as vendas médias diárias.

> **NCG** = Ciclo Financeiro × Valor das Vendas por Dia

Essa forma possibilita mais facilmente prever a necessidade de capital de giro em função de uma alteração nas políticas de prazos médios, ou no volume de vendas.

No caso em questão, temos as seguintes informações:

PME = 112 dias, PMR = 23 dias, PMP = 166 dias.

Receita Bruta de Vendas: R$ 57.015.790.

Ciclo Financeiro => PME + PMR – PMP = 112 + 23 – 166 = – **31 dias.**

Venda média diária => R$ 57.015.790 / 270 = R$ 211.170 (por dia).

NCG = > -31 × R$ 211.170 = – **R$ 6.546.257,30.**

CASE AMERICANAS

A Americanas possuía um volume da ordem de R$ 20 bilhões de financiamentos aos fornecedores feitos por via bancária que, portanto, deveriam constar como dívida financeira no balanço. No entanto, a companhia os lançava como dívidas com fornecedores, caracterizando-os como um passivo operacional e não financeiro.

Além disso, esse volume de dívida bancária tampouco estava totalmente refletido na chamada conta fornecedores, que contempla os valores devidos aos fornecedores, pois no balanço do terceiro trimestre essa conta era da ordem de R$ 5 bilhões. Observou-se que a conta fornecedores da empresa foi indevidamente reduzida na ordem de bilhões de reais, na medida que os juros eram pagos. Ou seja, cada vez que a Americanas pagava juros aos bancos pelos financiamentos aos fornecedores, a contabilidade da empresa subtraía esses juros do total da conta de fornecedores.

Quando uma empresa paga juros de dívidas bancárias, essa saída é lançada na demonstração de resultados como despesa financeira. No caso da Americanas, com os juros pagos aos bancos sendo usados para reduzir a conta de fornecedores, eles não foram lançados da forma correta.

Com uma despesa financeira artificialmente menor, o lucro da Americanas ao longo dos anos foi inflado. A revisão das demonstrações financeiras de anos pregressos fatalmente demonstrará que os lucros reportados, que balizaram a distribuição de dividendos aos acionistas e orientaram a remuneração variável de executivos, também estavam superavaliados.

4.10. Alavancagem Financeira

Este índice mede quanto o **capital de terceiros está contribuindo para gerar resultado para os acionistas**. Ou seja, reporta à capacidade da empresa em utilizar-se dos encargos financeiros para maximizar o retorno, sendo representado por:

$$GAF = \frac{RsPL \text{ (Retorno sobre Patrimônio Líquido)}}{RsA \text{ (Retorno sobre o Ativo)}} \quad \begin{array}{l} = LL/PL \\ = (LL + DF) / AT \end{array}$$

Em que:

LL = Lucro Líquido

PL = Patrimônio Líquido

DF = Despesas Financeiras

AT = Ativo Total

Se o GAF for igual a 1,0 = a alavancagem financeira será considerada nula.

Se o GAF for maior que 1,0 = a alavancagem financeira será considerada favorável.

Se o GAF for menor que 1,0 = a alavancagem financeira será considerada desfavorável.

Exemplo:

Determinada empresa apresentou as seguintes informações contábeis em X1:

Lucro antes dos juros:	R$ 200.000,00
Despesa financeira:	R$ 0,00
Lucro do período:	**R$ 200.000,00**
Patrimônio Líquido:	R$ 1.000.000,00
Lucro sobre PL:	R$ 200.000,00 / R$ 1.000.000,00 **(0,20 ou 20%)**

Imaginando que em X2 essa empresa tenha obtido um empréstimo de R$ 500.000,00 com juros de 20%, temos as seguintes informações:

Lucro antes dos juros:	R$ 200.000,00
Despesa financeira:	R$ 100.000,00
Lucro do período:	**R$ 100.000,00**
Patrimônio Líquido:	R$ 1.000.000,00
Passivo:	R$ 500.000,00
Lucro sobre PL:	R$ 100.000,00 / R$ 1.000.000,00 **(0,10 ou 10%)**

GAF = (LL / PL) / [(LL + DF) / AT] = (100.000/1.000.000)/(100.000 + 100.000/1.500.000) = 0,10 / 0,1333 (0,75).

Imaginando que em X2 essa empresa tenha obtido um empréstimo de R$ 500.000,00 com juros de 10%, temos as seguintes informações:

Lucro antes dos juros: R$ 200.000,00

Despesa financeira: R$ 50.000,00

Lucro do período: R$ 150.000,00

Patrimônio Líquido: R$ 1.000.000,00

Passivo: R$ 500.000,00

Lucro sobre PL: R$ 150.000,00 / R$ 1.000.000,00 (0,15 ou 15%)

$GAF = (LL / PL) / [(LL + DF) / AT] = (150.000/1.000.000)/(150.000 + 50.000/1.500.000) = 0,15 / 0,13333 (1,125)$.

4.11. EBITDA

Também conhecido como *"Earnings Before Interest, Taxes, Deprecia-tion and Amortization"* ou "Lucro antes dos tributos, juros, depreciação e amortização". É uma medida de desempenho muito utilizada, pois reflete a capacidade da atividade operacional da empresa gerar caixa. Ao retirar os efeitos da depreciação, da amortização, da legislação tributária e da política monetária, torna-se possível fazer uma comparação de desempenho entre empresas de diversos segmentos em qualquer parte do mundo.

O EBITDA é representado por:

Resultado líquido antes das participações

(+) Tributos sobre o lucro

(+) Resultado financeiro

(+) Depreciações, Amortizações e Exaustões

(=) EBITDA

Exemplo:

Considere a DRE resumida de uma empresa industrial no ano de 2022:

Receita Líquida	R$ 1.900.000,00
(–) CPV	(R$ 1.200.000,00)
Resultado Bruto	R$ 700.000,00
(–) Despesas Operacionais	(R$ 320.000,00)
Resultado Operacional	R$ 380.000,00
(–) Resultado financeiro	(R$ 100.000,00)
Resultado antes dos tributos sobre o lucro	R$ 280.000,00
(–) Tributos sobre o lucro	(R$ 67.200,00)
Resultado líquido antes das participações	R$ 212.800,00

OBS.: Considerando que do total de CPV, 20% correspondem a depreciações e amortizações, temos o seguinte cálculo:

Resultado líquido antes das participações	R$ 212.800,00
(+) Tributos sobre o lucro	R$ 67.200,00
(+) Resultado financeiro	R$ 100.000,00
(+) Depreciações (20% de R$ 1.200.000,00)	R$ 240.000,00
(=) EBITDA	**R$ 620.000,00**

4.12. EVA

O *Economic Value Added*, também conhecido como EVA ou Valor Econômico Agregado, é uma medida do valor criado para um investimento ou para um portfólio de investimentos. No conceito de EVA, só existe lucro após a remuneração do capital empregado descontado o seu custo de oportunidade. Dessa forma, o valor econômico agregado tornou-se uma medida relacionada à criação de valor diferente da maioria dos indicadores de desempenho, uma vez que está **ligada diretamente à geração de riqueza ao acionista, refletindo no valor de mercado das companhias**. Nesse mesmo sentido, a gestão baseada em valor direciona a empresa na maximização de valor aos investidores, ao produzir resultados que **ultrapassem a remuneração mínima exigida pelos financiadores de capital**, ou seja, **gerando valor econômico agregado**.

Há três resultados possíveis na análise do EVA:

> Quando o EVA projetado é maior que zero (**EVA > 0**), indicando que o valor econômico da empresa supera o capital investido nos ativos.
>
> Quando o resultado do EVA é igual a zero (**EVA = 0**), indicando que o retorno é igual ao exigido pelos investidores.
>
> Quando o resultado do EVA é negativo (**EVA < 0**), indicando que o retorno é inferior ao capital investido nos ativos, logo, representa destruição de valor da empresa.

Logo, o EVA pode ser representado pela seguinte expressão matemática:

$$EVA = \text{Lucro Operacional} - (\text{Custo do Capital Total} \times \text{Capital Total})$$

Sendo:

Lucro Operacional: Resultado operacional líquido após os impostos.

Custo do Capital Total: Custo médio ponderado de capital da empresa.

Capital Total: Capital total investido na entidade.

Exemplo:

Lucro operacional: R$ 3.000.000,00

Capital total investido: R$ 10.000.000,00

Custo do capital: 21%

EVA = R$ 3.000.000,00 − (R$ 21% × R$ 10.000.000,00)

EVA = R$ 900.000,00

Ou seja, embora a empresa tenha obtido um lucro operacional líquido de R$ 3.000.000,00, agregou apenas R$ 900.000,00 de valor para os acionistas.

4.13. Custo Médio Ponderado de Capital (WACC)

Custo de capital é a remuneração mínima que os credores e acionistas esperam pelo custo de oportunidade de investimento de seus recursos, sendo estabelecido pelas condições com que a empresa obtém seus recursos financeiros. Em função das várias fontes de capitais obtidas e cada uma delas com custos específicos, o custo de capital de uma empresa geralmente é representado pelo **WACC** (*Weighted Average Cost of Capital*) ou simplesmente **CMPC** (Custo Médio Ponderado de Capital).

O custo médio ponderado de capital é o retorno exigido sobre o capital investido para que a empresa atinja o equilíbrio na aplicação efetuada. Essa taxa apropriada deve ser a taxa mínima de retorno esperada que uma empresa ou investimento precisa oferecer para ser atraente. Cabe ressaltar que o WACC pode ser empregado como taxa de desconto, quando o risco do projeto for similar ao risco dos ativos existentes, quando isso não ocorrer, há que se procurar outra taxa compatível com o risco do projeto novo.

O custo médio ponderado (WACC) é obtido pela seguinte fórmula:

$$\mathbf{CMPC} = (Kd \times D/V) \times (1 - t) + (Ke \times E/V)$$

Em que:

Kd = Custo da dívida antes do IR/CSLL (Capital de terceiros).

Ke = Custo do patrimônio líquido (Capital próprio)

D = Valor de mercado da dívida.

E = Valor de mercado do PL.

V = D + E.

t = Alíquota do imposto de renda.

Imagine que determinada empresa apresente as seguintes informações:

Valor de mercado da dívida (D) =	R$ 600.000,00
Valor de mercado do PL (E) =	R$ 400.000,00
Total de capital obtido (V) =	R$ 1.000.000,00

Custo da dívida antes do IR (Kd) =	9% a.a.
Custo do capital próprio (Ke) =	15% a.a.
Alíquota de IR =	34%

Logo, teremos:

CMPC = (0,09 × 600.000/1.000.000) × (1 − 0,34) + (0,15 × 400.000/1.000.000).

CMPC = (0,09 × 0,60) × (0,66) + (0,15 × 0,40).

CMPC = 0,03564 + 0,06 = 0,09564 (**9,564%**).

O custo médio ponderado da empresa é de 9,564% a.a.

4.13.1. Custo de Capital de Terceiros

É o retorno exigido pelos financiadores da empresa que corresponde a taxa de juros paga pelas dívidas da empresa com terceiros. Os dados são obtidos do Balanço Patrimonial (Empréstimos e Financiamentos) e da Demonstração do Resultado do Exercício (Juros ou Despesas Financeiras). Tendo em vista que os juros são despesas dedutíveis para fins de Imposto de Renda, paga-se menos IR e CSLL (**Benefício Fiscal**) e esse montante deverá ser levado em consideração no cálculo do custo mediante a seguinte fórmula:

$$Kd_{liq} = Kd \times (1 - IR/CSLL)$$

Exemplo:

Se uma empresa contrai um empréstimo de R$ 300.000,00 e paga juros de R$ 24.000,00. Com IR de 34%, qual será o custo da dívida líquida?

$Kd = 24.000,00 / 300.000,00 = 0,08\ (8\%)$ **Kd = Custo bruto**

$Kd \times (1 - IR) = 0,08 \times (1 - 0,34) = 0,0528\ (5,28\%)$ Kd_{liq} = **Custo líquido**

Benefício fiscal:

R$ 24.000,00 $\times$ 0,34 = **R$ 8.160,00**

Custo Efetivo:

R$ 24.000,00 – R$ 8.160,00 = **R$ 15.840,00**

R$ 15.840,00 / R$ 300.000,00 = 0,0528 (**5,28%**)

4.13.2. Custo de Capital Próprio

O *Capital Asset Pricing Model* (CAPM) é a metodologia mais utilizada para fins de cálculo do custo de capital próprio em avaliações de empresas. Esse modelo determina a taxa de retorno teórica apropriada de um determinado ativo em relação a uma carteira de mercado, representa a taxa de rentabilidade exigida pelos investidores como compensação pelo risco de mercado a que estão expostos.

É obtido por meio da seguinte fórmula:

$$Ke = Rf + [\beta \times (Rm - Rf)]$$

Em que:

Ke = Retorno exigido pelos acionistas.

Rf = Taxa de retorno de ativos livre de riscos.

β = Coeficiente beta ou indicador de risco não identificável do ativo.

Rm = Retorno do mercado.

(Rm − Rf) = Prêmio por risco de mercado.

A remuneração mínima estabelecida pelos acionistas tem a seguinte composição:

Taxa livre de risco:	5% a.a.
Beta da empresa:	1,2
Retorno de mercado:	12% a.a.

$Ke = 0,05 + [1,2 \times (0,12 - 0,05)] => Ke = 0,05 + (1,2 \times 0,07)$.

$Ke = 0,134$ (**13,40%**).

Coeficiente beta

É uma medida do risco sistemático (não diversificável), utilizada para se calcular o custo do capital próprio. Estuda o comportamento de um determinado título em relação ao mercado, representando a medida de volatilidade de seus retornos equiparados aos do mercado como um todo. Para sua identificação, busca-se no mercado uma amostra de empresas do mesmo setor e com características, tanto operacionais, como financeiras semelhantes à da empresa avaliada. Quanto maior o beta de uma ação, maior será o risco e o seu retorno ao mercado sendo compreendido da seguinte forma:

$\beta = 1,0$ (A ação está na mesma direção do retorno esperado do mercado).
$\beta > 1,0$ (O risco da ação é mais elevado que o risco do retorno de mercado).
$\beta < 1,0$ (O risco da ação é menor que o risco do retorno de mercado).

Por exemplo, se o beta da ação de uma empresa é de 1,2, significa que:

Se o mercado subir 10%, a ação tenderá a subir 12%.
Se o mercado diminuir 10%, a ação tenderá a cair 12%.

A fórmula para encontrar o beta é:

$$\beta = \frac{Cov(r_a, r_p)}{Var(r_p)}$$

r_a = Taxa de retorno do ativo.
r_p = Taxa de retorno do portfólio em que se insere o ativo ou taxa de retorno de mercado (Rm).

4.14. Métodos de Precificação de Ações

Precificar uma ação é uma tarefa complexa que envolve diversas variáveis, pois o mercado financeiro é bastante volátil e existem diversos fatores que podem influenciar no preço da ação de determinada entidade.

Apresentaremos aqui dois dos principais métodos de precificação de ações:

- Método de Gordon;
- Método do Fluxo de caixa descontado.

4.14.1. Método de Gordon

Esse método parte do princípio de que as ações são mais valorizadas quando pagam mais dividendos, logo, trata-se de um modelo de crescimento perpétuo projetando os fluxos de dividendos de forma indeterminada aplicando uma taxa de crescimento constante.

O método de Gordon é representando por:

$$\text{Preço da ação: } D / (k - g)$$

Em que:

D: Dividendo por ação esperado.

k: Taxa de desconto esperada (retorno esperado pelo investidor).

g: Taxa de crescimento perpétua dos dividendos.

Exemplo:

Dividendos pagos por ação: R$ 6,00
Retorno esperado pelos investidores: 9%
Taxa de crescimento esperada: 3%
Preço: R$ 6,00 / (0,09 – 0,03) = **R$ 100,00**

Ou seja, o preço da ação segundo o método de Gordon será de R$ 100,00.

4.14.2. Método do Fluxo de Caixa Descontado

É um dos principais métodos para avaliação de empresas, pois inclui a maioria das variáveis que podem impactar o valor de mercado de uma entidade. Nesse sentido, o método consiste na projeção dos fluxos de caixa futuros das atividades operacionais trazidos a valor presente a partir de uma taxa de desconto, considerando a perpetuidade da empresa. Feito isso, para encontrar o valor de mercado da empresa será necessário utilizar o valor presente do fluxo de caixa operacional encontrado, somar com as disponibilidades da empresa e deduzir das suas dívidas. Por fim, para encontrar o preço da ação, o valor de mercado obtido deverá ser dividido pelo número de ações.

Dessa forma, preço da ação encontrado pelo método do Fluxo de Caixa descontado é representado por:

> **Preço da ação:**
> **(Valor de mercado + disponível – dívidas) / número de ações**

Exemplo:

Estimativa de fluxos de uma empresa (2018 a 2022) em milhões:

Ano	2018	2019	2020	2021	2022
Fluxo de Caixa Livre	171,90	202,26	234,60	269,03	305,65
WACC	0,1308	0,1308	0,1308	0,1308	0,1308
Fluxo de Caixa Descontado	152,02	158,18	162,25	164,53	165,31
Valor Presente dos Fluxos Estimados	802,29				

A empresa permanecerá em continuidade após 2022 e estima-se uma taxa de crescimento de 6% ao ano.

Perpetuidade (Em milhões)	
Fluxo de Caixa para o ano 2021	305,65
WACC	0,1308
Taxa de crescimento	0,06
Valor presente da perpetuidade	4.317,11

Valor da empresa (Em milhões) e preço da ação	
Fluxo de Caixa Descontado Estimado	802,29
Valor da perpetuidade	4.317,11
Valor operacional da empresa	5.119,40
(+) Disponibilidades	125,30
(–) Empréstimos e Financiamentos	194,30
Valor de mercado (milhões)	5.050,40
Número de ações	300.000.000
Preço da ação	16,84

4.15. Índices para Acionistas

Os principais índices voltados para acionistas com interesse no valor de mercado da empresa são:

- Índice lucro por ação (LPA);
- Índice preço da ação sobre lucro por ação (P/PL);
- Índice rentabilidade da ação (RDA);
- Índice preço da ação sobre valor patrimonial (P/VPA);
- Índice dividendo por ação (DPA);
- Índice retorno de caixa da ação (RDC);
- Índice valor da firma sobre EBITDA (EV/EBTIDA).

Índice lucro por ação (LPA)

Indica quanto do lucro obtido corresponde cada ação, obrigatoriamente apresentado pelas sociedades por ações, sendo representado por:

> **LPA = Lucro líquido / número de ações**

Exemplo:

Lucro líquido da DRE:	R$ 1.200.000,00
Número de ações:	400.000
Lucro por ação:	R$ 1.200.000,00 / 400.000 = R$ 3,00

> A empresa gera um lucro de R$ 3,00 por cada ação investida pelos acionistas

Índice preço sobre lucro por ação (P/L)

Este índice pretende demonstrar quantos anos será necessário para recuperar o capital utilizado na compra da ação por meio do recebimento do lucro gerado, sendo representado por:

P/L = Preço da ação / Lucro por ação

Exemplo:

Preço de mercado da ação:	R$ 24,00
Lucro da empresa:	R$ 1.200.000,00
Quantidade de ações:	400.000 ações
Lucro por ação: (Lucro/n° ações)	R$ 3,00 (R$ 1.200.000,00 / 400.000)
Índice P/L (Preço/Lucro por ação)	R$ 24,00 /R$ 3,00 = 8

O retorno do capital investido na compra da ação, **ocorrerá no período de 8 anos.**

Índice rentabilidade da ação (RDA)

Indica qual o retorno da ação em termos percentuais, sendo representado por:

RDA = Lucro por ação / preço da ação

Exemplo:

Preço de mercado da ação: R$ 24,00
Lucro por ação: R$ 3,00
Índice rentabilidade da ação: R$ 3,00 / R$ 24,00 = 0,125 (12,50%)

> A ação possui uma rentabilidade **12,50%** no período, o que corrobora que o retorno do investimento será em 8 anos caso os resultados permaneçam os mesmos.

Índice preço da ação sobre valor patrimonial (P/PVA)

Relaciona o preço da ação ao valor patrimonial proporcional a ela, sendo representado por:

> **P/PVA = Preço da ação / valor patrimonial por ação**

Além disso, aponta quanto os acionistas topam pagar, no momento, pelo patrimônio líquido da companhia. Espera-se que o índice seja acima de 1, pois, do contrário, **a empresa vale menos do que a soma de seus ativos em valores correntes.**

Exemplo:

Preço de mercado da ação: R$ 24,00
Patrimônio Líquido: R$ 6.000.000,00
Quantidade de ações: 400.000 ações
Valor Patrimonial por ação: R$ 15,00 (R$ 6.000.000,00 / 400.000)
Índice P/VPA (Preço/Valor Patrimonial)   R$ 24,00 / R$ 15,00 = **1,60**

> Significa que essa ação está sendo negociada a **um valor 60% maior** do que seu valor patrimonial.

Índice dividendo por ação (DPA)

Indica quanto do lucro distribuído cabe a cada ação, sendo representado por:

> **DPA = Dividendos pagos / número de ações**

Sem dúvidas é um dos índices fundamentais, pois corresponde a um dos principais ganhos dos acionistas.

Exemplo:

Dividendos pagos:	R$ 800.000,00
Quantidade de ações:	400.000 ações
Índice dividendo por ação	R$ 800.000,00 / 400.000 = **2,00**

> Significa que a empresa paga R$ 2,00 de dividendos por ação negociada.

Índice retorno de caixa da ação (RDC)

Aponta quanto efetivamente o acionista embolsa para cada real investido na aquisição de ações segundo sua cotação, sendo representado por:

> **RDC = Dividendos por ação / preço da ação**

Exemplo:

Dividendo por ação: R$ 2,00
Preço da ação: R$ 24,00
Índice dividendo por ação   R$ 2,00 / 24,00 = 0,08

Demonstra que a empresa paga R$ 0,08 de dividendos por cada R$ investido na ação.

Índice valor da firma sobre EBITDA (EV/EBITDA)

Tal índice mostra quantos anos o resultado operacional da empresa levaria para pagar o investimento feito para comprá-la, sendo representado por:

EV/EBTIDA: Valor da Firma/EBITDA

Logo, quanto menor esse valor, mais rápido é o *payback* do investimento e mais atrativa seria a empresa.

Sendo:

EV: Valor de Mercado + Valor das Dívidas – Caixa e Equivalentes

EBITDA: Lucro antes dos juros, impostos, depreciação e amortização

Exemplo:

Valor de Mercado:	R$ 2.700.000.000,00
Valor das Dívidas:	R$ 2.200.000.000,00
Caixa e Equivalentes de Caixa:	R$ 1.100.000.000,00
EV:	R$ 3.800.000.000,00
EBITDA:	R$ 409.000.000,00
Índice EV/EBTIDA	**9,29**

> Ou seja, mantendo o resultado operacional ao longo dos anos, leva-se 9 anos para pagar o investimento feito para comprá-la.

4.16. Termômetro de Kanitz

Também chamado de Índice de Kanitz ou Escala de Kanitz, o Termômetro de Kanitz é um instrumento usado para prever a possibilidade de falência de empresas com base nos seguintes indicadores:

- Rentabilidade do Patrimônio Líquido (ROE);
- Liquidez Geral (LG);
- Liquidez Seca (LS);
- Liquidez Corrente (LG);
- Grau de Endividamento (GE).

Esse método foi criado pelo professor e economista brasileiro **Stephen Charles Kanitz** nos anos 1970. Na época, ele analisou cerca de 5.000 demonstrações contábeis de empresas nacionais e, a partir desse estudo, selecionou, de maneira aleatória, 21 negócios que haviam falido e prosperado entre 1972 e 1974. Com esses perfis em mãos, Kanitz analisou os balanços referentes aos dois anos anteriores das empresas que fecharam as portas e fez o mesmo com os dados contábeis das empresas que permaneceram ativas. A partir dos resultados, foi possível verificar quais os fatores mais relevantes para a falência de uma empresa.

Com base nos indicadores mencionados, Kanitz criou a seguinte fórmula:

$$Y= (0,05 \times RP +1,65 \times LG + 3,55 \times LS) - (1,06 \times LC + 0,33 \times GE)$$

Em que: 0,05; 1,65; 3,55; 1,06 e 0,33 são os pesos que devem multiplicar os índices. Os resultados podem apresentar três situações:

Área de solvência:
Se o resultado estiver acima de zero, considera-se que a empresa está na faixa de Solvência, ou seja, com baixo risco de falência. E, conforme aumenta o fator de insolvência, menor é a probabilidade de ela quebrar.

Área de penumbra:
Já se o resultado estiver entre zero e -3, temos o que o Kanitz chama de Penumbra, uma posição que demanda cautela e merece uma análise mais criteriosa.

Área de insolvência:
Por fim, se o resultado estiver abaixo de -3, no termômetro de Kanitz, isso indica um alerta vermelho total, pois aponta que a empresa se encontra na área de Insolvência, ou seja, em situação iminente de falência. E esse risco aumenta cada vez mais, conforme o fator de insolvência diminui.

Voltando aos conhecidos indicadores da AMBEV, temos o seguinte resultado:

ROE: 0,12

LG: 1,21

LC: 1,19

LS: 0,83

GE: 0,56

$Y = (0,05 \times 0,12 + 1,65 \times 1,21 + 3,55 \times 0,83) - (1,06 \times 1,19 + 0,33 \times 0,56)$

$Y = (0,006 + 1,9965 + 2,9465) - (1,2614 + 0,1848)$

$Y = 4,949 - 1,4462 => Y = 3,5028$

Com base nesse indicador, a AMBEV está na faixa de solvência.

EXERCÍCIOS RESOLVIDOS

1 – Determinada empresa apresenta uma evolução crescente do seu índice de liquidez corrente e uma evolução decrescente do seu índice de liquidez seca. Com base nas informações acima e considerando que as obrigações de curto prazo tiveram estabilidade durante o período de análise, responda: Qual seria a melhor explicação para esse fato?

RESOLUÇÃO:

Liquidez corrente: Ativo Circulante / Passivo Circulante.

Liquidez seca: Ativo Circulante – Estoques / Passivo Circulante.

Considerado que as obrigações de curto prazo apresentaram instabilidade, a **redução da liquidez seca significa que a empresa aumentou seus investimentos em estoques**, como se pode demonstrar no exemplo a seguir:

	X1		X2	% Aumento
Ativo circulante	R$ 150.000,00	Ativo circulante	R$ 200.000,00	33%
Passivo circulante	R$ 100.000,00	Passivo circulante	R$ 100.000,00	0%
Estoques	R$ 25.000,00	Estoques	R$ 100.000,00	300%
Liquidez corrente	1,50	Liquidez corrente	2,00	
Liquidez seca	1,25	Liquidez seca	1	

2 – Seguem os dados de determinada empresa no ano de 2023 (em milhares de reais):

Estoques	45.000,00
Máquinas e Equipamentos	48.000,00
Salários a pagar	18.000,00
Empréstimos a pagar curto prazo	23.000,00
Veículos	20.000,00
Reserva de Lucros	28.350,00
Propriedades para Investimentos	15.000,00
Capital Social	80.000,00
Provisões	10.050,00
Contas a receber curto prazo	47.000,00
Fornecedores	29.000,00
Contas a receber longo prazo	17.000,00
Caixa	3.500,00
Bancos	25.000,00
Financiamentos a pagar curto prazo	12.000,00
Financiamentos a pagar longo prazo	32.000,00
Softwares	11.900,00

Com base nas informações acima, calcule os índices de liquidez da empresa.

RESOLUÇÃO:

Primeiramente se faz necessário classificar as contas de forma correta no balanço patrimonial.

ATIVO		PASSIVO	
CIRCULANTE	R$ 120.500,00	CIRCULANTE	R$ 92.050,00
Disponibilidades	R$ 28.500,00	Salários a pagar	R$ 18.000,00
Contas a receber de CP	R$ 47.000,00	Fornecedores	R$ 29.000,00
Estoques	R$ 45.000,00	Empréstimos a pagar CP	R$ 23.000,00
		Provisões	R$ 10.050,00
		Financiamentos a pagar CP	R$ 12.000,00
NÃO CIRCULANTE	R$ 111.900,00	NÃO CIRCULANTE	R$ 32.000,00
– Realizável a longo prazo	R$ 17.000,00	Financiamentos a pagar LP	R$ 32.000,00
– Investimentos	R$ 15.000,00		
– Imobilizado	R$ 68.000,00	PATRIMÔNIO LÍQUIDO	R$ 108.350,00
– Intangível	R$ 11.900,00	Capital social	R$ 80.000,00
		Reservas de lucros	R$ 28.350,00
TOTAL	R$ 232.400,00	TOTAL	R$ 232.400,00

A partir daí, torna-se possível encontrar os indicadores:

Liquidez corrente: Ativo Circulante / Passivo Circulante.

Liquidez seca: Ativo Circulante – Estoques / Passivo Circulante.

Liquidez imediata: Disponibilidades / Passivo Circulante.

Liquidez geral: Ativo Circulante + RLP / Passivo Circulante + Passivo não Circulante.

Logo, temos:

Liquidez corrente: R$ 120.500,00 / R$ 92.050,00 = **1,31.**

Liquidez seca: R$ 120.500,00 – R$ 45.000,00 / R$ 92.050,00 = **0,82.**

Liquidez imediata: R$ 28.500,00 / R$ 92.050,00 = **0,31.**

Liquidez geral: R$ 120.500,00 + R$ 17.000,00 / R$ 92.050,00 + R$ 32.000,00 = **1,11.**

3 – Abaixo segue um balanço patrimonial resumido de determinada empresa nos últimos anos (em milhares de reais):

	2023	2022	2021	2020	2019
Caixa e equivalente	R$ 61.425,00	R$ 44.239,00	R$ 30.717,00	R$ 29.503,00	R$ 23.064,00
Contas a receber	R$ 17.155,00	R$ 11.974,00	R$ 10.650,00	R$ 8.035,00	R$ 7.324,00
Outros circulantes	R$ 3.657,00	R$ 4.720,00	R$ 2.949,00	R$ 2.479,00	R$ 1.881,00
Ativo circulante	R$ 82.237,00	R$ 60.933,00	R$ 44.316,00	R$ 40.017,00	R$ 32.269,00
Ativo não circulante	R$ 51.660,00	R$ 42.247,00	R$ 33.731,00	R$ 29.588,00	R$ 23.287,00

TOTAL ATIVOS	R$ 133.897,00	R$ 103.180,00	R$ 78.047,00	R$ 69.605,00	R$ 55.556,00
Passivo circulante	R$ 21.616,00	R$ 19.677,00	R$ 14.315,00	R$ 11.520,00	R$ 10.978,00
Passivo não circulante	R$ 2.899,00	R$ 137,00	R$ 0,00	R$ 0,00	R$ 0,00
Patrimônio líquido	R$ 109.382,00	R$ 83.366,00	R$ 63.732,00	R$ 58.085,00	R$ 44.578,00
TOTAL PASSIVOS	R$ 133.897,00	R$ 103.180,00	R$ 78.047,00	R$ 69.605,00	R$ 55.556,00

Baseado nas informações acima, calcule os seus índices de endividamento e realize comentários da sua evolução.

RESOLUÇÃO:

Primeiramente precisamos lembrar que:

Grau de endividamento: Passivo Circulante + Passivo não Circulante / Patrimônio Líquido.

Endividamento geral: Passivo Circulante + Passivo não Circulante / Ativo Total.

Endividamento de curto prazo: Passivo Circulante / Passivo Circulante + Passivo não Circulante.

Endividamento de longo prazo: Passivo não Circulante / Passivo Circulante + Passivo não Circulante.

Logo, temos:

Ano	2021	2020	2019	2018	2017
Grau de endividamento	0,22	0,24	0,22	0,20	0,25
Variação (%)	−5,70%	5,82%	13,25%	−19,46%	
Endividamento geral	0,18	0,19	0,18	0,17	0,20
Variação (%)	−4,66%	4,70%	10,82%	−16,24%	
Endividamento CP	0,88	0,99	1,00	1,00	1,00
Variação (%)	−11,21%	−0,69%	0,00%	0,00%	
Endividamento LP	0,12	0,01	0,00	0,00	0,00

Com base nesses resultados, é possível concluir que:

A empresa apresentou certa estabilidade nos indicadores ao longo do período analisado, mas foi possível perceber que:

– Houve redução da participação de capital de terceiros nos últimos anos.

– O ativo e o patrimônio líquido cresceram proporcionalmente mais do que o capital de terceiros.

– A empresa passou a contrair obrigações de curto longo prazo nos últimos 2 anos.

4 – Abaixo seguem informações resumidas das demonstrações financeiras de determinada empresa nos últimos anos:

	2021	2020	2019	2018	2017
Ativo circulante	R$ 82.237,00	R$ 60.933,00	R$ 44.316,00	R$ 40.017,00	R$ 32.269,00
Ativo não circulante	R$ 51.660,00	R$ 42.247,00	R$ 33.731,00	R$ 29.588,00	R$ 23.287,00
TOTAL ATIVOS	R$ 133.897,00	R$ 103.180,00	R$ 78.047,00	R$ 69.605,00	R$ 55.556,00
Passivo circulante	R$ 21.616,00	R$ 19.677,00	R$ 14.315,00	R$ 11.520,00	R$ 10.978,00
Passivo não circulante	R$ 2.899,00	R$ 137,00	R$	–	R$ –
Patrimônio líquido	R$ 109.382,00	R$ 83.366,00	R$ 63.732,00	R$ 58.085,00	R$ 44.578,00
TOTAL PASSIVOS	R$ 133.897,00	R$ 103.180,00	R$ 78.047,00	R$ 69.605,00	R$ 55.556,00

	2021	2020	2019	2018	2017
Receita operacional bruta	R$ 162.288,00	R$ 125.110,00	R$ 105.108,00	R$ 89.631,00	R$ 81.041,00
Tributos sobre vendas	–R$ 29.808,00	–R$ 23.387,00	–R$ 20.213,00	–R$ 18.755,00	–R$ 17.044,00
Receita Operacional Líquida	R$ 132.480,00	R$ 101.723,00	R$ 84.895,00	R$ 70.876,00	R$ 63.997,00
Custos dos serviços prestados	–R$ 49.979,00	–R$ 38.171,00	–R$ 33.683,00	–R$ 30.405,00	–R$ 28.744,00
Lucro bruto	R$ 82.501,00	R$ 63.552,00	R$ 51.212,00	R$ 40.471,00	R$ 35.253,00
Desp. Adm. e Gerais	–R$ 47.311,00	–R$ 36.723,00	–R$ 33.092,00	–R$ 27.123,00	–R$ 27.367,00

Outras receitas e desp. Operac.	R$ 2.211,00	R$ 2.085,00	–R$ 442,00	–R$ 219,00	–R$ 142,00
Resultado operacional	R$ 37.401,00	R$ 28.914,00	R$ 17.678,00	R$ 13.129,00	R$ 7.744,00
Resultado financeiro	R$ 1.251,00	–R$ 504,00	R$ 434,00	R$ 421,00	R$ 2.504,00
Resultado antes do IR/CSL	R$ 38.652,00	R$ 28.410,00	R$ 18.112,00	R$ 13.550,00	R$ 10.248,00
IR / CSLL	–R$ 10.663,00	–R$ 7.529,00	–R$ 5.495,00	–R$ 4.563,00	–R$ 3.490,00
Lucro Líquido	R$ 27.989,00	R$ 20.881,00	R$ 12.617,00	R$ 8.987,00	R$ 6.758,00
Depreciação no resultado	R$ 8.343,00	R$ 5.178,00	R$ 3.853,00	R$ 3.553,00	R$ 3.515,00

Analisando essas informações e realizando os cálculos necessários, comente sobre os índices de lucratividade e rentabilidade na empresa durante o período.

RESOLUÇÃO:

Primeiramente precisamos lembrar que:

Margem bruta: Resultado Bruto / Receita Líquida.

Margem operacional: Resultado Operacional / Receita Líquida.

Margem líquida: Resultado Líquido / Receita Líquida.

Rentabilidade sobre o ativo: Resultado Líquido / Ativo total médio.

Rentabilidade sobre o PL: Resultado Líquido / PL total médio.

Giro do ativo: Receita Líquida / Ativo total médio.

Taxa de retorno: Margem Líquida × Giro do Ativo.

Logo, temos:

Índices de lucratividade	2021	2020	2019	2018	2017
Margem bruta	62,27%	62,48%	60,32%	57,10%	55,09%
Margem operacional	28,23%	28,42%	20,82%	18,52%	12,10%
Margem líquida	21,13%	20,53%	14,86%	12,68%	10,56%

Índices de rentabilidade	2021	2020	2019	2018
Rentabilidade sobre o ativo	23,61%	23,04%	17,09%	14,36%
Rentabilidade sobre o PL	29,04%	28,39%	20,71%	17,51%
Giro do ativo	1,12	1,12	1,15	1,13
Taxa de retorno	23,61%	23,04%	17,09%	14,36%

De acordo com esses resultados, é possível concluir que:

Houve um aumento expressivo da margem operacional durante o período analisado. Esse aumento foi proveniente do incremento de outras receitas operacionais apuradas nos 2 últimos anos. Além disso, houve um aumento expressivo da margem líquida durante o período analisado, proveniente do resultado financeiro apurado em 4 dos 5 anos.

5 – Uma sociedade empresária apresentou os seguintes indicadores nos últimos três exercícios:

Indicador	2021	2022	2023
Grau de Endividamento	1,0	2,0	3,0
Rentabilidade sobre o Patrimônio Líquido	18%	21%	24%
Rentabilidade sobre o Ativo	15%	15%	15%
Margem Líquida	10%	6%	5%

A partir da análise dos indicadores, realize comentários acerca da rentabilidade sobre o ativo dessa empresa.

RESOLUÇÃO:

Primeiramente precisamos lembrar que a rentabilidade do ativo pode ser encontrada de duas maneiras:

> Rentabilidade sobre o ativo: Resultado Líquido / Ativo total médio
>
> Ou
>
> Rentabilidade sobre o ativo: Margem Líquida × Giro do Ativo

Nesse contexto, analisando o quadro acima, pode-se afirmar que, se a rentabilidade sobre o ativo permaneceu a mesma durante todo o período e a margem líquida reduziu, certamente o giro do ativo aumentou. Criando cenários hipotéticos para comprovar tal afirmativa:

Hipoteticamente em 2021

Lucro	R$ 10.000,00
Receita líquida	R$ 100.000,00
Margem líquida	10,00%
ROA = Lucro / Ativo	0,15 = 10.000 / Ativo
Ativo	R$ 66.666,67
ROA	15%
Giro do ativo = Receita líquida / Ativo	**1,5**

Hipoteticamente em 2022

Lucro	R$ 6.000,00
Receita líquida	R$ 100.000,00
Margem líquida	6,00%
ROA = Lucro / Ativo	0,15 = 10.000 / Ativo
Ativo	R$ 40.000,00
ROA	15%
Giro do ativo = Receita líquida / Ativo	**2,5**

Hipoteticamente em 2023

Lucro	R$ 5.000,00
Receita líquida	R$ 100.000,00
Margem líquida	5,00%
ROA = Lucro / Ativo	0,15 = 10.000 / Ativo
Ativo	R$ 33.333,33
ROA	15%
Giro do ativo = Receita líquida / Ativo	**3**

6 – Uma empresa apresentou os seguintes resultados financeiros no ano de 2023:

Item	Inicial	Final
Estoque	R$ 5.000.000	R$ 7.000.000
Contas a receber	R$ 1.766.000	R$ 2.400.000
Contas a pagar	R$ 3.700.000	R$ 4.300.000

Sabe-se que, no mesmo período, as receitas de vendas totalizaram R$ 50.000.000,00 e o custo das mercadorias vendidas R$ 30.000.000,00. Dessa forma, calcule o ciclo financeiro da empresa em 2023.

RESOLUÇÃO:

Primeiramente precisamos lembrar que o ciclo financeiro é obtido por meio da expressão:

Ciclo financeiro: Prazo médio de estocagem + Prazo médio de recebimento – Prazo médio de pagamento

Logo, temos:

Estoques		Contas a receber		Contas a pagar	
Saldo inicial	5.000.000	Saldo inicial	1.766.000	Saldo inicial	3.700.000
Saldo final	7.000.000	Saldo final	2.400.000	Saldo final	4.300.000
Saldo médio	6.000.000	Saldo médio	2.083.000	Saldo médio	4.000.000
Custo de vendas	30.000.000	Receita de vendas	50.000.000	Compras	32.000.000
Giro dos estoques	5	Giro do CR	24	Giro do CP	8
Dias no ano	360	Dias no ano	360	Dias no ano	360
Prazo médio de estocagem	72	Prazo médio de recebimento	15	Prazo médio de pagamento	45
Ciclo econômico	72				
Ciclo operacional	87				
Ciclo financeiro	42				

Conclusão: A empresa possui um ciclo financeiro desfavorável em 42 dias, necessitando de capital de giro para financiar as suas atividades

7 – Seguem as informações de determinada empresa durante alguns anos:

	2021	2020	2019	2018	2017
Caixa e equivalente	R$ 61.425,00	R$ 44.239,00	R$ 30.717,00	R$ 29.503,00	R$ 23.064,00
Contas a receber	R$ 17.155,00	R$ 11.974,00	R$ 10.650,00	R$ 8.035,00	R$ 7.324,00
Outros ativos operacionais	R$ 3.657,00	R$ 4.720,00	R$ 2.949,00	R$ 2.479,00	R$ 1.881,00
Ativo circulante	R$ 82.237,00	R$ 60.933,00	R$ 44.316,00	R$ 40.017,00	R$ 32.269,00
Passivos operacionais	R$ 21.616,00	R$ 19.677,00	R$ 14.315,00	R$ 11.520,00	R$ 10.978,00
Receita Bruta	R$ 190.012,00	R$ 162.288,00	R$ 125.110,00	R$ 105.108,00	R$ 89.631,00

A partir das informações acima, calcule o giro do contas a receber, o prazo médio de recebimento e a necessidade de capital de giro dessa empresa durante esse período.

RESOLUÇÃO:

Importante reforçar que:

Giro do contas a receber: Receita / Saldo médio Clientes (Contas a receber).

Prazo médio de recebimento: 360 dias / Giro do contas a receber.

Necessidade de capital de giro: Ativos circulantes operacionais – Passivos circulantes operacionais.

Logo, temos:

Descrição	2021	2020	2019	2018
Giro do contas a receber	13,05	14,35	13,39	13,69
Prazo médio de recebimento	28	25	27	26
NCG	–R$ 804,00	–R$ 2.983,00	–R$ 716,00	–R$ 1.006,00

Conclusão: Nesse contexto, a empresa possui excesso de capital de giro

8 – Dados extraídos de uma empresa comercial em 2021:

Ativo Total	R$ 500.000,00
Patrimônio Líquido	R$ 500.000,00
Receitas operacionais	R$ 300.000,00
Despesas operacionais	R$ 200.000,00

Durante o ano de 2022, a empresa contraiu um empréstimo de R$ 200.000,00 no qual foi aplicada uma taxa de juros de 15% a.a. Considerando que os demais itens continuam com os mesmos valores, avalie se a obtenção do capital de terceiros foi vantajosa para a empresa, a partir do cálculo de alavancagem financeira.

RESOLUÇÃO:

Para que a alavancagem financeira seja favorável à empresa, é necessário que o custo financeiro do capital de terceiros seja inferior ao retorno sobre o patrimônio líquido.

Logo, teremos a seguinte análise em 2021:

2021

Ativo total	R$ 500.000,00
Patrimônio líquido	R$ 500.000,00
Receitas operacionais	R$ 300.000,00
Despesas operacionais	R$ 200.000,00
Lucro	R$ 100.000,00
Retorno sobre o PL	20%

Com o empréstimo obtido de R$ 200.000,00 e custo financeiro de 15%, a empresa assumirá uma despesa de juros de R$ 30.000,00. Além disso, teremos um aumento no ativo e no passivo de R$ 200.000,00.

Logo, teremos a seguinte análise em 2022:

2022

Ativo total	R$ 700.000,00
Patrimônio líquido	R$ 500.000,00
Receitas operacionais	R$ 300.000,00
Despesas operacionais	R$ 200.000,00
Despesas financeiras	R$ 30.000,00
Lucro	R$ 70.000,00
Retorno sobre o PL	14%

Ou seja, o retorno sobre o PL ficou em 14% em comparação com o custo financeiro para obter o capital de terceiros de 15%. Dessa forma, o GAF será desfavorável (menor do que 1), conforme detalhado abaixo:

GAF: (70.000 / 500.000) / [(70.000 + 30.000) / 700.00]

GAF: 0,14 / 0,142857

GAF: 0,98

9 – Seguem informações sobre determinada empresa de capital aberto em 2022:

Lucro operacional: R$ 6.000.000,00
Capital total investido: R$ 24.000.000,00
Custo do capital: 15,00%

Com base nos conceitos apresentados, calcule o valor econômico agregado dessa empresa.

RESOLUÇÃO:

Primeiramente precisamos lembrar que o EVA é encontrado da seguinte forma:

EVA: Resultado Operacional – Custo de Capital

Logo, temos:

Lucro operacional	R$ 6.000.000,00
Capital total investido	R$ 24.000.000,00
Custo de capital	15%
Valor econômico agregado	R$ 6.000.000,00 – (R$ 24.000.000,00 × 0,15)
Valor econômico agregado	**R$ 2.400.000,00**

Conclusão: O resultado operacional da empresa foi superior ao custo de capital obtido, logo, a empresa conseguiu agregar valor.

10 – Determinada empresa possui a seguinte estrutura de capital:

- Os passivos financeiros da empresa totalizam R$ 1.800.000,00;
- A taxa de juros média cobrada nas dívidas com terceiros é de 14,50% ao ano;
- O capital social da empresa é dividido em 280.000 ações;

- As ações estão cotadas na média a R$ 15,00;
- O custo de capital próprio da empresa é de 20%;
- A alíquota de Imposto de Renda é de 34%.

De acordo com as informações acima, calcule o seu WACC.

RESOLUÇÃO:

Passivos financeiros	R$ 1.800.000,00	30%
Capital próprio	R$ 4.200.000,00	70%
Total de recursos	R$ 6.000.000,00	100%
Custo efetivo de CT		
Kd Bruto	14,50%	
Alíquota de IR/CSLL	34%	
Kd líquido	9,57%	
Custo de CP		
Taxa livre de risco (Rf)	14%	
Prêmio de risco (Rm – Rf)	4%	
Beta	1,5	
Ke	20%	
Custo médio ponderado de capital		
% CT	30%	
% CP	70%	
Custo de CT	9,57%	
Custo de CP	20%	
WACC	16,87%	

Capítulo 5

Avaliação de Desempenho e Sistema de Recompensa

5.1. Avaliação de Desempenho

A avaliação de desempenho originalmente foi estruturada para mensurar tanto o desempenho quanto o potencial dos colaboradores, tratando-se de uma avaliação sistemática elaborada pelos supervisores ou outros hierarquicamente superiores que conheçam as tarefas realizadas pelo colaborador. Ela fornece aos colaboradores informações sobre o seu desempenho, de forma que possam aperfeiçoá-la sem diminuir a sua independência e motivação para a realização do trabalho. O desempenho reflete no sucesso da própria organização, pois o desenvolvimento da organização e seus colaboradores é interdependente. O objetivo da avaliação do desempenho nas organizações não é simplesmente avaliar o desempenho dentro da função, setor ou da organização, mas também busca educar, desenvolver, treinar e avaliar o desempenho dos indivíduos. Diante da importância do tema, este capítulo apresentará algumas formas de avaliação de desempenho.

5.1.1. Descentralização

Segundo Garrison (2013), uma das formas encontradas para avaliar desempenho é a partir da descentralização. Por exemplo, não se pode esperar que o CEO de uma rede de hotéis decida se determinado hóspede pode fazer o *checkout* mais tarde do que o horário normal. Certamente, existem outros colaboradores autorizados a tomar esse tipo de decisão. Em uma organização descentralizada, a autoridade da tomada de decisões é dispersa por toda a organização, em vez de estar concentrada em alguns alto executivos. Por conta disso, os gestores das grandes organizações precisam delegar algumas decisões e estabelecer metas de cumprimento àqueles que estão em níveis hierárquicos mais baixos da organização.

Nesse sentido, é possível identificar algumas vantagens e desvantagens da descentralização para fins de avaliação de desempenho:

Principais vantagens

- Ao delegar a solução de problemas do dia a dia a gerentes de níveis hierárquicos mais baixos, a alta gerência pode se concentrar em problemas mais importantes, como a estratégia geral;
- Autorizar gerentes de níveis hierárquicos mais baixos a tomarem decisões, coloca a autoridade de tomada de decisões nas mãos daqueles que tendem a ter as informações mais detalhadas e atualizadas sobre as operações do cotidiano;

- Ao eliminar camadas de tomada de decisões e aprovações, as organizações podem responder mais rapidamente aos clientes e a mudanças no ambiente operacional;
- Conceder autoridade de tomada de decisões ajuda a treinar os gerentes de níveis mais baixos para cargos de níveis hierárquicos mais altos;
- Autorizar os gerentes de níveis hierárquicos mais baixos a tomarem decisões pode aumentar sua motivação e satisfação no emprego.

Principais desvantagens:

- Gerentes de níveis hierárquicos mais baixos podem tomar decisões sem ter que compreender totalmente o quadro geral;
- Se esses gerentes tomarem decisões sozinhos, pode ocorrer falta de coordenação;
- Eles podem ter objetivos que entram em conflito com os objetivos de toda a organização. Por exemplo, um gerente pode estar mais interessado em aumentar o tamanho de seu departamento, proporcionando a si mesmo mais poder e prestígio, do que em aumentar a sua eficácia;
- Difundir ideias inovadoras pode ser difícil em uma organização descentralizada. Alguém, em alguma parte da organização, pode ter uma ideia excelente que beneficiaria outras áreas, mas sem uma forte direção central, a ideia pode não ser compartilhada ou adotada por outras partes da organização.

5.1.2 Contabilidade por Responsabilidade

Para Garrison (2013), organizações descentralizadas precisam de contabilidade por responsabilidade que associem a autoridade de tomada de decisões de gerentes de níveis hierárquicos inferiores à responsabilidade pelos resultados dessas decisões. O termo é usado para qualquer parte de uma organização, sobre a qual um gerente tenha controle e seja responsabilizado por seus custos, lucros ou investimentos. Nesse contexto, os três tipos principais de centros de responsabilidades sujeitos à contabilidade gerencial são: centros de custos, centros de lucros e centros de investimentos.

Centros de custos

Possuem controle sobre os custos, mas não sobre as receitas ou o uso de fundos de investimento. Os departamentos de serviços, como o de contabilidade, finanças, administração geral, jurídico e de pessoal, são normalmente classificados como centros de custos, assim como as instalações fabris.

Espera-se que os gestores desses centros minimizem custos, ao mesmo tempo em que oferecem o mesmo nível de produtos e serviços demandados pelas outras partes da organização. Por exemplo, o gerente de uma fábrica seria avaliado, pelo menos em parte, comparando os custos reais com a quantidade que deveria ter sido para o nível real de saída durante o período.

Centros de lucros

Possuem controle sobre os custos e as receitas, mas não sobre o uso de fundos de investimento. Por exemplo, o gestor de uma filial de supermercados seria responsável pelas receitas e custos e, portanto, pelos lucros dessa unidade, mas ele pode não ter controle sobre os investimentos realizados nessa operação. Os gestores de centros de lucros geralmente são avaliados comparando os lucros reais aos orçados.

Centros de investimentos

Os gestores dos centros de investimentos possuem controle sobre custos, receitas e investimentos em ativos operacionais. Por exemplo, o vice-presidente de produção da General Motors na América do Norte tem um grande poder de decisão quanto aos investimentos na produção, em equipamento para produzir motores mais eficientes em termos de combustível. Uma vez que os altos gerentes da General Motors e seu conselho de diretoria tenham aprovado as propostas do vice-presidente, ele será responsabilizado pelas decisões tomadas. Normalmente, os responsáveis pelos centros de investimentos são avaliados usando medidas de retorno sobre o investimento (ROI) ou de lucro residual (EVA).

Um pouco mais sobre centro de custos

Centro de custo é uma unidade dentro da empresa, geralmente um departamento ou um projeto, que agrupa receitas e despesas, facilitando a análise dos dados e auxiliando nas decisões gerenciais. É como se cada setor ou projeto fosse transformado em uma pequena empresa independente, na qual as receitas e despesas foram isoladas do restante dos departamentos ou projetos, possibilitando que seja analisada a representatividade de cada uma delas em relação ao todo.

Entender essa dinâmica é fundamental para definir o orçamento ideal para cada uma delas, tornando a empresa mais eficiente e alocando recursos onde o retorno realmente vai acontecer. Além disso, com o planejamento adequado dos centros de custos, a empresa consegue entender quais áreas do seu negócio gastam mais, podendo, assim, avaliar o desempenho de todas elas e, consequentemente, desenvolver estratégias para cumprir as metas de cada uma.

> Afinal, o objetivo de todo empreendedor é fazer uma gestão eficiente e aumentar os lucros!

Normalmente, na estrutura da organização, alguns setores possuem responsabilidade direta pelo lucro, enquanto outros participam dessa construção de forma mais indireta.

Diante disso, pode-se dividir os centros de custos em:

Centro de custo produtivo

Também chamados de centros de custos diretos, são as áreas que influenciam diretamente na entrada de recursos na empresa. Em uma pequena empresa de confecção de roupas, por exemplo, o setor de corte, costura e acabamento pode ser considerado um único centro de custo, já que ele gera despesas, mas também é responsável direto pelas receitas. Enquanto em empresas maiores, áreas como vendas ou telemarketing também podem ser consideradas produtivas por participarem ativamente do processo de geração de lucro.

Centro de custo não produtivo

Também chamados de indiretos, auxiliares ou ainda administrativos, não têm uma relação direta com a produção ou venda da produção. São os setores que têm função administrativa e gerencial, como as áreas financeira, jurídica ou de comunicação de um negócio. Esses centros de custos, normalmente, geram somente despesas, por isso podem apresentar resultados individuais negativos. No entanto, mesmo não apresentando lucro, são setores essenciais para manter o funcionamento da empresa como um todo e, justamente por isso, as despesas devem ser divididas entre os outros centros de custos.

Exemplos de centros de custos de uma empresa industrial:

Figura 5.1 – Centros de custos

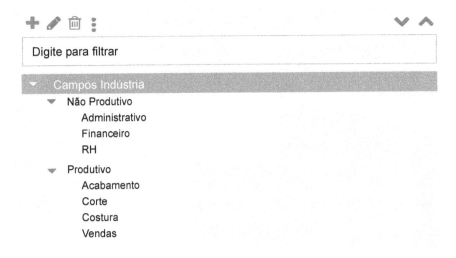

Fonte: Treasy; Fernandes, 2018.

Nesse contexto, é fundamental que a empresa possua ferramentas para apresentar uma DRE gerencial por centros de custos, como sugere a figura abaixo:

Figura 5.2 – DRE Gerencial

DRE - Demonstrativo de Resultados do Exercício

Filtros Ativos

Centro de Resultado (NOVOS NEGÓCIOS)

Estrutura	Jan/2022 Planejado	Jan/2022 Realizado	Jan/2022 Variação (%)
> (+) RECEITA DE VENDAS BRUTA	646.667	732.674	13%
> (-) DEDUÇÕES DA RECEITA	55.161	63.122	14%
> (-) RECEITA VENDAS LÍQUIDA	591.506	669.552	13%
> (-) MARGEM DE CONTRIBUIÇÃO BRUTA	591.506	669.552	13%
> (-) GASTOS E DESPESAS - VARIÁVEIS			
(=) MARGEM DE CONTRIBUIÇÃO	591.506	669.552	13%
v (-) GASTOS E DESPESAS - FIXAS	48.000	50.000	4%
v (-) DESPESAS OPERACIONAIS	48.000	50.000	4%
> NOVOS NEGÓCIOS	48.000	50.000	4%
(=) EBITDA	543.506	619.552	14%
(-) DEPRECIAÇÃO			
> (-) OUTRAS DESPESAS			
(=) RESULTADO OPERACIONAL	543.506	619.552	14%

Fonte: Treasy; Fernandes, 2018.

5.1.3. Medidas de Desempenho Operacional

De acordo com Garrison (2013), além de medidas de desempenho financeiro, as organizações adotam diversas medidas de desempenho não financeiras. Enquanto as medidas financeiras expressam os resultados que as pessoas na organização fazem, elas não medem o que determina o desempenho organizacional. Por exemplo, as variações das atividades e receitas refletem os resultados dos esforços direcionados ao aumento das vendas, mas não mesuram as ações que realmente determinam as vendas, como melhorar a qualidade, expor mais clientes potenciais ao produto, atender pedidos de clientes no prazo, e assim por diante. Como consequência, muitas organizações usam uma variedade de medidas não financeiras de desempenho além de medidas financeiras.

Nesse contexto, apresentaremos três exemplos dessas medidas que são fundamentais para o sucesso em muitas organizações:

- Templo de ciclo do pedido;
- Tempo de transformação;
- Eficiência do ciclo de produção.

Mesmo que esses exemplos sejam mais frequentemente utilizados em empresas industriais, também podem ser aplicados por prestadoras de serviços na medida que exista uma defasagem entre o recebimento de um pedido do cliente e a resposta a esse pedido.

Tempo de ciclo do pedido

A quantidade de tempo do momento em que o pedido de um cliente é recebido até o momento em que o pedido concluído é expedido chama-se tempo de ciclo do pedido. Ou seja:

Tempo de ciclo do pedido: Tempo de espera + Tempo de transformação

Esse tempo sem dúvida é de grande interesse para muitos clientes que gostariam que o tempo de ciclo do pedido fosse o mais curto possível. Diminuir esse ciclo pode dar à empresa uma vantagem competitiva essencial, como também ser necessário para sua sobrevivência.

Tempo de transformação (tempo do ciclo de produção)

A quantidade de tempo necessária para transformar matérias-primas em produtos acabados chama-se tempo de transformação ou tempo do ciclo de produção. Nesse contexto, o tempo de transformação é formado por:

> **Tempo de processamento:** Quantidade de tempo em que realmente se trabalha no produto.
>
> **Tempo de inspeção:** Quantidade de tempo gasto assegurando que o produto não seja defeituoso.
>
> **Tempo de movimentação:** Quantidade de tempo necessária para se movimentar materiais ou produtos parcialmente concluídos de uma estação de trabalho a outra.
>
> **Tempo de fila:** Quantidade de tempo que um produto gasta esperando para ser trabalhado, movimentado, inspecionado ou expedido.

Eficiência do ciclo de produção

Por meio de esforços coordenados a fim de eliminar as atividades que não agregam valor, como inspeção, movimentação e fila; algumas empresas conseguem reduzir seu tempo de transformação a apenas uma fração dos níveis anteriores. Por sua vez, isso ajuda a reduzir o tempo de ciclo do pedido de meses para apenas semanas ou horas.

O tempo de transformação, que é considerado uma medida-chave no desempenho da entrega de produtos, pode ser colocado em uma perspectiva melhor calculando-se a **eficiência do ciclo de produção (ECP)**, que é determinada relacionando o tempo de agregação de valor ao tempo de transformação. Nesse sentido, temos a seguinte expressão matemática:

$$ECP = \frac{\text{Tempo de agregação de valor (Tempo de processamento)}}{\text{Tempo de transformação (Tempo do ciclo de produção)}}$$

Qualquer tempo sem agregação de valor resulta em uma ECP menor do que 1. Ou seja, um ECP de 0,5, por exemplo, significaria que metade do tempo de produção total consiste em inspeção, movimentação e outras atividades similares que não agregam valor. Em muitas empresas industriais, a

ECP é menor do que 0,1 (10%), ou seja, 90% do tempo em que uma unidade está em processamento são gastos em atividades que não agregam valor ao produto. Dessa forma, monitorar a ECP ajuda as empresas a reduzirem as atividades que não agregam valor e, assim, fazerem o produto chegar às mãos dos clientes de modo mais rápido e por um custo mais baixo.

Exemplo:

Considere as seguintes informações de uma empresa industrial que registrou cuidadosamente o tempo levado para concluir os pedidos dos clientes durante um trimestre:

Durante o último trimestre, foram registradas as seguintes médias por pedido:

Tempo	Dias
Médio de espera	17
Médio de inspeção	0,4
Médio de processamento	2
Médio de movimentação	0,6
Médio de fila	5

OBS.: Os produtos são expedidos assim que a produção é concluída.

<u>Primeiro passo:</u>

Calcular o tempo de transformação:

> **Tempo de transformação:** Tempo de processamento + Tempo de inspeção + Tempo de movimentação + Tempo de fila.

Logo, temos:

Tempo de transformação: 2 dias + 0,4 dias + 0,6 dias + 5 dias = **8 dias.**

Segundo passo:

Calcular o tempo de agregação de valor:

Nesse caso específico, somente o tempo de processamento pode ser considerado para o cálculo, ou seja, **2 dias.**

Terceiro passo:

Calcular a eficiência do ciclo de produção:

$$\text{ECP} = \frac{\text{Tempo de agregação de valor (Tempo de processamento)}}{\text{Tempo de transformação (Tempo do ciclo de produção)}}$$

Logo, temos:

ECP: 2 dias / 8 dias = **0,25**

Uma vez colocado em produção, um pedido em média é trabalhado em 25% do tempo. Ou seja, 75% do tempo de produção total é gasto em atividades que não agregam valor.

Quarto passo:

Calcular o tempo de ciclo do pedido:

> **Tempo de ciclo do pedido:** Tempo de espera + Tempo de transformação

Logo, temos:

Tempo de ciclo do pedido: 17 dias + 8 dias = **25 dias.**

5.2. Indicadores de Desempenho

De acordo com Padoveze (2012), pode-se definir indicadores de desempenho como um conjunto de medidas financeiras e não financeiras, preestabelecidas pela administração, que servirão como metas a serem alcançadas ou superadas, para controle do desempenho da empresa e dos gestores divisionais.

As empresas sempre utilizaram indicadores ou medidas de desempenho para avaliar seus processos e atividades. De um modo geral, essas medidas eram aplicadas pontualmente para avaliar os processos fabris e comerciais, sem uma preocupação específica em integrá-los com os dados financeiros e com os objetivos estratégicos.

A partir dos anos 1970, com a disseminação dos conceitos de controle de qualidade total, fortemente baseados em indicadores não financeiros, as empresas passaram a se conscientizar mais sobre a importância de utilizar sistematicamente indicadores para medir processos e atividades-chave, complementando as mensurações financeiras.

O conceito central e fundamental na adoção de indicadores de desempenho é a métrica, ou seja, a medição. A base conceitual é que tudo o que não é medido não pode ser gerenciado. Assim, para o adequado gerenciamento das atividades e processos empresariais e, consequentemente, dos gestores, é preciso traduzir a avaliação em números e, como proposta básica, transformá-los em indicadores parâmetros.

5.2.1. Indicadores-Chave de Desempenho (KPI)

A possibilidade de construir indicadores de desempenho é muito ampla, uma vez que dentro das empresas a quantidade de processos e atividades é extensa. Com uma análise, é possível identificar processos de maneira extremamente analítica, podendo chegar a distinguir milhares de processos com seus respectivos indicadores.

Como claramente a utilização de muitos indicadores tende a confundir e enviesar a visão adequada dos negócios, o conceito que foi desenvolvido e consolidado foi o de indicadores-chave de desempenho, hoje conhecido como KPI (Key Performance Indicators). Pode-se defini-los como a medida do nível de desempenho de um determinado processo ou a eficiência da realização de uma atividade. É importante que a escolha dos KPIs seja estruturada e os indicadores coordenados entre si. Essa escolha deve levar em conta alguns conceitos básicos, tais como:

- Devem ser específicos;
- Devem possibilitar acurácia da mensuração;
- Devem ser desafiados, mas passíveis de serem alcançados;
- Devem representar processos e atividades atuais.
- São exemplos de KPIs:
- Tempo de tramitação de pedidos;
- Tempo de processamento de notas fiscais;
- Tempo de respostas de chamados de assistência técnica;
- Faturamento do funcionário;
- Satisfação dos clientes.

5.2.2 Sistemas de Informações de Indicadores de Desempenho

Ainda de acordo com Padoveze (2012), são vários conceitos de sistemas de indicadores de desempenho que podem ser acoplados ou não a softwares genéricos ou construídos especificamente para isso. Os conceitos mais conhecidos de sistema de gestão por indicadores de desempenho que antecederam ao conceito generalista de KPI são:

TQC (Total Quality Control) – Controle de Qualidade Total

A filosofia básica desse conceito é de que a qualidade deve ser assegurada desde a concepção inicial do produto e em todos os processos por em que passa o produto. O foco é o cliente e dessa forma os produtos devem ser construídos pensando na satisfação dos clientes da empresa.

ISO 9000

Os sistemas ISO focam também a qualidade dos produtos e serviços, garantindo que os processos sejam realizados em conformidade com o procedimento estabelecido e com os padrões desenhados para atender às necessidades dos clientes.

A diferença básica entre TQC e ISO é que esta última é regulamentada e as empresas precisam da certificação oficial para qualificarem seu sistema de qualidade. Enquanto o TQC é um conceito interno que não exige certificação.

5.2.3. Indicadores de Excelência Empresarial

A ideia dos indicadores de excelência empresarial é similar aos indicadores de manufatura de classe mundial, mas são aplicados ao negócio como um todo, permitindo que se caracterizem como benchmarking (padrões externos de excelência) para as empresas de uma determinada atividade. Um exemplo muito conhecido no Brasil é a pesquisa anual realizada pela Revista Exame, a qual utiliza os seguintes indicadores:

- Valor de vendas;
- Crescimento das vendas;
- Valor do patrimônio líquido;
- Rentabilidade do patrimônio líquido;
- Capital circulante líquido;

- Liquidez geral;
- Grau de endividamento;
- Riqueza criada;
- EBITDA;
- Dentre outros.

5.3. Balanced Scorecard

O Balanced Scorecard é um sistema de informação para gerenciamento da estratégia empresarial, traduzindo a missão e a estratégia da empresa em um conjunto abrangente de medidas de desempenho financeiras e não financeiras, que serve de base para um sistema de medição e gestão estratégica.

Para Kaplan e Norton (1997), o Balanced Scorecard é mais do que um sistema de indicadores, pois complementa as métricas financeiras do desempenho passado com medidas dos vetores que desempenham o desenvolvimento futuro. Nesse sentido, cada indicador do Scorecard se converte em parte integrante de uma cadeia ideológica de causa e efeito que conecta os resultados almejados da estratégia com os vetores que induzirão a essas consequências.

O principal objetivo do BSC está no alinhamento do planejamento estratégico por meio de algumas ações, de acordo com a figura abaixo:

Figura 5.3 – Balanced Scorecard

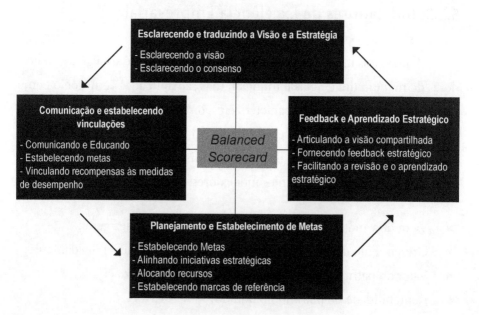

Fonte: Padoveze, 2012.

Essas ações se resumem em:

Esclarecer e traduzir a visão e a estratégia: A tradução da missão estratégica deve ser feita por meio de um conjunto de objetivos e indicadores, sendo aceito por todos os gestores divisionais.

Comunicar e associar objetivos e medidas estratégicas: Permite aos gestores comunicarem a estratégia, ligando os objetivos empresariais aos departamentais e individuais. O Scorecard proporciona uma forma de assegurar que todos os níveis da organização entendam as estratégias de longo prazo e que tanto os objetivos departamentais quanto os individuais estão alinhados entre si.

Planejar, estabelecer metas e alinhar iniciativas estratégicas: Nessa etapa as estratégias devem ser transformadas em indicadores para os planos dos gestores divisionais. Nesse processo os altos executivos da organização estabelecerão metas que, se alcançadas, transformarão a empresa.

Melhorar o feedback e o aprendizado: O feedback e o processo de revisão de foco concentram-se no fato de a empresa, seus departamentos ou seus empregados, isoladamente, terem alcançado suas metas financeiras orçadas, avaliando a estratégia adotada.

5.3.1. As Quatro Perspectivas do Balanced Scorecard

Segundo Arcanjo (2021), o mapa estratégico e o Scorecard apresentam uma relação de causa e efeito entre os objetivos estratégicos da empresa, criando uma estrutura de mensuração dos resultados em cada uma das quatro perspectivas do modelo. Tudo começa quando consideramos os ativos intangíveis: pessoas, cultura e informações que são descritas na perspectiva de **aprendizado e crescimento,** que impulsionam os **processos críticos** e criam **proposta de valor para os clientes,** e por fim são traduzidas nas métricas de **desempenho financeiro.**

Os objetivos estratégicos, assim como os indicadores de mensuração do BSC, são atribuídos a cada uma dessas quatro perspectivas:

Figura 5.4 – Perspectivas do Balanced Scorecard

Fonte: Terraço Econômico, 2023.

5.3.2. Perspectiva Financeira

A perspectiva financeira serve de foco para as outras do Scorecard. O BSC deve contar a história da estratégia, começando pelos objetivos financeiros de longo prazo relacionando-os às outras ações que devem ser tomadas em relação às quatro perspectivas, alcançando o desempenho econômico desejado. Ao se iniciarem o desenvolvimento da perspectiva financeira, os executivos devem identificar as medidas financeiras adequadas à sua estratégia.

A pesquisa de Kaplan e Norton (1997) relatou que os objetivos e medidas financeiras precisam desempenhar um papel duplo: definir o desempenho financeiro esperado da estratégia e servir de meta principal para todas as outras perspectivas do Scorecard. Os objetivos financeiros representam a meta de longo prazo da empresa, ou seja, é o lucro gerado em cima do capital investido. Dessa forma, todo Scorecard utiliza objetivos financeiros relacionados à lucratividade e aumento da receita.

5.3.3. Perspectiva dos Clientes

Na perspectiva dos clientes do Balanced Scorecard, as empresas identificam os segmentos de clientes e mercado nos quais desejam competir. Ela permite que as empresas alinhem suas medidas de resultados relacionadas aos clientes com segmentos específicos de clientes e mercado.

Antes as empresas podiam se concentrar em suas capacidades internas, enfatizando o desempenho dos produtos e a inovação tecnológica. Porém, as que não compreenderam as necessidades dos clientes acabaram constatando que os concorrentes lhes tomavam mercado oferecendo produtos ou serviços mais bem alinhados às preferências desses clientes.

Há um grupo de medidas essenciais dos clientes que inclui uma série de indicadores, tais como:

- Participação de mercado;
- Retenção de clientes;
- Captação de clientes;
- Satisfação dos clientes;
- Lucratividade dos clientes.

Essas medidas podem ser agrupadas em uma cadeia de relações de causa e efeito conforme demonstrado abaixo:

Figura 5.5 – Medida causa e efeito no BSC

Causa	Efeito
Participação de Mercado	Reflete a proporção de negócios num determinado mercado (em termos de clientes, valores gastos ou volume unitário vendido).
Captação de Clientes	Mede, em termos absolutos ou relativos, a intensidade com que uma unidade de negócios atrai ou conquista novos clientes ou negócios.
Retenção de Clientes	Controla, em termos absolutos ou relativos, a intensidade com que uma unidade de negócios retém ou mantém relacionamentos contínuos com seus clientes.
Satisfação dos Clientes	Mede o nível de satisfação dos clientes de acordo com critérios específicos de desempenho dentro da proposta de valor.
Lucratividade dos Clientes	Mede o lucro líquido de cliente ou segmentos, depois de deduzidas as despesas específicas necessárias para sustentar esses clientes.

Fonte: Kaplan; Norton (1997).

5.3.4. Perspectiva dos Processos Internos

No ponto de vista de Kaplan e Norton (1997), no Scorecard os objetivos e medidas para a perspectiva dos processos internos derivam de estratégias voltadas para os clientes-alvo, revelando novos processos de negócios nos quais a empresa deverá buscar a excelência. Em seus estudos, os autores comentam que os sistemas convencionais de medição de desempenho focalizam apenas a monitoração e a melhoria dos indicadores de custo, qualidade e tempo dos processos de negócios existentes.

O Balanced Scorecard, ao contrário da perspectiva dos autores, estabelece que os requisitos de desempenho dos processos internos decorram das expectativas de participantes internos específicos. Por exemplo, no Scorecard uma empresa pode perceber que precisa desenvolver um processo para prever as necessidades dos clientes, ou oferecer novos serviços aos quais os clientes criam valor. Dessa forma, os executivos devem definir uma cadeia de valor completa dos processos internos que inclui três processos principais:

- **Inovação:** Nesse processo, a empresa pesquisa as necessidades dos clientes, criando produtos ou serviços que atenderão a essas necessidades.
- **Operações:** Nesse segundo estágio da cadeia de valor, os produtos e serviços são criados e oferecidos aos clientes.
- **Serviços pós-venda:** Este último processo é o serviço de atendimento ao cliente após a venda ou entrega de um produto ou serviço.

5.3.5. Perspectiva do Aprendizado e Crescimento

A quarta e última perspectiva do BSC identifica a infraestrutura que a empresa deve construir para gerar crescimento e melhoria a longo prazo. O aprendizado e o crescimento organizacionais provêm de três fontes principais: pessoas, sistemas e procedimentos organizacionais. Dessa forma, essa perspectiva desenvolve objetivos e medidas para orientar o aprendizado e o crescimento organizacional, oferecendo infraestrutura que possibilita a consecução de objetivos ambiciosos nas outras três perspectivas. Esses objetivos são os vetores de resultados excelentes nas três primeiras perspectivas do

Balanced Scorecard. Essa última constatação enfatiza a importância de investir no futuro, em infraestrutura, e não somente em P&D, pois este isolado não é suficiente.

Estudos realizados por Kaplan e Norton (1997) revelaram três categorias principais para a perspectiva do aprendizado e crescimento:

- Capacidades dos funcionários;
- Capacidades dos sistemas de informação;
- Motivação, empowerment e alinhamento.

5.3.6. Mapas Estratégicos

Sobre as quatro perspectivas originais, diversas adaptações podem ser realizadas constantemente. Kaplan e Norton (1997) consideram que essas perspectivas não são estáticas e devem se adaptar à realidade de cada empresa que deseja implementar um modelo de execução da estratégia baseado no BSC. Por exemplo, a figura abaixo apresenta o Mapa Estratégico do Sistema Sebrae para 2022 em um modelo diferente das quatro perspectivas originais do BSC.

Capítulo 5: Avaliação de Desempenho e Sistema de Recompensa

Figura 5.6 – Mapa Estratégico do Sistema Sebrae

MAPA ESTRATÉGICO DO SISTEMA SEBRAE

MISSÃO
Promover a competitividade e o desenvolvimento sustentável dos pequenos negócios e fomentar o empreendedorismo, para fortalecer a economia nacional

VISÃO
Ter excelência no desenvolvimento dos pequenos negócios, contribuindo para a construção de um País mais justo, competitivo e sustentável

POSICIONAMENTO DA MARCA
Para quem já é ou quer ser empresário, o Sebrae é a opção mais fácil e econômica de obter informações e conhecimento para apoiar as suas decisões, porque é quem mais entende de pequenos negócios e possui a maior rede de atendimento do País

VALORES
Compromisso com o Resultado
Conhecimento
Inovação
Sustentabilidade
Transparência
Valorização humana

Partes Interessadas

- **Pequenos Negócios**: Ser a instituição de referência na promoção da competitividade dos pequenos negócios
- **Sociedade**: Contribuir para o desenvolvimento do País por meio do fortalecimento dos pequenos negócios

Processos

Soluções para os empreendedores e para as empresas
- Ter excelência no atendimento, com foco no resultado para o cliente

Atuação no ambiente dos pequenos negócios
- Potencializar um ambiente favorável para o desenvolvimento dos pequenos negócios
- Promover a educação e a cultura empreendedora

Alavancadores da atuação do Sebrae
- Prover conhecimento sobre e para os pequenos negócios
- Articular e fortalecer a rede de parceiros estratégicos
- Ter excelência no desenvolvimento de produtos, serviços e canais de comunicação e atendimento adequados aos segmentos de clientes
- Assegurar a efetividade e a transparência na aplicação dos recursos e na comunicação de resultados

Recursos

- Desenvolver e reter capital humano comprometido, motivado e com competências voltadas à inovação e à obtenção de resultados
- Ampliar e fortalecer a rede de fornecedores
- Ter as melhores soluções tecnológicas e de infraestrutura para a gestão do Sebrae e o atendimento dos clientes

Fonte: Arcanjo, 2021.

Muitas vezes isso acontece devido à característica finalística do serviço, que normalmente inclui a mensuração de indicadores de impacto para sociedade. Este é um dos motivos pelos quais há uma grande necessidade de adaptação para aplicação do BSC em ONG's e instituições governamentais. Algumas empresas estão adaptando os seus Scorecards para incluir objetivos sustentáveis que consideram os impactos ambientais, sociais e econômicos.

Esse é o caso do **Desenvolve SP**, um banco do Governo do Estado de São Paulo que oferece financiamento de longo prazo com taxas de juros menores que as de mercado para pequenas e médias empresas paulistas. Em seu mapa estratégico para o quadriênio 2021 – 2024, o banco incluiu em seu mapa estratégico uma quinta perspectiva intitulada: perspectiva econômico, social e ambiental, conforme figura abaixo:

Figura 5.7 – Mapa Estratégico do Desenvolve SP

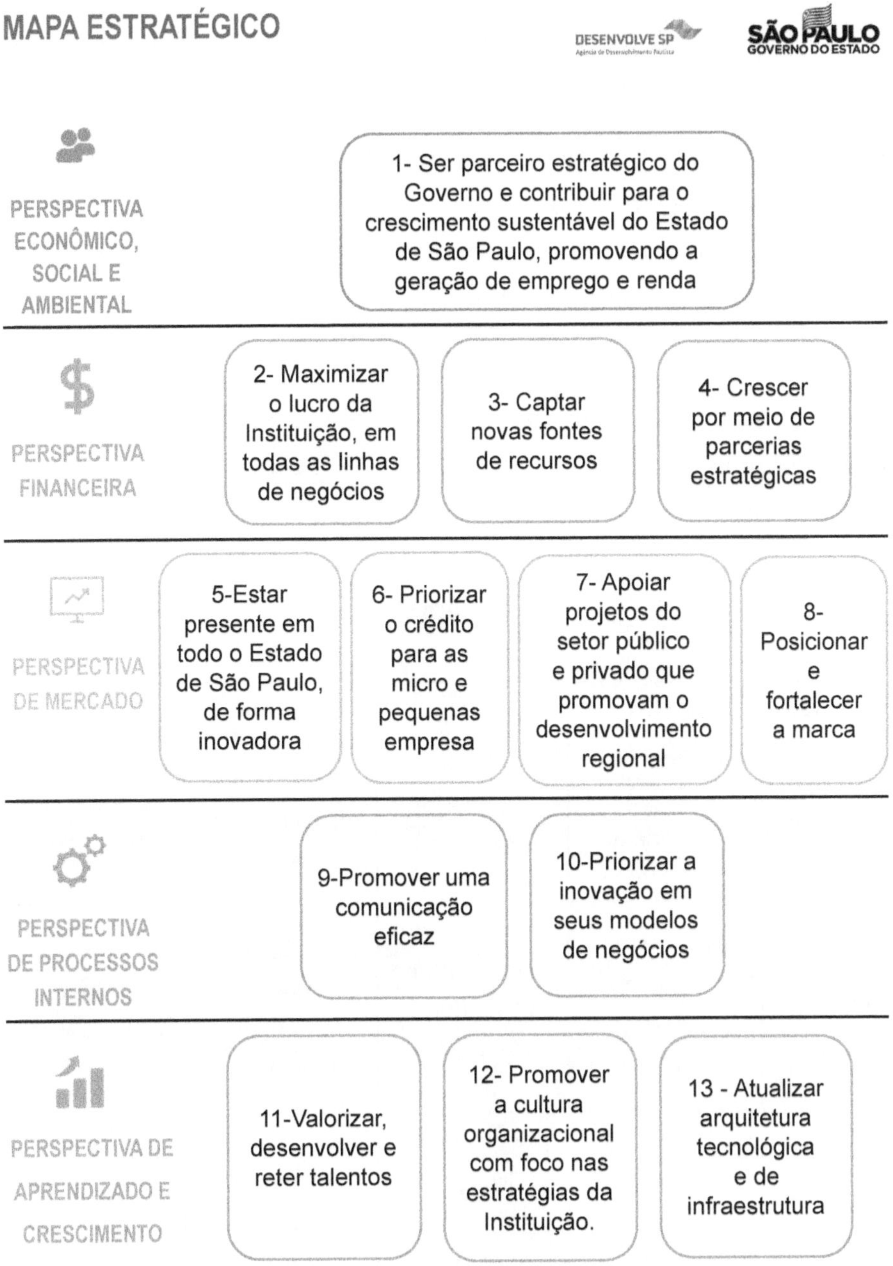
MAPA ESTRATÉGICO
DESENVOLVE SP
SÃO PAULO
GOVERNO DO ESTADO
PERSPECTIVA ECONÔMICO, SOCIAL E AMBIENTAL
1- Ser parceiro estratégico do Governo e contribuir para o crescimento sustentável do Estado de São Paulo, promovendo a geração de emprego e renda
PERSPECTIVA FINANCEIRA
2- Maximizar o lucro da Instituição, em todas as linhas de negócios
3- Captar novas fontes de recursos
4- Crescer por meio de parcerias estratégicas
PERSPECTIVA DE MERCADO
5-Estar presente em todo o Estado de São Paulo, de forma inovadora
6- Priorizar o crédito para as micro e pequenas empresa
7- Apoiar projetos do setor público e privado que promovam o desenvolvimento regional
8- Posicionar e fortalecer a marca
PERSPECTIVA DE PROCESSOS INTERNOS
9-Promover uma comunicação eficaz
10-Priorizar a inovação em seus modelos de negócios
PERSPECTIVA DE APRENDIZADO E CRESCIMENTO
11-Valorizar, desenvolver e reter talentos
12- Promover a cultura organizacional com foco nas estratégias da Instituição.
13 - Atualizar arquitetura tecnológica e de infraestrutura

Fonte: Arcanjo, 2021.

5.3.7. Exemplo Prático de Balanced Scorecard

Para a implementação do Balanced Scorecard, a organização deverá realizar cinco etapas, são elas:

Etapa 1: Estabelecer com clareza a visão de futuro da empresa.

Etapa 2: Definir os objetivos estratégicos.

Etapa 3: Escolher os indicadores para medir e acompanhar o desempenho.

Etapa 4: Elaborar um plano de implementação.

Etapa 5: Acompanhar os indicadores com frequência.

Nesse contexto, segue abaixo um exemplo de Balanced Scorecard realizado por uma loja de cosméticos na qual possui como visão ser a rede que oferece a maior variedade de produtos naturais ao consumidor.

Quadro 5.1

Perspectiva	Objetivos	Metas	Indicadores	Iniciativas
Financeira	Aumentar a receita na categoria de sapatos	Aumentar em 8% a receita líquida em 12 meses	Receita líquida das vendas de sapatos	Negociar com fornecedores
Cliente	Ser referência na categoria de sapatos	Aumentar em 20% o portfólio de produtos até o final do semestre	Quantidade de novos produtos lançados	Criar um comitê de inovação
Processos Internos	Aumentar a satisfação do cliente	Reduzir em 1 dia o prazo de entrega dos produtos em até 3 meses	% de produtos entregues dentro do SLA	Diversificar os fornecedores de logísticos

Aprendizado e crescimento	Entender o grau de satisfação do cliente com a usabilidade do site	Conseguir que 85% dos compradores online do trimestre respondam à pesquisa de experiência do cliente	% de respostas em relação ao número de compradores	Campanha: oferecer brinde para aqueles que responderem a pesquisa

5.4. Sistema de Recompensa

Segundo Padoveze (2010), a partir da contabilidade gerencial, tornou-se possível fazer com que a ciência contábil mudasse o seu foco, tendo em vista que esta passou de simples fornecedora de registros e análises financeiras para um forte produtor de informações gerenciais, voltado para dentro da organização, que auxiliam e afetam na tomada de decisões. Uma delas diz respeito à implementação dos sistemas de recompensa, na medida que o investimento realizado nos funcionários proporciona um maior comprometimento com a empresa e, por consequência, gera otimização dos resultados.

Pode-se conceituar como sistema de recompensa o conjunto de instrumentos coerentes e alinhados com a estratégia da empresa, de natureza material e imaterial que constituem a contrapartida da contribuição prestada pelo empregador aos resultados do negócio, por meio do seu desempenho profissional e se destinam a reforçar a sua motivação e produtividade.

5.4.1. Tipos de Recompensa

Chiavenato (2010) classifica os sistemas de recompensa como o pacote total de benefícios que a organização coloca à disposição de seus membros, e os métodos pelos quais estes benefícios são distribuídos. Não são apenas salários, férias, promoções para posições mais elevadas (com maiores salários e benefícios); mas também são consideradas recompensas, garantia de segurança no cargo, transferências laterais para posições mais desafiantes ou para as que levem a um crescimento e as várias formas de reconhecimento por serviços notáveis.

- Dessa forma, são considerados tipos de recompensa:
- Recompensas Intrínsecas;
- Recompensas Extrínsecas;
- Recompensas Financeiras e Não Financeiras;
- Remuneração por Competências ou Habilidades.

Recompensas Intrínsecas

Referem-se ao trabalho em si, às responsabilidades e tarefas desempenhadas. Ou seja, partem do indivíduo e representam a satisfação dos funcionários ao realizar uma tarefa e da oportunidade de crescimento pessoal e profissional que ela propicia.

Recompensas Extrínsecas

São aquelas fornecidas a outra pessoa por reconhecimento de uma tarefa bem-feita, ou seja, são recompensas em que a empresa reconhece a importância do funcionário e valoriza seu esforço na contribuição do crescimento da empresa. Normalmente são concebidas sob a forma de dinheiro, privilégios ou promoções, bem como pelo reconhecimento dos supervisores e colegas.

Recompensas Financeiras e Não Financeiras

São classificadas como financeiras (diretas e indiretas) e não financeiras. As recompensas diretas são determinadas pelo desempenho individual, consistem no pagamento do funcionário na forma de salários, comissões, prêmios e bônus pagos pelas empresas em contrapartida a um serviço prestado, podendo ser convencionado por período determinado pela empresa. Já as recompensas financeiras indiretas, por sua vez, são os benefícios oferecidos pela organização definidos em convenções coletivas do trabalho.

Por outro lado, as recompensas não financeiras referem-se aos fatores que afetam a satisfação das pessoas com o sistema de remuneração, tais como oportunidades de crescimento profissional, reconhecimento e autoestima, segurança no emprego, qualidade de vida no trabalho, promoções, entre outras.

Remuneração por Competências ou Habilidades

De maneira geral a remuneração por competência busca remunerar de maneira justa o funcionário de acordo com sua contribuição pessoal no crescimento da organização. A remuneração por habilidades tem por foco o conhecimento do colaborador, na qual sua remuneração depende de sua graduação acadêmica ou de treinamento adicional, em vez do conteúdo do trabalho ou do cargo ocupado. Este modelo valoriza as multi-habilidades, nas quais o colaborador tem uma amplitude de conhecimento. Para atingir a excelência no desempenho é implementado um sistema de avaliação e treinamento pelo qual a sua remuneração é orientada.

Figura 5.8 – Resumo das recompensas

Fonte: Chiavenato, 2010.

5.4.2. Passo a passo para Implantar um Sistema de Recompensa

Para que seja possível implantar um sistema de recompensa, é necessário que a entidade realize os seguintes passos:

Definição dos objetivos

O primeiro passo é definir os objetivos do sistema de recompensa, tanto para a organização quanto para os colaboradores. Quais são os resultados, comportamentos e valores desejados que a empresa deseja incentivar e recompensar? Como eles se alinham com a estratégia, visão e missão? Como eles apoiam a vantagem competitiva e a satisfação do cliente? Dessa forma, é necessário ter objetivos claros e específicos que sejam relevantes, mensuráveis, alcançáveis, realistas e com prazos.

Escolha das medidas de desempenho

O próximo passo é a escolha das medidas de desempenho que serão utilizadas para avaliar e recompensar os colaboradores. Estas podem ser financeiras ou não financeiras, quantitativas ou qualitativas, orientadas para entradas ou saídas, individuais ou em grupo, ou uma combinação destas. Dessa forma, é necessário selecionar as medidas que melhor refletem os objetivos da organização, que são confiáveis e válidas, fáceis de entender e comunicar, equilibradas e abrangentes, além de consistentes e justas.

Definição das metas de desempenho

O terceiro passo é a definição das metas de desempenho que determinarão o nível de recompensa para cada funcionário ou grupo. As metas de desempenho podem ser absolutas ou relativas, fixas ou flexíveis, de curto ou longo prazo, ou uma combinação dessas. Nesse momento, é fundamental que a organização defina as metas que são desafiadoras, mas atingíveis, que estão alinhadas com os padrões do mercado e da indústria, que são responsivas às mudanças e incertezas e que são acordadas e aceitas pelos funcionários.

Determinação dos tipos e valores de recompensa

O quarto passo é determinar os tipos de recompensas e valores que serão oferecidos aos funcionários com base em seu desempenho. Os tipos de recompensa podem ser monetários ou não monetários, tangíveis ou intangíveis, intrínsecos ou extrínsecos, ou uma combinação destes. Nesse estágio, torna-se importante determinar os tipos e valores de recompensa que são atraentes e motivadores, acessíveis e sustentáveis, proporcionais e diferenciados, além dos que são éticos e legais.

Implementação e comunicação do sistema de recompensa

O quinto passo é a implementação e comunicação do sistema de recompensa aos funcionários e demais partes interessadas. É importante que a organização tenha um processo claro e transparente para medir, avaliar e recompensar o desempenho, que envolva a participação e o feedback dos funcionários, forneça informações e relatórios oportunos e precisos, reconheça e celebre conquistas e melhorias e que aborde quaisquer questões ou preocupações.

Monitoramento e revisão do sistema de recompensa

O passo final é o monitoramento e a revisão do sistema de recompensa de forma regular, garantindo sua eficácia, eficiência e capacidade de atingir seus objetivos, satisfazendo os funcionários e outras partes interessadas, além de ser adaptável e flexível. Por isso, é necessário ter um processo sistemático e contínuo para coletar, analisar e interpretar dados e feedback, identificando e avaliando os pontos fortes e fracos do sistema de recompensa, que sugira e implemente quaisquer mudanças ou melhorias e que avalie o impacto e os resultados do sistema de recompensa.

5.4.3. Exemplos de Empresas que Implementaram Recompensas

Seguem abaixo exemplos de empresas que implementaram recompensas como parte de sua estratégia:

Para manter seus colaboradores a empresa busca garantir a motivação e a satisfação no ambiente de trabalho. Como recompensa, todos os funcionários recebem o 14º salário, como parte de uma política de equidade, visando motivar e promover o comprometimento na organização, e assim elevar a dedicação de seus funcionários. Além desse incentivo, a empresa concede bônus para os que atingem quotas de vendas e oferece planos de carreira, reduzindo a rotatividade dos empregados e elevando a expectativa de ascensão dentro da rede.

oBoticário

A empresa oferece benefícios para gestantes e mães, tanto para colaboradoras da empresa quanto da comunidade. Também realiza conferências educacionais para orientar os colaboradores no entendimento de assuntos relacionados à importância da educação infantil e do ensino fundamental. Como parte da integração dos familiares dos colaboradores à empresa, regularmente abre portas para os familiares no programa de visita à fábrica, permitindo que conheçam a empresa e visitem as áreas de trabalho dos colaboradores.

Google

Como benefícios para os funcionários, a empresa oferece lanches gratuitos, disponíveis para consumo a qualquer momento. Outro ponto é que os funcionários também não precisam pagar pelo almoço e jantar, além de terem direitos à gasolina, lavagem de carro, sessões de massagem e yoga, sem nenhum custo. Por fim, a empresa também oferece algumas opções de lazer, como mesa de sinuca e sala de videogame, tornando assim, um ambiente saudável de se trabalhar.

NETFLIX

A empresa oferece aos novos pais a licença de 1 ano e estes podem retornar ao trabalho, tendo como opção o retorno por meio período, período integral e até mesmo se afastar, conforme as necessidades, com recebimentos de salários integrais. Além disso, a empresa dá autonomia para os funcionários tomarem suas próprias decisões com responsabilidade.

5.4.4. Caso Prático

A partir do trabalho acadêmico[1] elaborado por Carvalho *et al.* foi possível visualizar uma pesquisa elaborada com colaboradores de uma entidade no Espírito Santo. A entrevista foi realizada com 69 funcionários e, em um primeiro momento, procurou-se identificar o conhecimento sobre os sistemas de recompensa oferecidos pela entidade e **82,69%** dos respondentes afirmaram que sim.

Embasado na questão anterior na qual os funcionários afirmaram conhecer os sistemas de recompensa, foram apresentadas alternativas a fim de que eles identificassem dentre as opções quais as recompensas financeiras e não financeiras são oferecidas pela cooperativa. Em relação às recompensas financeiras, **96,15%** dos funcionários disseram que a entidade oferece gratificação extraordinária (14° salário), **88,46%** ticket alimentação e **82,69%** 13° salário.

---

1   Disponível em: https://www.aedb.br/seget/arquivos/artigos12/22716469.pdf.

Figura 5.9 – Recompensas financeiras

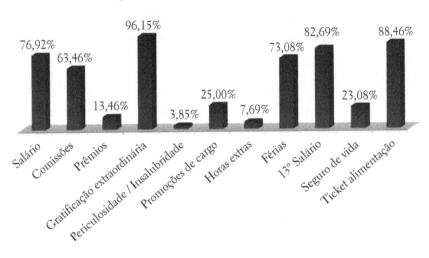

Fonte: Carvalho *et al.*, 2012.

Em relação às recompensas não financeiras, **86,54%** dos funcionários afirmaram que são disponibilizados pela entidade cursos e palestras. Já **59,62%** responderam que enxergam oportunidade de fazer carreira na organização.

Figura 5.10 – Recompensas não financeiras

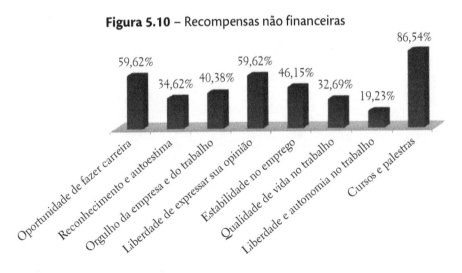

Fonte: Carvalho *et al.*, 2012.

Foi perguntado também aos funcionários se as recompensas oferecidas pela cooperativa os motivam a trabalhar de maneira mais eficiente a fim de alcançar as metas e objetivos da organização. Obteve-se como resposta que 65,38% dos funcionários se sentem motivados com as recompensas oferecidas.

Dessa forma, foi possível perceber que os colaboradores consideram o dinheiro um fator importante como indicador de desempenho na carreira, mas valorizam também a estabilidade, oportunidade de crescimento e reconhecimento pelo serviço prestado e são dispostos a trocar as recompensas financeiras por mais opções, crescimento e valorização profissional.

Capítulo 6

Responsabilidade Corporativa

6.1. Responsabilidade Corporativa

A responsabilidade corporativa é o compromisso contínuo de uma empresa em manter comportamentos éticos, que estejam alinhados com o desenvolvimento econômico e, ao mesmo tempo, ajudem a melhorar a qualidade de vida da sociedade por meio de estratégias e ações relacionadas ao seu ambiente de negócios. De forma resumida, podemos dizer que é a ética na condução dos negócios, expressa em suas ações de forma duradoura e a longo prazo.

Essa preocupação diz que a empresa está voluntariamente comprometida com o desenvolvimento da sociedade e a preservação do meio ambiente. Isso faz com que elabore estratégias para atender às necessidades dos seus grupos de interesse e mantenha formas de verificação de resultados e de comunicação da eficácia dessas ações.

Além dos seus interesses financeiros, as empresas têm o papel de contribuir para um desenvolvimento econômico sustentável, cuidando de assuntos como direitos humanos, trabalhistas, proteção ambiental etc. Isso se relaciona com vários conceitos e áreas de atuação, incluindo:

- Ações sociais;
- Códigos de condutas;
- Governança;
- Conceito de empresa cidadã;
- Ética empresarial;
- Gestão ambiental;
- Sustentabilidade;
- Dentre outros.

Quais os princípios da responsabilidade corporativa?

A responsabilidade corporativa segue regras fundamentais que regem o comportamento das empresas e vão ao encontro das expectativas dos clientes e grupos de interesses, a partir de seis princípios básicos envolvidos:

Transparência

A transparência indica que a empresa deve dar acesso a informações sobre seu comportamento social, por meio de relatórios direcionados aos seus grupos de interesse, elencando suas ações sociais corporativas e resultados. Essa prática chega para evitar o *greenwashing*, que era uma maneira para algumas empresas de ostentar uma conduta verde sem realmente se preocupar com ela.

Materialidade

A materialidade revela que a empresa deve levar em conta as necessidades e expectativas de clientes, sócios e investidores em sua tomada de decisão. Isso deve ocorrer levando em consideração todas as dimensões da responsabilidade social corporativa nas suas atividades e analisando os impactos que elas trazem à sociedade, direta e indiretamente.

Verificabilidade

Esse conceito estabelece que a atuação socialmente responsável de uma empresa deve se submeter a verificações externas, para alcançar credibilidade. Isso pode ser feito por meio de auditorias independentes.

Visão ampla

O conceito de sustentabilidade aplicado na empresa deve ser o mais amplo possível, contemplando impactos locais, regionais e globais de suas ações e tendo em mente, inclusive, a herança deixada para as futuras gerações.

Melhoria contínua

A responsabilidade social está intimamente ligada à ideia de melhoria contínua, que é essencial para a sobrevivência da empresa a longo prazo. Tal resultado é possibilitado pela relação com o meio ambiente que a instituição estabelece, bem como pelo grupo social em que ela se insere.

Natureza social da organização

Também é preciso pensar na visão da natureza social da empresa, e esta precisa prevalecer sobre seus aspectos técnicos e econômicos. Uma estratégia sólida de responsabilidade social garante que a empresa esteja alicerçada sobre sua natureza social e não apenas sobre interesses financeiros.

Qual a importância da responsabilidade social corporativa?

Uma empresa que adota uma postura socialmente responsável tem benefícios incalculáveis, que incluem melhorar sua reputação, aumentar o engajamento dos seus funcionários, atrair mais investidores, aumentar sua credibilidade no mercado e melhorar a satisfação de seus clientes.

A responsabilidade social é essencial, sobretudo em meio a momentos de crise como a que estamos superando, pois compatibiliza as ações da empresa com o que a sociedade espera. É perceptível que a sociedade está cada vez mais atenta às práticas adotadas pelas empresas, exigindo delas condutas mais responsáveis. Já que não são mais vistas como meras geradoras de lucro, mas como parte importante da estrutura social.

Por isso, é tendência mundial que as instituições invistam em projetos sociais e adotem posturas mais sensíveis diante dos problemas da comunidade, além de passarem a assumir responsabilidade sobre os impactos que causam ao meio ambiente. O avanço tecnológico trouxe um aumento de produtividade que fez crescer muito a competitividade entre as empresas. Nesse sentido, a responsabilidade social é também um poderoso diferencial competitivo para se manter no mercado, já que o consumidor procura por produtos e práticas alinhados à proteção ao meio ambiente e à sociedade.

6.1.1. Introdução ao ESG

ESG é uma sigla em inglês referente aos **aspectos ambientais (E – *environmental*), sociais (S – *Social*) e de governança corporativa (G – *Governance*)**. A origem desta expressão remonta a 2004, em um relatório denominado *Who cares wins* (Quem se importa ganha), publicado pelo Pacto Global da ONU. Esse relatório retratou o resultado da iniciativa conjunta de instituições financeiras convidadas pelo então Secretário Geral da ONU, Kofi Annan, ao elaborar diretrizes e recomendações para integrar aspectos ambientais, sociais e de governança na gestão de ativos, nos serviços de corretagem de valores mobiliários e de provedores de dados.

Naquela oportunidade, dezoito instituições financeiras de nove países com ativos sob gestão, que totalizavam mais de US$ 6 trilhões, aceitaram o convite e participaram do projeto, com aval das suas respectivas diretorias e presidências. Segundo essas instituições, em um mundo globalizado, interconectado e competitivo, os negócios que performassem melhor em relação a tais aspectos poderiam aumentar o retorno ao acionista, por meio de, por exemplo, gerenciamento adequado de riscos, antecipação de tendências regulatórias ou acesso a novos mercados, ao mesmo tempo em que contribuiria para o desenvolvimento sustentável.

É possível inclusive considerar ESG como a adaptação do conceito de "desenvolvimento sustentável" para a linguagem do mercado financeiro, com a sua conexão ao viés de governança corporativa que o torna tangível para esse mercado. Considerando que a gestão de sustentabilidade é um valor tangível para o mercado e nesse sentido ajuda a prover investidores com mais informações sobre as companhias onde eles estão alocando capital, o conceito ESG tornou-se uma referência, sendo amplamente comunicado e utilizado no contexto organizacional (empresas, acionistas, investidores, imprensa), o que reforça seu poder de influência. Por conta disso, pode-se afirmar que o conceito ESG compreende atualmente as melhores práticas ambientais, sociais, de governança e geração de valor compartilhado pelas organizações como parte fundamental da estratégia de investimentos.

Veremos nos próximos tópicos um pouco mais de conteúdo do E, do S e do G!

6.1.2. Meio Ambiente

O E do eixo ambiental se preocupa com a gestão das emissões de gases de efeito estufa, consumo de recursos naturais, como água, energia, produção e descarte adequados de resíduos, entre outros. Ou seja, todas as organizações afetam e são afetadas pelo meio ambiente. Nesse sentido, o eixo ambiental deve se sustentar a partir das seguintes premissas:

a. **Mudanças climáticas**
   - Mitigação de emissões de gases de efeito estufa (GEE);
   - Adaptação às mudanças climáticas;
   - Eficiência energética.

b. **Recursos hídricos**
   - Uso da água;
   - Gestão de efluentes.

c. **Biodiversidade e serviços ecossistêmicos**
   - Conservação e uso sustentável da biodiversidade;
   - Uso sustentável do solo;
   - Impacto social.

d. **Economia circular e gestão de resíduos**
   - Economia circular;
   - Gestão de resíduos.

e. **Gestão ambiental e prevenção da poluição**
   - Gestão ambiental;
   - Prevenção da poluição sonora (ruídos e vibrações);
   - Qualidade do ar (emissão de poluentes);
   - Gerenciamento de áreas contaminadas;
   - Produtos perigosos.

Exemplo de boa prática ambiental

Ao longo de 2022, a Petrobras captou 122.167 mega litros de água doce para as atividades operacionais e administrativas, equivalente a 19% abaixo da meta estabelecida (limite máximo) de 151.700 mega litros.

Parte significativa dos investimentos na racionalização do uso da água têm sido orientados para o desenvolvimento de projetos de reuso. Entre os benefícios alcançados, obteve-se a redução das necessidades globais de captação de "água nova".

Em 2022, o volume total de reuso foi de 50.700 mega litros, o que corresponde a 29,3% da demanda total de água doce. Esse volume reusado seria o suficiente para abastecer, por exemplo, uma cidade de aproximadamente 1 milhão de habitantes por um ano. A partir dessas ações, estimou-se uma economia anual de aproximadamente R$ 16 milhões nos custos de captação de água.

6.1.3. Responsabilidade Social

O **S de social** guarda as relações humanas dentro e fora do negócio. Afinal, os negócios são feitos de e por pessoas. Nesse sentido, pressupõe-se que toda organização deve operar dentro de uma sociedade mais ampla e diversificada. O eixo S comporta as seguintes premissas:

a. **Diálogo social e desenvolvimento territorial**
   - Investimento social privado;
   - Diálogo e engajamento das partes interessadas;
   - Impacto social.

b. **Direitos humanos:**
   - Respeito aos direitos humanos;

- Combate ao trabalho forçado ou compulsório;
- Combate ao trabalho infantil.

c. **Diversidade, equidade e inclusão:**
   - Políticas e práticas de diversidade e equidade;
   - Cultura e promoção de inclusão.

d. **Relações e práticas de trabalho:**
   - Desenvolvimento profissional;
   - Saúde e segurança ocupacional;
   - Qualidade de vida;
   - Liberdade de associação;
   - Políticas de remuneração de benefícios.

e. **Promoção de responsabilidade social na cadeia de valor:**
   - Relacionamento com consumidores e clientes;
   - Relacionamento com fornecedores.

Exemplo de boa prática social

A Vale tinha como meta dobrar a representatividade de mulheres em seu quadro de empregados, passando de 13% para 26% até 2030. Em 2021, a empresa anunciou a antecipação do compromisso para 2025. Naquele ano, atingiu 18,7% de representatividade global de mulheres, o equivalente à adição de 4,4 mil funcionárias ao seu quadro.

Na alta liderança, o percentual chegou a 20,3% de representatividade feminina, um aumento de 80% comparado a 2019, quando a meta foi estabelecida. Além disso, a Vale concentrou esforços para atingir 5% de profissionais com deficiência na sua força de trabalho. Pensando na inclusão desses profissionais, foi implementado o programa de aceleração de carreira. A edição piloto contou com a participação de 25 profissionais, que tiveram suas competências potencializadas.

6.1.4. Governança Corporativa

Para discussão de diretrizes ambientais e sociais relevantes para o negócio, necessariamente, o **G de governança precisa existir.** Segundo o **Instituto Brasileiro de Governança Corporativa (IBGC)**, a governança corporativa é:

> O sistema pelo qual as empresas e demais organizações são dirigidas, monitoradas e incentivadas, envolvendo os relacionamentos entre sócios, conselho de administração, diretoria, órgãos de fiscalização e controle e demais partes interessadas.

Para fins de critérios ESG, o sistema de governança corporativa pode ser desde o mais simples até os mais robustos, providos de conselhos de administração, fiscal e comitês de assessoramento. O essencial é que haja a definição de processo decisório alinhado à missão, aos valores e ao propósito do negócio, visando assegurar a sua perenidade.

Nesse contexto, o eixo governança do ESG deve se sustentar a partir das seguintes premissas:

a. **Governança corporativa:**
- Estrutura e composição da governança corporativa;
- Propósito e estratégia em relação à sustentabilidade.

b. **Condução empresarial:**
- Compliance, programa de integridade e práticas anticorrupção;
- Práticas de combate à concorrência desleal (antitruste);
- Engajamento das partes interessadas.

c. **Práticas de controle e gestão:**
- Gestão de riscos do negócio;

- Controles internos;
- Auditorias interna e externa;
- Ambiente legal e regulatório;
- Gestão da segurança da informação;
- Privacidade de dados pessoais.

d. **Transparência na gestão:**
- Responsabilização (prestação de contas);
- Relatórios ESG, de sustentabilidade e/ou relato integrado.

Exemplo de boa prática de governança

A CPFL Energia adotou boas práticas de governança corporativa para criar valor agregado e atingir o objetivo de se tornar referência no setor de eletricidade do Brasil. Dentre as iniciativas podemos listar:

a) Estruturação dos comitês consultivos do Conselho;

b) Implementação pelo Conselho de Administração de um sistema de autoavaliação;

c) Mudança na estrutura do balanço anual, que passou a ser elaborado segundo o modelo GRI (Global Reporting Initiative);

d) Implantação do website do Conselho de Administração;

e) Introdução de um canal de comunicação anônima e confidencial para que os colaboradores possam levantar questionamentos quanto à conduta contábil e/ou financeira da administração para o Conselho Fiscal;

f) Estruturação de um processo de avaliação de desempenho;

g) Dentre outras.

6.2. Contabilidade e Sustentabilidade

Nos últimos anos, o mercado global foi tomado por um conceito que revela a expectativa que a sociedade tem para o futuro do mundo corporativo: o ESG (*Environmental, Social and Governance*). Inicialmente foi uma tendência coadjuvante, porém a abordagem mostrou que veio para ficar e está mudando a forma como as empresas se relacionam com as pessoas em diversos sentidos, desde consumidores, investidores, acionistas e fornecedores, bem como a visão ambiental e a de governança.

Em resumo, o ESG visa à adoção de práticas que englobam ações voltadas à sustentabilidade do meio ambiente, melhoria social das comunidades, em torno ou impactadas pelos negócios das companhias, e o controle cada vez maior dos recursos utilizados nos meios de produção e prestação de serviços. Com isso, as empresas ganham maior engajamento de seus consumidores, vantagens na obtenção de investimentos, melhor posicionamento diante da concorrência, valorização da imagem, entre outros.

Para ter uma ideia da dimensão que o ESG vem tomando, segundo pesquisa da Associação Brasileira de Comunicação Empresarial (Aberje), 95% das organizações brasileiras já colocaram essa abordagem como prioridade, o que confirma a relevância que esse tema tem ganhado nos últimos anos. E como a contabilidade está inserida nesse meio? Os profissionais dessa área estão intrinsecamente conectados no planejamento da implementação e acompanhamento do ESG.

Desse modo, as informações produzidas pela contabilidade, serão de suma importância para a base da criação e controle que o ESG exige. É o contador quem irá elaborar relatórios e análises orçamentárias e financeiras, por exemplo, para mostrar quais iniciativas ESG são viáveis à empresa ou não. O ESG visa demonstrar por meios das informações financeiras a transparência das ações da alta direção para o público interessado e para a sociedade, bem como, a forma de gerar relatórios qualitativos que permitam compreender a eficiência das práticas ESG adotadas.

Sem a participação de um profissional da contabilidade devidamente habilitado, as informações básicas para os gestores na implementação das ações ESG se tornam ineficazes para a transparência dos negócios. Mesmo as empresas que já possuem setores e especialistas para lidarem com o ESG, precisam do envolvimento da área de Contabilidade para dar andamento às suas iniciativas sustentáveis, sociais e de governança, ou não estarão totalmente alinhadas com a realidade financeira, correndo maior risco de tomarem decisões equivocadas. Por isso, torna-se fundamental somar os conhecimentos de um profissional da contabilidade nas suas estratégias ESG.

6.2.1. Contabilidade Ambiental

Segundo Bebbington (2001), a contabilidade ambiental é uma ferramenta inovadora para uma gestão sustentável, que fornece informações para criar soluções a fim de evitar ou diminuir os danos ambientais. Nesse sentido, a contabilidade deve desenvolver mecanismos que possibilitem a identificação, a mensuração e o registro de ações relacionadas a promoção do desenvolvimento sustentável, para que elas possam ser divulgadas e avaliadas, possibilitando que correções sejam implementadas em tempo hábil. Sendo assim, utilizando a contabilidade como fonte de informação sobre a contribuição da empresa ao desenvolvimento sustentável, é possível coletar, analisar, mensurar e divulgar informações sobre a relação da empresa com os aspectos sociais, econômicos e ecológicos.

Para Donaire (1999), dentre as diversas variáveis que afetam o ambiente empresarial, as questões ecológicas têm recebido significativa atenção devido à sua relevância para a qualidade de vida da população. Ademais, o ambiente de negócios tem entendido que as medidas de proteção ambiental não são um impedimento de crescimento econômico, mas sim um item necessário para que esse crescimento aconteça. Nesse contexto, têm-se desenvolvido modelos de avaliação de impactos e custos e benefícios ambientais nas empresas. O papel da contabilidade é primordial nesse cenário, em que as evidências sobre a sustentabilidade têm se tornado enfoque no ambiente de negócios. O profissional contábil deve contribuir por meio de levantamentos de relatórios anuais, como balanço de lucros e perdas, indicando a quantidade de despesas que uma empresa incorre com poluição e degradação ambiental e o impacto do ganho financeiro resultante, com relação à empresa versus ambiente.

Já para Bergamini Jr. (1999), a contabilidade ambiental visa tanto o registro das transações da empresa que impactam o meio ambiente, quanto os efeitos delas sobre a posição econômica e financeira dos negócios da empresa, reconhecendo ativos e passivos ambientais, além de dar a devida transparência ao seu desempenho sobre as questões ESG. A fim de evitar limitações à definição do conceito, será substituído o termo "ambiental" na definição de ativos e passivos pelo termo ESG (ambiental, social e de governança), conforme será demonstrado no tópico a seguir.

6.2.2. Classificação de Ativos e Passivos ESG

Com base nos conceitos previstos na Estrutura Conceitual e nas definições mencionadas nos tópicos anteriores, é possível definir os ativos e passivos ESG:

Ativos ESG

De acordo com Borgerth (2024), os ativos ESG são recursos controlados pela empresa que possam de gerar benefícios futuros na forma de direitos de exploração de recursos naturais, investimentos destinados à sua preservação, gastos com objetivo de atender à responsabilidade social da empresa a longo prazo e gastos com intuito de preservar a integridade e governança da instituição, preservando os seus valores éticos e mitigando riscos de conflito de interesse e agência.

Passivos ESG

Ainda segundo Borgerth (2024), os passivos ESG são obrigações presentes da empresa para que tenham possibilidade de consumir recursos futuros na forma de compensações/recomposição de danos à natureza, aos seus empregados/sociedade e à sua governança.

> **IMPORTANTE**
>
> A atual norma contábil internacional ainda não é abrangente o suficiente para contemplar o registro formal de todos os ativos/passivos ESG, uma vez que ainda existe muita indefinição sobre as métricas que seriam mais adequadas para a sua mensuração.
>
> No entanto, a ausência de normas para registros formais não impede a empresa de reportar a respeito de tais fatores em notas explicativas, relatórios de sustentabilidade ou outro instrumento de comunicação com o mercado. Tal prática, hoje voluntária na grande maioria dos países, vem ganhando importância no mercado e, principalmente, junto a normatizadores e reguladores mundiais.

Classificação dos ativos e passivos ESG

A classificação contábil depende intrinsecamente do conceito de "ciclo operacional" visto no capítulo 4. Em outras palavras, o ciclo operacional de uma empresa é o tempo médio necessário para que ela recupere o caixa aplicado na exploração do seu negócio-base.

Figura 6.1 – Ciclo operacional

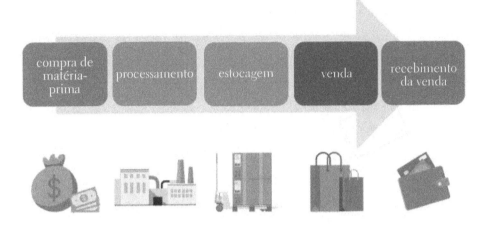

Fonte: Borgerth, 2024.

Dessa forma, o ciclo operacional de uma empresa começa quando ela compra matéria-prima destinada à produção, estende-se pelo período necessário para seu processamento a fim de transformá-la no produto. Envolve também um período de estocagem tanto da matéria-prima bruta quanto do produto em processo/acabado e alcança o seu apogeu no momento da venda. Se a venda ocorre à vista, este será o momento de encerramento do ciclo operacional. Porém, se for a prazo, o ciclo só será concluído quando houver o efetivo pagamento pelo produto (recomposição do caixa).

Em termos de classificação contábil, tanto ativos quanto passivos são divididos em circulante ou não circulante. Um ativo é considerado circulante quando a sua expectativa de realização ocorre dentro de 12 meses após o término do exercício social atual. Porém, se a expectativa de realização de tal ativo for superior a esse período, a sua classificação será como "não circulante". Raciocínio análogo é dado na classificação de passivos.

Entretanto, quando uma empresa tem um ciclo operacional superior ao exercício social, como no caso de um estaleiro, uma fábrica de aviões ou uma construtora, a divisão entre circulante e não circulante pode ser feita em função do prazo do ciclo em vez do limite de doze meses. Essa divisão é um dos fatores mais importantes na classificação contábil, pois os itens circulantes são usados para medir a capacidade de pagamento ou a geração de caixa de uma organização (liquidez).

Quando se trata de fatores ESG, utiliza-se a mesma teoria aplicada aos elementos financeiros. Sendo assim, se previstos nas normas contábeis em vigor, ativos/passivos ESG serão contabilizados em função da sua expectativa de realização/exigibilidade, conforme especificado a seguir:

- **Ativos ESG** com realização prevista para 12 meses após o término do exercício social atual ou dentro do ciclo operacional do negócio (ativos circulantes).

- **Ativos ESG** com realização prevista superior a 12 meses do término do exercício social atual ou acima do ciclo operacional do negócio (ativos não circulantes – realizáveis a longo prazo).

- **Ativos ESG** com expectativa de realização via depreciação/amortização ou sem vida útil definida (ativos não circulantes imobilizados ou intangíveis).

- **Passivos ESG** exigíveis em até 12 meses após o término do exercício social atual ou durante ciclo operacional do negócio (passivos circulantes).

- **Passivos ESG** exigíveis acima de 12 meses após o término do exercício social atual ou após o ciclo operacional do negócio (passivos não circulantes).

6.2.3. Relato Integrado

De acordo com Borgerth (2024), a combinação de uma variedade de padrões de reporte com a ausência de regulamentação resultou em muitas empresas reportando informação ESG, porém sem qualquer critério de conformidade, uniformidade ou evidenciação. Esse efeito gerou um grande ceticismo sobre o valor e a confiabilidade da informação de natureza ESG, o que terminaria por minar a sua utilidade. A solução para esse cenário veio da *Accounting for Sustainability*, que criou uma colisão de empresas, normatizadores, investidores, academias e profissionais de finanças/sustentabilidade: o *International Integrated Reporting Council (IIRC)*.

A proposta para resolver o problema foi a de estabelecer uma integração entre informação financeira e informação ESG, de tal forma que dados de sustentabilidade poderiam ser confirmados nos relatórios financeiros e vice-versa. Isso abriria caminho para futuros processos de asseguração dos relatórios de sustentabilidade, a exemplo do que já existe para os relatórios financeiros.

O relato integrado não é um novo relatório a ser apresentado pelas empresas, mas sim uma metodologia que altera a cultura de reportar, melhorando o *accountability* (dever de reportar das empresas). O relatório será o produto derivado do aperfeiçoamento do "processo de reportar". A definição do termo é o processo de reportar como a empresa gera valor a longo prazo!

O IIRC iniciou, formalmente, as suas atividades durante a Conferência Rio + 20. O fruto desse esforço é o parágrafo 47 do documento oficial da Conferência, que estabelece que **se deve integrar informação financeira e de sustentabilidade, a fim de aumentar o grau de confiabilidade e utilidade de tais relatórios.**

A fim de promover uma plataforma para essa nova modalidade de reportar negócios, o IIRC lançou em 2012 uma chamada pública para que cinquenta empresas se voluntariassem para testar, internamente, os conceitos a serem requeridos com o propósito de verificar, previamente, a sua aplicabilidade. Como resultado da chamada pública, 143 empresas do mundo inteiro dos mais diversos portes e ramos de atividade se apresentaram como voluntárias, incluindo doze empresas brasileiras.

Figura 6.2 – Países voluntários para o Relato Integrado

país	n° de empresas participantes
Reino Unido	13
Holanda	12
Brasil	12
Itália	8
EUA	7
Espanha	7
África do Sul	6
Alemanha	6
Japão	4
Austrália	4
Rússia	4
Canadá	3
Coreia do Sul	2
India	2
Dinamarca	2
Nova Zelândia	1
Bélgica	1
Cingapura	1
China	1
Sri Lanka	1
Chile	1
Suíça	1
Suécia	1
França	1
TOTAL	101

empresa	setor
AES Brasil	energia
BNDES	financeiro
BRF S.A.	alimentos
CCR S.A.	transporte
CPFL Energia	energia
Fibria Celulose	papel e celulose
Grupo Segurador	financeiro
Itaú Unibanco	financeiro
Natura	varejo
Petrobras	óleo e gás
Via Gutemberg	serviços
Votorantim	indústria

Fonte: Borgerth, 2024.

Após dois anos de testes, o IIRC publicou em dezembro de 2013 a versão 1.0 da **Estrutura Conceitual Básica do Relato Integrado** (*Integrated Reporting Framework*) e, em janeiro de 2021, a versão 2.0. O framework do relato integrado estabelece que o reporte precisa observar as seguintes perspectivas:

Figura 6.3 – Framework do Relato Integrado

Negócios	Estratégia	Operações	Desempenho
modelo de negócios	governança	gestão	informações financeiras
riscos e oportunidades	objetivos	mudanças implementadas	indicadores
contexto da empresa	análise da materialidade	descrição das atividades	criação de valor
stakeholders	perspectivas futuras		

Fonte: Borgerth, 2024.

Uma vez estabelecidas as perspectivas, a entidade começa a construir a informação a ser reportada, obedecendo os seguintes princípios básicos:

Figura 6.4 – Princípios básicos do Relato Integrado

Fonte: Elaborada pelo autor.

- **Foco na estratégia e orientação futura:** a empresa não se pode limitar a reportar o desempenho passado, precisa indicar a estratégia futura que pretende adotar. Não se trata de revelar segredos de negócios, mas o mercado não será capaz de avaliar o sucesso da empresa se não souber o que ela planeja fazer.

- **Conectividade da informação:** dados financeiros não podem estar em contradição com informação ESG e vice-versa. Os dois polos precisam estar integrados.

- **Receptividade dos *stakeholders*:** a empresa não pode reportar apenas o que tem interesse em dizer, mas aquilo que o mercado tem interesse/necessidade em saber. Ou seja, há necessidade de se consultar os *stakeholders*.

- **Materialidade e concisão:** relatos integrados precisam ser concisos e objetivos. Não se trata de mostrar "mais dados" para o mercado, mas informá-lo melhor. O critério utilizado para verificar se a informação precisa ser reportada ou não é o da materialidade.

- **Confiabilidade e abrangência:** para ser útil, a informação reportada precisa ser completa (abrangendo não apenas os "sucessos", mas também as "dificuldades e fracassos"). É necessário ter um cuidado especial em reportar o que pode ser evidenciado, pois já existe o pressuposto de que o relato integrado, a médio prazo, seja auditável.

- **Consistência e comparabilidade:** a informação divulgada deve ser disponibilizada de forma tempestiva e regular, além de comparável. Dessa forma, os agentes de mercado podem construir séries e iniciar processo de acompanhamento da empresa e do seu desempenho, bem como do seu posicionamento em relação aos seus concorrentes.

Em termos de conteúdo, a empresa deve reportar o relato integrado segundo os seis tipos de capital que tem à sua disposição, conforme figura a seguir:

Figura 6.5 – Tipos de capital

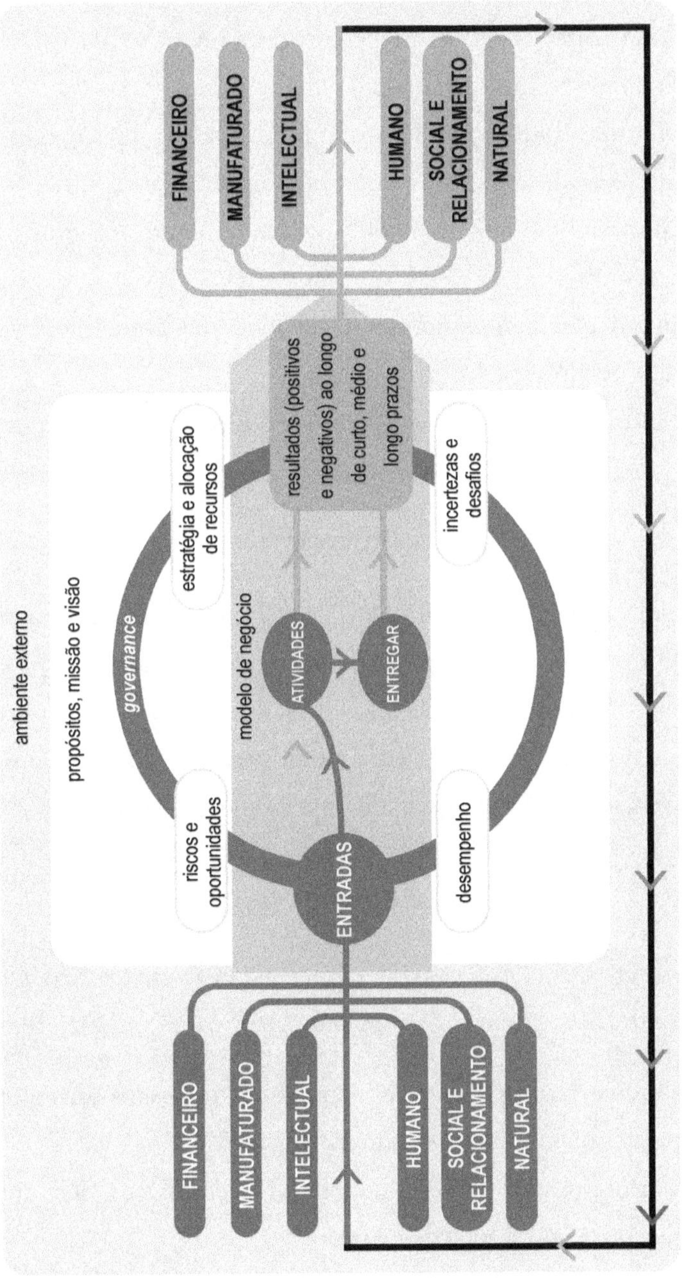

Fonte: Borgerth, 2024.

Capitais:

- **Financeiro:** recursos financeiros disponíveis ou passíveis de serem captados no mercado;
- **Manufaturado:** ativos físicos utilizados na exploração do negócio;
- **Intelectual:** intangíveis, know-how, experiência e inovação;
- **Humano:** talentos, competência, treinamento, comprometimento e liderança;
- **Social e relacionamento:** relacionamento com *stakeholders*, imagem, reconhecimento e cooperação
- **Natural:** recursos naturais consumidos/preservados/restaurados.

Processo:

A empresa capta os seis capitais do seu entorno e os aplica em função do modelo de negócio da empresa, como meio de alcançar a sua estratégia. Isso gera ou mitiga riscos, que são administrados pela estrutura de governança da entidade. O processo resulta em produtos/serviços que atendem às necessidades da sociedade e remunerando os provedores de capital.

Externalidades:

Ao final desse processo, a empresa devolverá os seis capitais ao ambiente externo, com as seguintes características:

- **Financeiro:** impulso na economia por meio dos seus gastos, pagamentos de salários e retorno a investidores;
- **Manufaturado:** entrega de produtos e serviços que atendem às necessidades da sociedade;
- **Intelectual:** geração de conhecimento, tecnologia, inovação, capacitação e patentes;

- **Humano:** funcionários bem qualificados para gerar novos conhecimentos ou para serem recolocados no mercado de trabalho;
- **Social e relacionamento:** respeito da sociedade, consumo consciente dos seus produtos e serviços, engajamento da sua cadeia de valor (fornecedores/clientes) na preservação dos capitais;
- **Natural:** manutenção, recuperação (desejável) ou erosão (não desejável) de recursos naturais.

Esse padrão é o que mais tem crescido no mundo, razão pela qual a ONU o elegeu como uma das melhores plataformas para reporte da implantação dos ODS.

6.2.4. Exemplos de Relatórios de Sustentabilidade

Nesse tópico apresentaremos recortes dos relatórios de sustentabilidade informados por algumas entidades no Brasil:

AMBEV

Figura 6.6 – Relato Integrado Ambev 2021

Fonte: Ambev, 2021.

Figura 6.7 – Índice Relato Integrado Ambev 2021

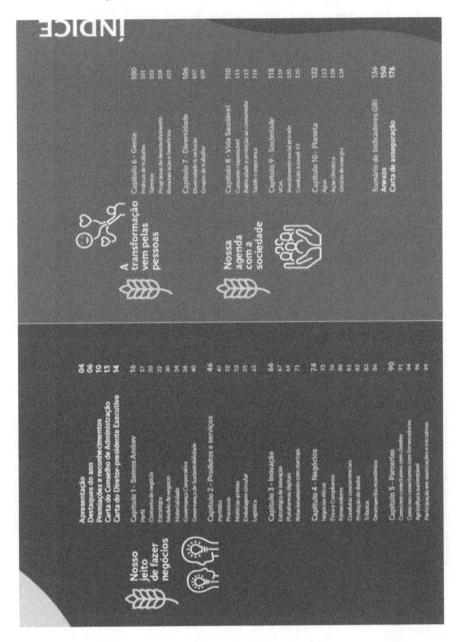

Fonte: Ambev, 2021.

Figura 6.8 – Capítulo destinado à parte ambiental

Fonte: Ambev, 2021.

NATURA & CO

Figura 6.9 – Relatório Integrado Natura & CO – 2021

Fonte: Natura & Co., 2021.

Figura 6.10 – Sumário Relatório Integrado Natura & CO – 2021

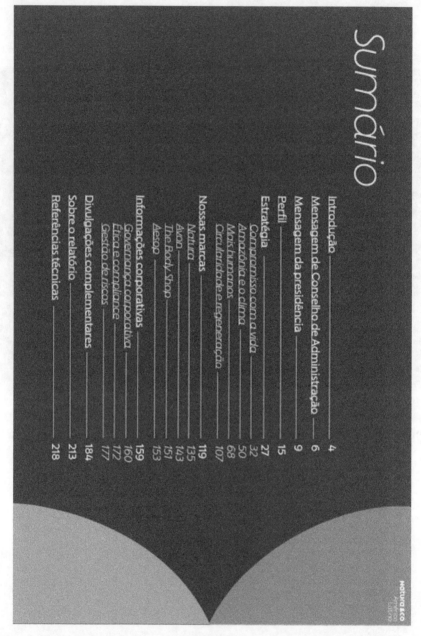

Fonte: Natura & Co., 2021.

Figura 6.11 – Capítulo destinado à governança corporativa

Fonte: Natura & Co., 2021

BRADESCO

Figura 6.12 – Relatório Integrado Bradesco – 2021

Fonte: Bradesco, 2021.

O Relatório Integrado do Bradesco de 2021 destaca importantes realizações e metas da organização. Os principais temas discutidos são os seguintes:

Sumário Relatório Integrado Bradesco – 2021

3 | Sobre este Relatório

6 | Mensagem do Presidente do Conselho de Administração

8 | Mensagem do Diretor-Presidente

11 | Destaques de 2021

17 | Materialidade e Estratégia

Temas Essenciais

Modelo de Negócio

Muito Além de Produtos Financeiros

32 | Governança Corporativa

Estrutura de Governança

Estrutura Acionária

Integridade e Ética

Gerenciamento de Riscos

58 | Pessoas

Perfil dos Funcionários

Diversidade e Inclusão

Benefícios

Foco em Saúde e Bem-Estar

Carreiras

Experiência do Funcionário – Clima Organizacional

Universidade Corporativa Bradesco – Unibrad

Sistema de Gestão de Responsabilidade Social Corporativa

98 | Foco no Cliente

Customer Experience

Pós-Venda

Ouvidoria

Mais Eficiência

116 | Transformação Digital

Aceleração Digital

Plataforma Digital

Open Finance

Alicerce para a Transformação Digital

Inovabra

Estratégia de Inovação

Cultura de Inovação: Programa Ideação

135 | Sustentabilidade no Bradesco

Marcos em Nossa Trajetória ASG

Governança de Sustentabilidade

Revisão da Estratégia de Sustentabilidade

Negócios Sustentáveis

Atuação na Amazônia

Mudanças Climáticas

Cidadania Financeira

Direitos Humanos

Comunicação e Engajamento para Sustentabilidade

Bradesco na Sociedade

Atuação na Pandemia de Covid-19

Reconhecimentos

225 | Fornecedores

239 | Resultados Financeiros

248 | Relações com Investidores

249 | Anexos

294 | Órgãos da Administração

295 | Relatório de Asseguração Limitada

298 | Informações Corporativas

Fonte: Bradesco, 2021.

Figura 6.14 – Capítulo destinado à diversidade e inclusão

Pessoas

Diversidade e Inclusão
GRI 103-2, 103-3: Diversidade e Igualdade de Oportunidades

Pertencimento, bem-estar, criatividade: esses são alguns dos muitos benefícios de ambientes diversos e inclusivos. A crença na capacidade de desenvolvimento das pessoas e o respeito à dignidade e à diversidade do ser humano foram alguns dos valores responsáveis por nos levar ao protagonismo como agentes do desenvolvimento social no Brasil. Na década de 1940, nascemos como um banco democrático, que inclinou sua estratégia de atuação para imigrantes, agricultores, pequenos comerciantes e funcionários públicos, em uma época na qual os demais serviços bancários estavam destinados apenas a pessoas de alto poder aquisitivo. Desde então, a missão inclusiva nos acompanha e, ao longo dos anos, temos aprimorado nossas práticas para nos tornarmos, cada vez mais, um espaço de aliados pelo respeito.

Saiba mais em
Planilha de indicadores ESG

Em 2021, seguimos reafirmando nosso propósito inclusivo e transformador com base em uma governança para diversidade e inclusão que, em sua mais alta instância, conta com o Comitê de Sustentabilidade e Diversidade, do qual participam alguns de nossos principais executivos, entre eles o presidente da Organização e o presidente do Conselho de Administração. Compreendendo a multidisciplinariedade do tema, mantemos o Grupo de Trabalho de Diversidade e Inclusão, formado por funcionários de diferentes áreas e senioridades, que atuam fortalecendo o tema em suas atividades e seus negócios.

Todo funcionário, independentemente de cargo, função e nível hierárquico, também pode se engajar nessa missão, voluntariando-se para atuar em um ou mais dos nossos Grupos de Afinidade: o Somar, voltado à inclusão da pessoa com deficiência (PCD); o AfroBra, voltado à evolução das pautas étnico-raciais; o DiversiBrad, voltado à inclusão LGBTI+; e o Mulheres Pra Frente, voltado à equidade de gênero.

Cada grupo conta com uma pessoa coordenadora, que possui o marcador identitário da temática representada e que tem assento no Grupo de Trabalho de Diversidade e Inclusão, favorecendo diálogos ainda mais profundos que respeitam e valorizam os diversos locais de fala. Em 2021, desenvolvemos trilhas de capacitação específicas para todos os nossos Grupos de Afinidades, compostas de encontros com especialistas, vídeos, podcasts e mais.

Além disso, o Departamento de Recursos Humanos conta com gerência e área dedicadas exclusivamente ao tema. A equipe de Gestão da Diversidade e Inclusão trabalha pela representatividade e pela construção e manutenção de ambientes inclusivos.

Fonte: Bradesco, 2021.

6.3. Finanças Sustentáveis

As finanças sustentáveis são entendidas como aquelas destinadas a apoiar o crescimento econômico, reduzindo simultaneamente as pressões sobre o ambiente e tendo em conta os aspetos sociais e de governança. Nesse sentido, a matriz de materialidade vem para responder ao questionamento: quais temas socioeconômicos, ambientais e de governança são realmente relevantes para o negócio? A matriz de materialidade é o processo de conhecimento dos temas mais importantes para a empresa, baseado na estratégia de negócio e na percepção dos *stakeholders* sobre os impactos.

Qual a importância da matriz de materialidade?

- Minimiza custos e eleva a participação da organização no mercado;
- Atrai investimentos e garante boa reputação;
- Ajuda no gerenciamento de riscos e gera oportunidades de negócio, por meio da identificação de temas relevantes, como serviços e modelos que possam melhorar o fator de margem de lucro, preço etc.;
- Fornece a estrutura para um relatório anual e permite que as organizações concentrem seus esforços na melhor alocação de recursos;
- Atende às expectativas das partes interessadas;
- Adiciona um peso estratégico a uma agenda de sustentabilidade, conectando as questões ESG à proposta de valor central da organização.

Engajamento dos *stakeholders*

O termo e o conceito de *stakeholder* se relaciona com qualquer indivíduo ou organização que, de alguma maneira, é impactado pelas ações de uma empresa. Traduzindo para o português, podemos entender como "parte interessada". Por exemplo: clientes, fornecedores, funcionários, comunidades e investidores são os principais *stakeholders* de uma organização.

Mas, você deve estar se perguntando: o que tem a ver matriz de materialidade e *stakeholders*? Tudo. A matriz de materialidade leva em consideração quais temas são os mais relevantes para os *stakeholders*. Ou seja, os pontos de maior preocupação da organização precisam ser definidos a partir dos interesses das partes interessadas.

Assim, no processo de aplicação da matriz de materialidade, os *stakeholders* devem ser entrevistados. O intuito é mapear e analisar o que eles consideram mais importante ou quais prioridades devem ser trabalhadas pela organização.

Figura 6.15 – Exemplo de matriz de materialidade

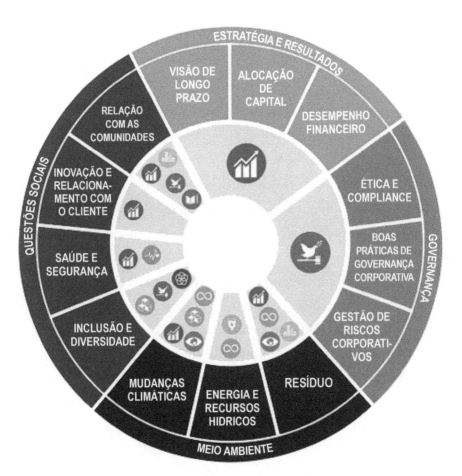

- Saúde e bem-estar
- Água potável e saneamento
- Educação de qualidade
- Trabalho decente e crescimento econômico
- Indústria, inovação e infraestrutura
- Consumo e produção responsáveis
- Cidades e comunidades sustentáveis
- Ação contra a mudança global do clima
- Paz, justiça e instituições eficazes
- Parcerias e meios de implementação

Fonte: Approach, 2023.

6.3.1. Objetivos do Desenvolvimento Sustentável

Em 2015, a ONU propôs aos seus países membros a Agenda 2030, uma nova proposta de desenvolvimento sustentável para os próximos 15 anos, composta pelos **17 Objetivos de Desenvolvimento Sustentável (ODS)**. Ressalte-se que esse é um esforço conjunto de países, empresas, instituições e sociedade civil.

Os ODS buscam assegurar os direitos humanos, acabar com a pobreza, lutar contra a desigualdade e a injustiça, alcançar a igualdade de gênero e o empoderamento de mulheres e meninas, agir contra as mudanças climáticas, bem como enfrentar outros dos maiores desafios de nossos tempos.

Nesse sentido, o setor privado tem um papel essencial nesse processo como grande detentor do poder econômico, propulsor de inovações e tecnologias, influenciador e engajador dos mais diversos públicos: governos, fornecedores, colaboradores e consumidores. Para uma visão geral sobre os ODS, serão apresentados seus dezessete objetivos.

> **IMPORTANTE:**
> Como o documento foi proposto e assinado há alguns anos, certas datas previstas já podem estar no passado, como, por exemplo, aquelas prevendo "até 2020". Porém, o documento segue em vigor e em plena vigência, devendo ser interpretado como atual.

Figura 6.16 – Objetivos de desenvolvimento sustentável

Fonte: ONU, 2024.

Embora seja indiscutível que os dezessetes ODS têm impacto entre si, visando facilitar sua implementação por governos e o planejamento e alocação de recursos por instituições privadas, eles foram classificados em áreas da sustentabilidade e subdivididos em metas. Alcançar tais metas seriam relevantes para o cumprimento dos próprios ODS.

Figura 6.17 – Áreas da sustentabilidade

Pessoas	• 1. Fim da pobreza • 2. Fome zero • 3. Saúde e bem-estar • 4. Educação de qualidade • 5. Igualdade de gêneros • 7. Energia limpa • 11. Cidades e comunidades sustentáveis • 16. Paz, justiça e instituições fortes
Planeta	• 6. Água limpa e saneamento • 13. Ação pelo clima • 14. Vida abaixo d'água • 15. Vida na Terra
Prosperidade	• 8. Empregos decentes e crescimento econômico • 9. Indústria, inovação e infraestrutura • 10. Redução das inequalidades • 12. Consumo e produção responsáveis
Governança	• 17. Parceria em prol dos objetivos

Fonte: Grizzi, 2024.

A menos de uma década até o prazo estabelecido, o Relatório de Acompanhamento dos ODS emitido pela ONU (*Sustainable Development Goals Progress Chart 2021*) apresenta o seguinte estágio de implantação da Agenda 2030:

Figura 6.18 – Relatório de Acompanhamento dos ODS

ODS	Mundo	África	Ásia	América Latina	Países desen-volvidos
1. Pobreza	Amarelo	Vermelho	ND	Vermelho	Verde
2. Fome	Amarelo	Amarelo	Vermelho	Vermelho	Amarelo
3. Saúde	Verde	Amarelo	Verde	Verde	Verde
4. Educação	Amarelo	Laranja	Laranja	Amarelo	Verde
5. Equidade	Amarelo	Laranja	Amarelo	Laranja	Verde
6. Água	Laranja	Laranja	Laranja	Laranja	Laranja
7. Energia	Laranja	Vermelho	Verde	Laranja	Verde
8. Emprego	Laranja	Vermelho	Laranja	Vermelho	Laranja
9. Infraestrutura e Saneamento	Laranja	Laranja	Laranja	Vermelho	Laranja
10. Inequalidade entre países	Laranja	Vermelho	Laranja	Vermelho	Laranja
11. Cidades inteligentes e seguras	Vermelho	Amarelo	Laranja	Laranja	Verde
12. Produção e consumo conscientes	Vermelho	Vermelho	Amarelo	Laranja	Verde
13. Mudanças climáticas	Vermelho	ND	ND	ND	ND
14. Oceanos e vida marinha	Laranja	Laranja	Laranja	Laranja	Laranja
15. Biodiversidade terrestre e florestas	Vermelho	Laranja	Vermelho	Vermelho	Vermelho
16. Justiça	Amarelo	Laranja	Amarelo	Laranja	Laranja
17. Cooperação	Laranja	Amarelo	Amarelo	Amarelo	Verde

Verde	De acordo com o esperado
Amarelo	Leve insuficiência
Laranja	Abaixo do esperado
Vermelho	Insuficiente
ND	Não há dados suficientes

Fonte: Grizzi, 2024.

6.3.2. Aspectos Regulatórios

A aderência do mercado brasileiro às diretrizes ESG impulsionou as discussões sobre a incorporação da variável ambiental na economia, levando à discussão sobre a valoração econômica do capital natural e das externalidades negativas ambientais nos vieses de gestão de risco e oportunidades corporativas, embasando inovação.

Para a construção de sistemas robustos de gestão de risco e de inovação que incorporem a variável ambiental, o primeiro passo é entender quais são os assuntos materiais relevantes a serem priorizados. Essa materialidade não se restringe ao referencial financeiro, mas abrange todos os demais referenciais que podem influenciar o processo de tomada de decisão e que, direta ou indiretamente, acabarão sendo refletidos em valores para fins de resultados financeiros.

Tomando por base as diretrizes do Comitê de Organizações Patrocinadoras da Comissão *Treadway* (Committee of Sponsoring Organizations of the Treadway Commission), para a construção de sistemas de gestão de riscos corporativos (ERM – enterprise risk management), a identificação de eventos, assim como a avaliação do risco em si e do preparo da resposta a esse risco, são parte das ações necessárias para alcançar os objetivos de conformidade, operacionais, estratégicos e de comunicação das empresas, representados pela figura abaixo:

Figura 6.19 – Avaliação de riscos

Fonte: Grizzi, 2024.

Os objetivos de conformidade, operacional e estratégicos são os que interessam para o fim desta disciplina: incorporação da variável ambiental na gestão de riscos e na identificação de oportunidades. No contexto de capital natural e externalidades ambientais negativas, os objetivos operacionais estão intrinsecamente relacionados e são dependentes dos objetivos de conformidade. A eficiência e eficácia das operações de uma empresa devem estar embasadas, obrigatoriamente, na conformidade com as normas ambientais válidas e em vigor.

Os objetivos de conformidade são o passo inicial de qualquer sistema de gestão de risco corporativo e servem como linha de base para todos os negócios do mesmo segmento de mercado. Portanto, para identificar os riscos e oportunidades ambientais para os objetivos de conformidade e operacionais das empresas, a ferramenta a ser utilizada é a auditoria regulatória, a qual resultará na elaboração de um mapa de risco. O passo seguinte será aplicar os resultados desse mapa de risco contra a opinião de partes interessadas (*stakeholders*) relevantes, identificando a ordem de priorização para tratar os assuntos, de modo que culmine na construção da matriz de materialidade.

Auditoria e gestão

Todos os assuntos relativos a capital natural são objeto de regulação no Brasil, assim como o são todos os classificados como externalidades negativas ambientais, compondo a variável ambiental.

Avaliar, sob a ótica corporativa, a conformidade regulatória do negócio – desde cada unidade física a toda a organização, conforme as recomendações do COSO – implica elaborar auditoria de conformidade em todos os assuntos de capital natural e de externalidades negativas ambientais aplicáveis ao negócio. Os passos da auditoria regulatória de conformidade são os seguintes:

a) Elabora-se lista de checagem (checklist) com base nas normas ambientais em vigor;

b) Comprova-se a aplicabilidade de cada item da lista mediante avaliação do objeto social, classificação nacional de atividade econômica e checagem presencial de todas as atividades desenvolvidas por cada uma das unidades de negócios ou subsidiárias;

c) Avalia-se toda a documentação do ponto de vista regulatório;

d) Complementa-se a avaliação regulatória com auditoria técnica para comprovação de dados fáticos (por exemplo, a existência ou não da vegetação em espaço territorial protegido, conforme consta no cadastro ambiental rural – CAR); e

e) Elabora-se relatório de conformidade regulatória, identificando assuntos ambientais materiais para o negócio no viés de capital natural e externalidades negativas, assim como eventuais não conformidades, risco regulatório e, por vezes, o seu risco operacional correspondente e as ações corretivas ou mitigatórias (tratamento do risco).

Esse processo resulta na fotografia da variável ambiental do negócio. Quanto mais alto o risco regulatório/operacional e os seus potenciais impactos (em caso de materialização), maior prioridade terão na lista para tratamento. Portanto, a gestão de riscos ambientais depende de auditorias regulatórias feitas com qualidade e integridade de dados.

Assim como a identificação de oportunidades ambientais também deve levar em conta os resultados de auditoria regulatória nesse âmbito, haja vista essa fotografia fornece os dados sobre os assuntos prioritários para a empresa. Esses dados são fundamentais, pois propiciam o desenvolvimento de soluções inovadoras, seja para novas linhas de negócios ou até mesmo, eventualmente, servir como base para gerar oportunidades de um novo empreendimento.

O ideal é que o sistema de gestão de riscos ambientais aborde também detalhes operacionais na perspectiva de estratégia dos negócios e eventuais outras perspectivas aplicáveis. Focar somente no viés regulatório e o seu correspondente operacional não é o suficiente. Além disso, o próprio viés operacional possui outros componentes, como custo e eficiência de equipamentos e processos produtivos, que precisam ser avaliados para complementar e elaborar um mapa de risco ambiental completo.

O sistema de gestão de riscos e oportunidades ambientais, tanto na perspectiva regulatória quanto na operacional, terá qualidade proporcional aos dados resultantes de auditoria que serviram para a sua criação. Pois, só se gerencia aquilo que se conhece. Dados são essenciais e cruciais para a construção da lista de **indicadores ambientais (KPIs – Key Performance Indicators)**. Afinal, só se monitora, mensura e reporta aquilo que se conhece.

Ato contínuo à definição dos indicadores ambientais com impactos relevantes para o negócio, para tratamento no sistema de gestão de riscos, passa-se à priorização desses indicadores, também para gestão e tratamento, mas, agora, com base na construção de uma matriz de materialidade. A matriz de materialidade conjuga dois vetores: o de impacto nos negócios, composto pelos indicadores ambientais identificados na auditoria ambiental, incluídos no sistema de gestão de riscos e classificados como de alta, média ou baixa relevância; e o vetor de relevância para partes interessadas (*stakeholders*), conforme ilustrado na figura a seguir:

Figura 6.20 – Análise da matriz de materialidade

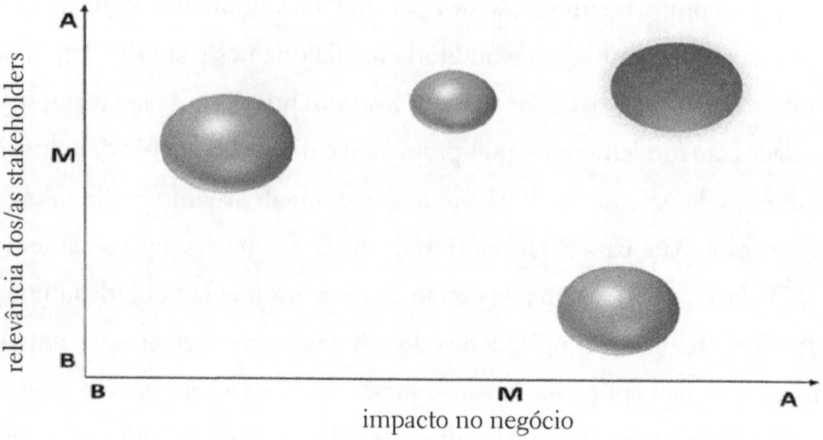

Fonte: Grizzi, 2024.

A definição de partes interessadas varia de acordo com o negócio e fica a critério da própria empresa. As boas práticas indicam que a cadeia de valor (fornecedores e clientes), os investidores e as comunidades impactadas direta ou indiretamente pelo negócio devem estar na lista de partes interessadas. São estas que avaliarão os indicadores ambientais já propostos, classificando--os como de alta, média ou baixa relevância, mas não ficarão a eles adstritas, poderão indicar eventuais outros assuntos ambientais que não tenham sido identificados na auditoria regulatória, técnica e operacional para construção do mapa de risco. Nesse caso, a depender do assunto identificado, pode ser necessário revisitar inclusive o mapa de risco. Portanto, jogando as informações e as suas classificações na matriz de materialidade, os assuntos da variável ambiental – riscos e oportunidades – deverão ter o seu gerenciamento priorizado a partir do quadrante em que as relevâncias altas se cruzam (representados pelo círculo rosa na ilustração anterior).

Um ponto importante a destacar diz respeito à materialidade como conceito estritamente atrelado a eventos que gerem impactos financeiros significativos. Muito se discute esse conceito sob a denominação de "dupla materialidade". A identificação de indicadores, bem como a construção de sistemas de gestão, monitoramento, tratamento e divulgações nele embasados só ocorreriam se a valoração econômica ambiental indicasse valores significativos a serem contabilizados nas demonstrações financeiras. Interessante é que a origem desse conceito remonta ao relatório da Comissão Europeia de 2017, que trata de recomendações para divulgação de riscos e oportunidades climáticas, representado na ilustração a seguir:

Figura 6.21 – Materialidade financeira x Materialidade ambiental e social

Fonte: Grizzi, 2024.

Segundo esse conceito, para fins financeiros, só seriam materiais eventos climáticos (conexos a capital natural ou geradores de externalidades negativas) os que pudessem afetar o valor do negócio. Avalia-se a mudança climática e os seus efeitos nos negócios "de fora para dentro". Ao passo que a contribuição do negócio para eventos climáticos, no viés de escassez de capital natural ou gerenciamento inadequado das suas externalidades, seria uma avaliação "de dentro para fora", considerada desprovida de materialidade financeira, apesar de relevante para as partes interessadas.

Os eventos ambientais, inexoravelmente, têm a sua correspondência financeira em qualquer perspectiva. Considerar que a avaliação "de dentro para fora" não resulta em materialidade financeira é permanecer sob a égide da interpretação de Milton Friedman, de que os negócios têm por objetivo gerar valor para o acionista, e desconsiderar, integralmente, o fato de que só há economia se houver capital natural e gestão adequada de externalidades negativas ambientais. Essa discussão remonta à economia tradicional que ignora a variável ambiental.

Eventos ambientais materiais são aqueles retratados em matriz de materialidade elaborada conforme as diretrizes aqui descritas. Se, eventualmente, ainda for difícil atribuir valor, monetizar tais eventos nas demonstrações financeiras, a empresa deve, no mínimo, identificá-lo, gerenciá-lo, monitorá-lo e divulgá-lo no seu relatório anual e nas notas explicativas das demonstrações financeiras. Porém, se a empresa pretende sobreviver no longo prazo, o ideal seria estar buscando incorporar a variável ambiental no seu negócio por meio de inovação tecnológica com softwares e metodologias em desenvolvimento no Brasil e no mundo para atribuir números a esses eventos.

Em termos de gerenciamento, riscos relativos a capital natural e externalidades negativas ambientais têm o seu gerenciamento usualmente baseado em eficiência operacional, aliado à definição de estratégia corporativa do negócio. Um ótimo exemplo relativo à capital natural, nesse caso, é o risco de escassez no suprimento de água. Do ponto de vista operacional, a eficiência será a chave para otimizar o volume de água consumido, assim como implementar melhorias nos sistemas de transporte dessa água e nos equipamentos que a utilizam, tanto para fins operacionais como para fins humanos. Já do ponto de vista da estratégia corporativa, será ideal avaliar o apetite de risco do negócio para eventos de escassez hídrica, gerenciar dados relativos ao suprimento de água da(s) região(ões) relevantes para o negócio e desenhar medidas mitigatórias adequadas, eficientes e suficientes para manter a operação em caso de materialização do risco.

Esse mesmo exemplo pode ser aplicado à externalidade negativa ambiental decorrente do uso de água nas operações, a geração de efluentes, que está sujeita a rígidas normas de gestão, tratamento e descarte em conformidade com padrões legais e nos locais adequados. Do ponto de vista operacional, a eficiência será a chave para otimizar o volume de efluente gerado, assim como implementar melhorias nos sistemas de transporte desse efluente e nos equipamentos que os geram, tanto de origem industrial como sanitária. Na perspectiva da estratégia corporativa, será ideal avaliar o apetite de risco do negócio para eventos de gerenciamento/descarte inadequado de resíduos, assegurar que o sistema de gestão esteja sempre apto para tratar efluentes em volume correspondente à capacidade de produção licenciada pelo órgão ambiental competente e desenhar medidas mitigatórias adequadas, eficientes e suficientes para responder a eventos de descarte inadequado de efluentes com potencial de causar poluição (dano ambiental) em caso de materialização do risco.

O alinhamento da gestão de riscos e oportunidades ambientais com os objetivos estratégicos corporativos e a respectiva definição de apetite de risco é essencial e, atualmente, carece de atualização periódica.

6.3.3. Indicadores de Sustentabilidade

Indicadores de sustentabilidade são **métricas, parâmetros ou critérios quantitativos e qualitativos** projetados para fornecer informações mensuráveis e objetivas. Assim, trazem insights sobre como uma determinada atividade ou projeto afeta o meio ambiente, a sociedade e a economia. Nesse contexto, os indicadores de sustentabilidade estão agrupados em três categorias principais:

- Indicadores de sustentabilidade ambiental;
- Indicadores de sustentabilidade social;
- Indicadores de sustentabilidade institucional.

Indicadores de sustentabilidade ambiental

Medem o êxito das medidas na hora de minimizar as externalidades negativas no ambiente. Estas últimas são consequência da própria atividade empresarial que não é inócua. A produção, em especial na indústria, precisa consumir recursos e energia, o que afeta o ambiente. Além disso, durante o processo, geram-se desperdícios que podem provocar poluição. Os indicadores de sustentabilidade ambiental centram-se em definir a redução dessas externalidades. Alguns exemplos são:

- Quantidade de água consumida;
- Ciclo de vida do produto;
- Matéria-prima utilizada;
- Pegada de carbono;
- Emissões de dióxido de carbono durante o transporte.

Indicadores de sustentabilidade social

Neste caso, os indicadores sociais medem como a empresa se relaciona com a sociedade ou com sua comunidade local. Tal como acontece com o ambiente, estas organizações afetam grandes coletivos de pessoas, por exemplo, trabalhadores, clientes, fornecedores ou acionistas. As decisões tomadas pela administração irão afetá-los de forma direta ou indireta.

Nesse sentido, as empresas devem desenvolver uma atividade ética e que leve em conta a forma como usa os seus recursos humanos. Isso se manifesta em salários adequados, postos de trabalho salubres ou a não discriminação de funcionários concretos. No final, é fundamental que não se esqueça da importância da parte social da ESG. Sem atenção a essa área, não se alcançarão bons resultados. Estes são alguns indicadores úteis:

- Gestão da diversidade;
- Cumprimento das políticas de igualdade;
- Transparência na gestão dos recursos humanos;
- Apoio à conciliação laboral e familiar;
- Segurança e saúde dos trabalhadores.

Indicadores de sustentabilidade institucional

Os indicadores de sustentabilidade institucional centram-se em aspetos econômicos e financeiros. A organização tem de ser rentável para manter as suas funções em equilíbrio. Para isso, a empresa deve seguir critérios de governação racionais e que reduzam os riscos. Uma má decisão, como a compra de uma empresa deficiente, pode levar à quebra. Além disso, é preciso que existam contrapesos dentro da organização para limitar o poder da administração, destacando ao mesmo tempo o papel dos critérios de boa governação. Assim, desenvolver-se-á uma cultura empresarial baseada na sustentabilidade e na transparência. Entre os indicadores encontramos:

- Saldo de tesouraria;
- Endividamento;
- Volume de negócios;
- Rentabilidade geral.

Figura 6.22 –

Macrotema	Tema	Indicadores		Unidade	2019	2020	2021	2022	2023	Métricas
Ecoeficiência	Emissões Operacionais	Escopo 1	geração de eletricidade, calor ou vapor	tCO₂e	766	438	336	547	535	
			transporte de materiais, produtos, resíduos, funcionários e pass	tCO₂e	973	703	791	1.693	1.595	
			emissões fugitivas	tCO₂e	8.594	12.493	13.070	11.987	14.410	
			emissões *brutas totais*	tCO₂e	10.334	13.635	14.197	14.226	16.540	GRI 305-1
		Escopo 2	geração de eletricidade, calor ou vapor	tCO₂e	80	50	39	56	64	
			transporte de materiais, produtos, resíduos, funcionários e pass	tCO₂e	268	147	144	194	221	
			emissões biogênicas totais	tCO₂e	348	197	163	251	285	
			aquisição de energia - *Location based*	tCO₂e	38.642	28.032	49.637	16.223	13.933	GRI 305-2
			aquisição de energia - *Market based*	tCO₂e	38.347	142	23	-	-	
		Escopo 3	transporte e distribuição (frota terceirizada - *upstream*)	tCO₂e	63.089	60.385	53.410	86.119	48.022	
			resíduos gerados nas operações	tCO₂e	5.234	4.127	3.722	4.923	4.532	
			viagens a negócios	tCO₂e	21.331	5.219	2.620	6.098	11.953	
			deslocamento de funcionários (casa-trabalho)	tCO₂e	99.505	59.412	42.515	53.918	58.278	
			emissões *brutas totais*	tCO₂e	189.158	129.143	102.267	151.058	122.785	GRI 305-3
			transporte e distribuição (frota terceirizada – *upstream*)	tCO₂e	7.989	8.672	8.164	10.410	8.561	
			resíduos gerados nas operações	tCO₂e	ND	ND	ND	580	46	
			viagens a negócios	tCO₂e	3.066	1.132	1.424	1.884	2.693	
			deslocamento de funcionários (casa-trabalho)	tCO₂e	22.623	13.692	6.751	11.106	12.526	
			emissões biogênicas totais	tCO₂e	33.678	23.497	16.340	23.979	23.826	
		Intensidade de emissões	Indicador por receita	tCO₂e/R$ MM	1.0	0.7	0.5	0.5	0.4	
			Indicador por lucro líquido contábil	tCO₂e/R$ MM	10.6	8.6	5.3	8.0	9.2	GRI 305-4
			Indicador per capita	tCO₂e/func	2.5	1.6	1.3	1.9	1.6	
			Indicador per capita (FTE)	tCO₂e/FTE	2.6	1.7	1.4	1.9	1.7	
		Redução de emissões como resultado direto de iniciativas	Escopo 1	tCO₂e	3.106	598	102	1.083	98	
			Escopo 2	tCO₂e	295	38.205	119	16.223	-	
			Escopo 3	tCO₂e	1.577	60.015	26.876	6.013	39.205	GRI 305-5

Fonte: Bradesco, 2023.

6.3.4. Mercado e ESG

O mercado financeiro ESG é baseado nas seguintes estratégias:

- **Por exclusão:** Exclusão de carteira de ativos controversos;
- **Por filtragem:** Investimento que filtrem empresas com ações sustentáveis pontuais;
- **Foco na jornada ESG:** Aplicação em ativos que tenham ações e esforços relacionados;
- **Por impacto:** Aplicação somente em ativos que geram impacto positivo.

Direcionamento do mercado:

Atualmente existe a Resolução 59 da CVM (Consolidação dos valores mobiliários) que define o seguinte:

> Com relação às questões ESG o emissor deve informar se divulga seus dados relacionados, qual a metodologia, se realiza a conexão desses impactos aos ODS prioritários, se esse processo passa por auditoria, se existe processo de matriz de materialidade, se é realizado inventário de Gases de Efeito Estufa e caso não sejam realizadas as atividades, explicar o motivo.

Figura 6.23 – Mercado e ESG

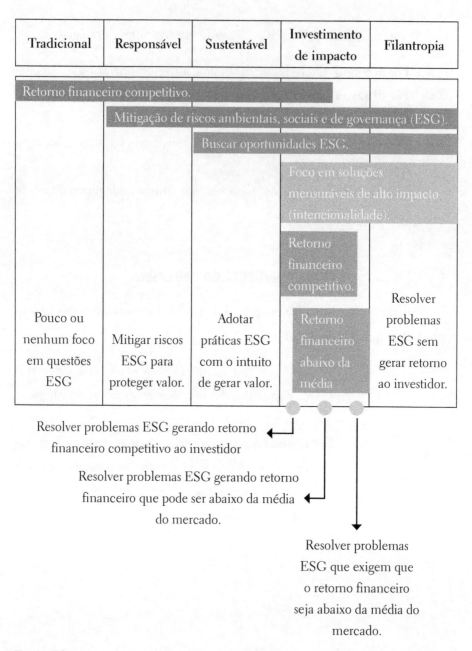

Fonte: B3.

Atração de capital ESG:

Conhecidos por títulos verdes, títulos sociais ou títulos sustentáveis que tem o intuito de atrair capital para projetos de impacto positivo ESG.

Figura 6.24 – Títulos Sustentáveis

Títulos Verdes (Green Bonds)	Adaptação às mudanças climáticas; Conservação da biodiversidade terrestre e aquática; Edifícios Verdes, Eficiência energética; Energia renovável; Gestão sustentável das águas e águas residuais; Produtos; tecnologias e processos de produção ecoeficientes e/ou adaptados à economia circular; Prevenção e controle de poluição; Transporte limpo.
Títulos Sociais (Social Bonds)	Acesso a serviços essenciais; Geração de empregos e programas projetados para prevenir e/ou aliviar o desemprego decorrente da crise socioeconômica; inclusive por meio do efeito potencial do financiamento de PMEs e microfinanças; Habitação a preços acessíveis. Infraestrutura básica acessível; Segurança alimentar e sistemas alimentares sustentáveis
Titulos de Sustentabilidade (Sustentability Bonds)	Projetos com caráter socioambiental (Green e Social combinados)
Títulos Vinculados à Sustentabilidade (Sustentability-Linked Bonds)	Indicador: Gestão de emissões/ Meta: reduzir em 15% a intensidade de emissões de GEE até 2030; Indicador: Gestão de Residuos/Meta: 97% de residuos reciclados até 2025; Indicador. Energia Renovável/ Meta: Atingir 100% de consumo de energia elétrica renovável até 2022

Fonte: B3.

Nesse contexto, os títulos sustentáveis possuem as seguintes características:

Figura 6.25 – Características dos títulos sustentáveis

Para quem investe:	Para o ativo:
- Menor risco ESG	- Fidelização de clientes
- Menor variabilidade quanto a demandas futuras	- Menor risco quanto as mudanças futuras
- Melhor imagem gerando crescimento	- Ativos mais valorizados
- Estabilidade do mercado	- Maiores facilidades de crédito
- Monitoramento constante dos ativos por terceiros	- Visão do mercado internacional
- Lucros através das tendências de mercado	- Maior competitividade
- Melhor visão à longo prazo	- Maior eficiência e menor desperdício

Fonte: Elaborada pelo autor.

Exemplos de títulos sustentáveis no Brasil:

- O **BDMG** (Banco de Desenvolvimento de Minas Gerais) foi o primeiro banco público brasileiro a emitir Títulos Sustentáveis (US$ 50 milhões) em 2020. Também foi pioneiro ao publicar um framework com critérios de elegibilidade para o financiamento de projetos ambientais ou sociais, seguindo os objetivos de desenvolvimento sustentável;

- A **CPFL Energia** foi a primeira empresa brasileira a emitir um Título Verde em 2016 (R$ 200 milhões) para financiar energia solar no Rio Grande do Norte;

- A **EcoAgro** foi a primeiro a emitir um Título Verde (R$ 1 bilhão) utilizando o instrumento **CRA** para a Suzano Papel e Celulose em 2016;

- Em 2019 a **True Securitizadora** (Grupo Ápice) lançou o primeiro **CRI** no valor de R$ 17 milhões, para Burger King a fim de financiar a planta de energia solar;

- A **Gyra+** emitiu o primeiro Social Bond (R$ 50 milhões) no Brasil em 2020, com o objetivo de financiar pagamentos de crédito em plataformas digitais para pequenas empresas.

Referências

ADELEGAN, Olatundun Janet. *Managment Accounting Practices in Nigerian Companies*. IFAC, 2001.

AMBEV. *Relato Integrado 2021*. Disponível em: https://ri.ambev.com.br/relatorios-publicacoes/relatorios-anuais-e-sustentabilidade/. Acesso em: 07 mai. 2024

ARCANJO, José Márcio. *A evolução do Balanced Scorecard para a era do ESG*: como atualizar o seu mapa estratégico. 2021. Disponível em: https://www.linkedin.com/pulse/evolução-do-balanced-scorecard-para-era-esg-como-o-seu-arcanjo/. Acesso em: 06 mai. 2024.

AYRES, Aurora. *ESG é prioridade para 95% das agendas corporativas das organizações*. Portal Aberje. 2021. Disponível em: https://www.aberje.com.br/esg-e-prioridade-para-95-das-agendas-corporativas-das-organizacoes/. Acesso em: 9 jun. 2024.

B3 – BOLSA DE VALORES. *Índices de sustentabilidade*. Disponível em: https://www.b3.com.br/pt_br/b3/sustentabilidade/produtos-e-servicos-esg/indices-de-sustentabilidade/. Acesso em: 15 mai. 2024.

BEBBINGTON, Jan. *Accounting for the Environment*. 2nd ed. London: Sage, 2001.

BERGAMINI JUNIOR, Sebastião. *Avaliação Contábil do Risco Ambiental*. Revista do BNDES, Rio de Janeiro, v.7, n.14, p. 301-328, dez. 1999.

BORGERTH, Vânia. *Sustentabilidade corporativa, regulação e transparência em ESG*. Rio de Janeiro: FGV, 2024.

BRADESCO. *Relatório Integrado* – Bradesco RI. 2023. Disponível em: <https://www.bradescori.com.br/o-bradesco/relatorio-integrado/>. Acesso em: 9 jun. 2024.

BRADESCO. *Relatório Integrado* 2021. Disponível em: https://www.bradescori.com.br/o-bradesco/relatorio-integrado/. Acesso em 07 mai. 2024.

BRASIL. Comissão de Valores Mobiliários. *Resolução CVM 59*. Altera a Instrução CVM n° 480, de 7 de dezembro de 2009, e a Instrução CVM n° 481, de 17 de dezembro de 2009.Disponível em: https://conteudo.cvm.gov.br/legislacao/resolucoes/resol059.html. Acesso em: 9 jun. 2024.

CARVALHO, Géssica *et al. Sistemas de Recompensa e Suas Influências na Motivação dos Funcionários*: Estudo em uma Cooperativa Capixaba. Disponível em: https://www.aedb.br/seget/arquivos/artigos12/22716469.pdf. Acesso em: 10 mai. 2024

CHIAVENATO, Idalberto. *Gestão de pessoas*: e o novo papel dos recursos humanos nas organizações. 3. ed. Rio de Janeiro: Elsevier, 2010.

DONAIRE, Denis. *Gestão Ambiental na Empresa*. São Paulo: Atlas, 1999.

FERNANDES, Daniela Pereira. *Como estruturar um plano de Centro de Custo: dicas e exemplos para sua empresa*. Treasy. 2018. Disponível em: https://www.treasy.com.br/blog/plano-de-centro-de-custo/. Acesso em: 04 mai. 2024.

GARRISON, Ray *et al*. *Contabilidade Gerencial*. São Paulo: Editora Mc Graw Hill. 14ª Edição, 2013.

GRIZZI, Ana Luci. *Sustentabilidade corporativa, regulação e transparência em ESG*. Rio de Janeiro: FGV, 2024.

GRUPO APPROACH. *Matriz de materialidade*: o que é, por que fazer e como construir. Disponível em: https://www.approach.com.br/blog/matriz-de-materialidade/. Acesso em: 13 mai. 2024.

INSTITUTO BRASILEIRO DE GOVERNANÇA CORPORATIVA. IBGC. *Governança Corporativa*. [s.l: s.n.] Disponível em: <https://www.ibgc.org.br/conhecimento/governanca-corporativa>. Acesso em: 9 jun. 2024.

KAPLAN, Robert S.; NORTON, David. P. *A estratégia em ação*: Balanced Scorecard. Rio de Janeiro: Campus, 1997.

NATURA. *Relatório Integrado*. 2021. Disponível em: <https://www.natura.com.br/relatorio-anual>. Acesso em: 9 jun. 2024.

PADOVEZE, Clóvis Luís. *Contabilidade Gerencial*: um enfoque em sistema de informação contábil. São Paulo: Editora Atlas – 7ª edição, 2010.

PADOVEZE, Clóvis Luís. *Controladoria Estratégica e Operacional*. São Paulo: Editora Cengage – 3ª edição, 2012.

TERRAÇO ECONÔMICO. *O Balanced Scorecard como ferramenta de Gestão Estratégica*. Disponível em: <https://terracoeconomico.com.br/o-balanced-scorecard-como-ferramenta-de-gestao-estrategica/>. Acesso em: 8 jun. 2024.

UNITED NATIONS. *Future We Want* – Outcome document: Sustainable Development Knowledge Platform. [*s.l: s.n.*]. Disponível em: <https://sustainabledevelopment.un.org/futurewewant.html>. Acesso em: 10 jun. 2024.

UNITED NATIONS. *Who Cares Wins*. [*s.l: s.n.*]. 2004. Disponível em: <https://www.unepfi.org/fileadmin/events/2004/stocks/who_cares_wins_global_compact_2004.pdf>. Acesso em: 10 jun. 2024.